学者文库

社区社会组织双向汲取行动路径研究

——以S市G组织为例

段雪辉◎著

中国社会出版社
国家一级出版社 · 全国百佳图书出版单位

图书在版编目（CIP）数据

社区社会组织双向汲取行动路径研究：以 S 市 G 组织为例 / 段雪辉著. -- 北京：中国社会出版社，2021.4

ISBN 978 - 7 - 5087 - 6524 - 2

Ⅰ.①社… Ⅱ.①段… Ⅲ.①社区管理—社会组织管理—研究—中国 Ⅳ.①D669.3

中国版本图书馆 CIP 数据核字（2021）第 059772 号

书　　名：社区社会组织双向汲取行动路径研究——以 S 市 G 组织为例
著　　者：段雪辉

出 版 人：浦善新
终 审 人：尤永弘
责任编辑：陈贵红

出版发行：中国社会出版社　　邮政编码：100032
通联方式：北京市西城区二龙路甲 33 号
电　　话：编辑部：（010）58124828
　　　　　邮购部：（010）58124848
　　　　　销售部：（010）58124845
　　　　　传　真：（010）58124856
网　　址：shcbs. mca. gov. cn
经　　销：各地新华书店

中国社会出版社天猫旗舰店

印刷装订：三河市华东印刷有限公司
开　　本：170mm×240mm　1/16
印　　张：15.5
字　　数：230 千字
版　　次：2021 年 4 月第 1 版
印　　次：2021 年 4 月第 1 次印刷
定　　价：95.00 元

中国社会出版社微信公众号

序　言

积极培育与孵化社区社会组织是当前中国城市社区建设的重要内容。中国的城市社区建设起步于20世纪80年代中国由农村向城市转移的社会变迁。1986年，民政部要求在城市社区中积极开展社区公益服务。20世纪90年代以来，伴随着“单位制”的逐渐消解，如何加快推动城市社区建设成为迫切需要解决的重要问题。2000年，民政部《关于在全国推进城市社区建设的意见》正式实施，标志着中国开始全面推进城市社区建设。2004年，《中华人民共和国城市居民委员会法（修订稿）》第六条明确规定，“社区居民委员会应当支持社会组织、业委会、物业公司等组织开展多种形式的社区公益服务。社会组织、业委会、物业公司等组织在开展各种活动中，应当积极配合相关社区委员会依法履行自治管理职能，支持社区居民委员会开展工作，并接受社区居委会的指导和监督。”2006年，国务院《关于加强和改进社区服务工作的意见》明确提出，“积极支持民间社会组织开展社区服务活动，加强引导和管理，使其在政府和社区居委会的指导、监督下有序开展服务。”2009年，《关于进一步推进和谐社区建设工作的意义》中明确提出，“大力培育服务性、公益性、互助性社会组织，发挥其提供服务、反映诉求、规范行为的作用。”2010年，《关于加强和改进城市社区居民委员会建设工作意见》明确指出，“社区党组织与社会组织应该是政治上的领导与被领导者的关系，社区居委会对社会组织应该是培育、指导、协助与监督关系，基层政府对社会组织应该是引导与监督的关系。”党的十八大报告明确提出，“更加注重社会建设，推动社会组织健康有序发展，充分发挥社会组织在社区建设和构建和谐社区中的积极作用。”2013年，《关于加快推进社区社会工作服务的意见》正式出台，标志着中国社会组织积极参与城市社区社会服务进入新的发展时期。

据《2018年民政事业发展统计公报》数据显示，截至2018年底，我国共有社区志愿服务组织12.9万个。伴随着我国社区社会组织发展与壮大以及社会组织双重管理体制的深化改革，社区社会组织在提供社会多元化公共服务，满足社区居民多元化社会利益需求方面发挥着越来越重要的作用。我国新型城市化战略的推进加速了城市社区异质化程度的差异，导致了我国城市社区社会组织发展具有多样性与复杂性的特征。基层社会的治理结构以及社区生活的基层政府介入程度构成了我国社区社会组织发展的重要组织外部环境。尽管我国社区社会组织发展规模逐步扩大，然而社区社会组织大多组织规模比较小、组织治理结构比较松散、组织制度建设不完善，组织资金来源比较单一。社区社会组织组织自主性缺失、组织公益性不足、资源汲取能力低下、专业技术能力不足等因素制约了我国城市社区社会组织的培育与发展。

如何更深入地理解社区社会组织“自主性缺失、公益性不足”的组织角色困境，源自西方的制度主义分析范式关注了外部制度结构因素对社区社会组织行为的约束与制约，强调组织外部制度环境导致基层政府给予社区社会组织提供多元社会公共服务与利益表达的公共空间明显不足。然而结构化取向的制度主义分析范式缺乏对社区社会组织自身内部特征与行动能力对组织行为策略建构的分析，不能有效回答社区社会组织是如何提升组织的合法性，拓宽组织的生存发展空间等问题。换言之，在解释社区社会组织发展困境与优化路径等问题上，不仅要关注微观制度环境的限制，也要关注社会组织自身行动能力的影响。既有社会组织经验研究不仅聚焦探讨了政府与社会组织不平等权力关系下的社会组织自主性程度，关注组织外部结构因素对组织行动偏好、组织行为能力、组织活动范围与组织活动空间的制约与约束影响，还关注了社会组织的行为策略研究，强调社会组织在复杂外部结构制约下的组织行为能动性，即社会组织为了组织生存与发展而采取的各种正式与非正式的组织行为策略，主要回答社会组织在外部制度环境制约下如何利用可汲取资源、社会关系网络资本、政治机会结构等因素建构组织的行为策略。然而，既有社会组织行为策略研究无法深刻揭示社会组织行为策略的实质内涵，也没有很好地厘清社会组织行动策略背后的约束条件与影响机制。

基于对社区社会组织发展以及社会组织参与城市社区治理所出现问题的理性思考，笔者对S市X区L街道M社区的G组织进行了不到一年时间的实地研究，收集了比较丰富的一手资料。G组织是S市社区社会组织发展的一个典型代表，作为一个本地案例，笔者尝试把它放在社会组织发展壮大以及基层社会治理改革创新的背景下来考察，试图从中发现破解社会组织发展困境的思路。本书之所以侧重对一个典型案例的细致描述，目的在于以此为参照样本，通过深度观察与实地研究，发现社区社会组织的一般性生活经验与发展特征。通过对S市G组织的研究发现，具有双重身份的G组织并没有陷入“行政官僚化”的组织发展困境，也没有走入“草根边缘化”的组织发展道路。G组织不仅能够很好地发挥基层政府行政助手的重要角色作用，满足基层政府的行政性绩效需求，还能够很好地满足社区居民对生态环保公共服务的利益需求，彰显G组织的公益性、民间性与非营利性特征。那么，G组织是如何实现社会组织行政性目标与社会性目标的双重目标达成？G组织是如何建构了社会组织双重目标达成组织行为策略？通过对G组织的案例研究发现，在社会组织“模糊性”的宏观制度环境、碎片化的微观制度环境以及社会组织项目技术治理的微观制度环境下，具有较强组织资源汲取能力与社会影响力的G组织采取“双向汲取”行为策略汲取组织需要的各种资源，拓宽组织生存与发展空间。具有双重身份的G组织“双向汲取”行为策略，主要与组织接受任务的不同目标来源以及不同任务之间的相关性程度有关。G组织主要接受基层政府的行政性任务与社会组织的社会性任务两种目标来源任务，基层政府行政性任务与社会组织社会性任务之间的任务相关性程度存在明显差异，使得G组织“双向汲取”行动策略呈现出复杂制度结构约束下社会组织多元化行为路径。

本书并未超越“结构约束-策略行动”的社会组织行为策略二元分析框架，而是将“行动目标来源”和“行动任务相关性程度”两个变量整合到分析框架中，尝试建构“结构约束—策略行动—行动目标—行动任务”的分析框架，创造性地提出“双向汲取”的概念来阐释社会组织行为策略多元化行为路径的类型学分类，希望可以更好地揭示社会组织行为策略的实质内涵以及影响机制。

本书共分六章。

第一章为绪论部分。本章主要介绍了研究的背景、研究意义和研究问题，在对已有文献回顾基础上，提出本书的分析框架并对核心概念进行界定，以及对本书所使用的研究方法、技术路线以及可能性的创新进行介绍。

第二章为社区社会组织发展的制度环境。本章先阐述了新时期社会组织建设与社会组织的发展现状与发展特征。接着分析了社会组织面临的宏观制度环境与微观制度环境以及社会组织项目制治理对社区社会组织的制约影响。研究发现，近年来我国社会组织数量得到爆发式增长，然而我国社会组织独立性不足、自主性缺失、公益性不足。我国社会组织发展困境主要受制于我国长期实现的社会组织双重管理体制。“模糊性”的社会组织宏观制度环境以及“碎片化”的微观制度环境，容易导致社会组织无法形成明确、稳定的社会组织发展计划或发展规划，不利于社会组织的长期稳定发展。在基层政府社会组织项目技术治理的发展模式下，社会组织能否获取基层政府的扶持与项目支持，主要取决于社会组织与基层政府之间的关系强度以及社会组织的专业技术能力。社会组织项目制治理的制度效应主要衡量社会组织项目治理的经济效应、行政效应与社会效应。

第三章为社区社会组织的行动策略。本章先分析了在社会组织制度环境制约下的社会组织行为特征，然后分析了组织外部环境制约下的社会组织行为策略。研究发现，在“模糊性”的宏观制度环境、“碎片化”的微观制度环境以及社会组织的项目技术治理制约下，G组织的组织行动能力得到了明显提升。其中，组织的资源汲取能力与社会影响力好于组织的自主性与组织的专业技术能力。在组织外部环境的制约下，G组织主要采取“双向汲取”的组织行为策略来实现社会组织的双重目标达成。

第四章是社区社会组织汲取社会性资源。主要分析具有双重身份的G组织是如何汲取G组织的社会性资源实现M社区居委会的行政性目标达成。本章先分析了G组织“行政官僚化”的组织行为特征，然后通过M社区低碳社区建设、M社区基层党建以及G组织承接“老龄工作”的日常行政性工作三个案例，分析G组织是如何汲取G组织的社会性资源实现G组织的行政性目标达成的。

第五章是社区社会组织汲取行政性资源。主要分析具有双重身份的G组织是如何汲取M社区居委会的行政性资源实现G组织的社会性目标达成。先分析了G组织“社会公益性”的组织行为特征以及社会组织的公共性及其表现特征。然后通过G组织申报获得社会组织环保奖项、组织城市生态建设项目以及“爱心编织与手工制作”三个案例，探究G组织是如何汲取M社区居委会的行政性资源实现G组织社会性目标的达成的。

第六章是结论与讨论。在对本书主要结论进一步提炼的基础上，反思本书的不足。本章从社区社会组织的行为策略、社区社会组织多元化组织行动路径、社区社会组织的合法性以及社区社会组织的去行政化四个方面对本书的主要结论进行总结，接着从社区社会组织的公共性再生产、社会组织的枢纽型管理以及社会组织项目治理的技术超越等方面提出新的研究希望。

中国社会组织的发展以及社会组织参与城市社区治理中出现的诸多现实问题，呼唤有人文情怀和公共精神的学者。正是由于他们的共同努力，社会组织的研究领域成果斐然。笔者基于对基层社会的关注和热爱，有幸进入到社会组织研究行列。尽管囿于知识和经验的局限性，有些认识还失之偏颇，有些观点还值得进一步商榷，理论阐述还不够深刻。恳请读者不吝指正，以鼓励笔者继续探索，在社会组织领域的研究中不断获得好的进展。因此，读者可以完全把本书看作是笔者对社会组织有序发展并积极参与基层社会治理所作的一点理论贡献吧！

是为序。

段雪辉

2020年7月16日于太原

摘　要

伴随着我国社会组织发展与壮大以及社会组织双重管理体制的深化改革，社会组织在提供社会多元化公共服务，满足社会大众多元化社会利益需求方面发挥着越来越重要的作用。然而，大多数学者经验研究发现，我国社会组织大多缺乏组织自主性，组织公益性缺失，社会组织无法提供多元化社会公共服务，满足社会大众日益增长的多元化社会利益需求。如何更深入地理解社会组织“自主性缺失、公益性不足”的组织角色困境，源自西方的制度主义分析范式关注了外部制度结构因素对社会组织行为的约束与制约，强调组织外部制度环境导致基层政府给予社会组织提供多元社会公共服务与利益表达的公共空间明显不足。然而，通过对S市X区L街道M社区的G组织的研究发现，具有双重身份的G组织并没有陷入“行政官僚化”的组织发展困境，也没有走入“草根边缘化”的组织发展道路。G组织不仅能够很好地发挥基层政府行政助手的重要角色作用，满足基层政府的行政性绩效需求，还能够很好地满足社区居民对生态环保公共服务的利益需求，彰显社会组织的公益性、民间性与非营利性特征。那么，G组织是如何实现社会组织行政性目标与社会性目标的双重目标达成？G组织是如何建构了社会组织双重目标达成组织行为策略？

既有社会组织行为策略研究主要聚焦探讨政府与社会组织不平等权力关系下的社会组织自主性程度，关注组织外部结构因素对组织行动偏好、组织行为能力、组织活动范围与组织活动空间的制约与约束影响。社会组织行为策略研究强调社会组织在复杂外部结构制约下的组织行为能动性，即社会组织为了组织生存与发展而采取的各种正式与非正式的组织行为策略，主要回答社会组织在外部制度环境制约下如何利用可汲取资源、社会关系网络资本、政治机会结构等因素建构组织的行为策略。然而，既有社会组织行为策略研究无法深刻揭示社会组织行为策略的实质内涵，也没有很好地厘清社会组织行动策略背后的约束条件与影响机制。本书并未超越“结构约束—策略行动”的社会组织行为策略二元分析框架，而是将“行动目标来源”与“行动任务相关性”两个重要变量引入到结构约束与策略行动的分析框架中，试图建构社会组织行为策略多元化行为路径的类型学分类，希望可以更好地揭示社会组织行为策略的实质内涵以及影响机制。通过对G组织的案例研究发现，具有双重身份的G组织“双向汲取”行为策略，主要与G组织接受任务的不同目标来源以及不同任务之间的相关性程度有关。G组织主要接受基层政府的行政性任务与社会组织的社会性任务两种目标来源任务，基层政府行政性任务与社会组织社会性任务之间的任务相关性程度存在明显差异，使得G组织“双向汲取”行动策略呈现出复杂制度结构约束下组织多元化行为路径。

在社会组织“模糊性”的宏观制度环境、碎片化的微观制度环境以及基层政府社会组织项目化技术治理的制约下，具有较强组织资源汲取能力与组织社会影响力的G组织采取“双向汲取”行为策略汲取组织需要的各种资源，拓宽组织的生存与发展空间。由于G组织的双重身份，使得M社区居委会能够有效汲取G组织的社会性资源，完成承接基层政府转移的行政事务性工作，实现M社区居委会的行政性目标达成。M社区低碳社区建设、M社区基层党建以及承接基层政府老龄工作案例表明，具有双重身份的G组织根据承接基层政府行政性任务与社会组织社会公益性任务之间相关性程度的差异，分别采取业绩包装、活动过程设计和业绩包装、放弃活动过程设计与业绩包装三种不同行动路径，实现G组织的行政性目标达成。G组织作为一个公益社会组织，M社区居民积极参与G组织环保公益志愿者活动，M社区居民对G组织环保公益志愿者活动表示满意，G组织的项目品牌具有良好的社会效应。由于G组织的双重身份，使得G组织能够有效汲取M社区居委会的行政性资源，顺利推动G组织环保公益志愿者活动，实现社区社会组织生态社区建设的社会公益性目标达成。G组织成功获评组织环保奖项、城市生态社区建设以及“爱心编织与匠心制作”案例表明，具有双重身份的G组织根据组织社会公益性任务与承接基层政府行政性任务相关性程度的差异，分别采取业绩包装、活动过程设计与业绩包装、放弃活动过程设计与业绩包装的三种不同行动路径，实现社会组织的社会公益性目标达成。本书最后再次阐述了社区社会组织的行动策略、社区社会组织的多元化行动路径、社区社会组织的合法性以及社会组织的去行政化，并对社会组织公共性再生产、社会组织的枢纽型发展以及社会组织项目化技术治理超越提出了研究展望。

关键词：社区社会组织；双向汲取；行动路径；目标来源；任务相关性程度；制度环境；资源

目 录
CONTENTS

第一章

绪　论

一、社区社会组织双向汲取行动路径问题的提出

（一）研究背景

积极培育与孵化社区社会组织，实现城市社区多元主体的协同治理，是当前中国城市基层社会治理的重要内容。党的十八大报告明确提出，“要更加注重社会建设，推动社会组织健康有序发展，充分发挥社会组织在社区建设和构建和谐社区中的积极作用。”党的十八届三中全会进一步提出，“要改进社会治理方式，激发社会组织活力，适合由社会组织提供的公共服务和解决的事项，交由社会组织承担。”党的十九大报告明确指出，“加强社区治理体系建设，推动社会治理重心向基层下移，要充分发挥社会组织的作用。”2017 年 6 月，中共中央、国务院《加强和完善城乡社区治理的意见》也明确指出，“统筹发挥社会力量协同作用，要大力发展社区社会组织。”民政部《大力培育发展社区社会组织的意见》强调要“以满足群众需求为导向，以鼓励扶持为重点，以能力提升为基础，引导社区社会组织健康有序发展，充分发挥社区社会组织提供服务、反映诉求、规范行为的积极作用”。2019 年，党的十九届四中全会进一步提出，“要坚持和完善共建共治共享的社会治理制度和建设人人有责、人人尽责、人人享有的社会治理共同体”，为社会组织有机嵌入基层社区治理提出了新要求。在国家宏观政策大力支持以及地方政府的积极探索实践下，我国社区社会组织数量呈现不断增长趋势。据

《2018年民政事业发展统计公报》数据显示，截至2018年底，我国共有社区志愿服务组织12.9万个。我国社区社会组织大多组织规模比较小，组织治理结构比较松散，组织制度建设不完善，组织资金来源比较多元化，社会公益类和志愿服务类的社区社会组织较少（王名等，2014）。

社区社会组织成为基层社会治理创新的重要协同主体与依托力量。正如罗伯特·奈斯比特所言，“社区社会组织作为基层社区治理创新、基层社区和谐建设的重要纽带，在基层社区治理创新中发挥着积极作用。”社区社会组织不仅是城市社区居民利益诉求与利益表达的纽带与平台，还可以接受基层政府的委托，深入社区开展各种社会公益志愿者活动。社区社会组织是实现城市社区居民自治的重要途径，有助于满足社区居民多元化的现实利益需求；社区社会组织是调解社区矛盾的“润滑剂”，是确保社区和谐与稳定的“安全阀”；社区社会组织是社会组织的重要构成部分，是推动城市基层社区治理，开展城市社区服务的重要保障（王名等，2014）。

社会组织重要职能就在于提供多元化的社会公共服务，满足社会大众多元化的社会公共利益需求。基层政府正是基于社会组织可以弥补基层政府社会公共服务供给不足的考虑，为社会组织提供组织生存与发展以及保障组织有效运行的各种合法性条件。正是由于社会组织具有公益性、民间性与非营利性的特征，社会组织在获取并利用社会公共资源上具有优势。换言之，社会组织在获取组织所需的合法性资源，确保社会组织健康有序运行，拓宽组织生存与发展空间的组织运作过程中，不能构成社会大众对社会公共利益追求与公共利益表达的威胁。正如赫兹琳杰（2000）指出，“社会组织运行良好，因为社会大众托付给社会组织最重要的社会责任感——启迪心智、升华灵魂、保护生命健康与安全。”社会组织作为社会大众利益表达的重要纽带与载体，可以架起社会大众与政府之间的桥梁，可以帮助基层政府迅速而全面地掌握社会大众的社会利益诉求，可以发挥组织自身的专业技术能力承担部分社会公共服务功能，提高社会公共服务质量与服务水平。社会组织以其公益性、非营利性、强烈的公共精神开展社会公益志愿者活动，能够更好地满足社会大众多元的社会公共服务需求，更好地履行社会组织提供社会公共服务与居民利益表达的公共责任。

我国新型城镇化战略的快速推进，加速了城市社区异质化程度，导致了我国城市社区社会组织发展具有多样性与复杂性的特征。尽管我国社区社会组织发展规模逐步扩大，然而社区社会组织结构明显失衡，社区社会组织自身能力与社区公共服务需求之间的矛盾，降低了社区社会组织在基层社区治理中的影响力与信任度，社区社会组织的资源整合能力不强（何欣峰，2014）。社区社会组织的合法性缺失、公信力不足、资源汲取能力低下等因素制约了我国城市社区社会组织的培育与发展（徐家良和武静，2015）。"社会性"是社会组织健康发展的生命线，体现了社会组织的核心价值取向。社会组织"社会性"缺失，使得社会组织与社会大众之间关系出现"断裂"，影响社会组织角色功能发挥、组织健康有序运行以及组织生存与发展，导致社会组织失去组织存在的基础与价值。换言之，社会组织增长与社会组织能力提升的不同步，社会组织发展与社会组织"社会性"增长的不同步，已经严重影响了社会组织的功能发挥及其组织运行，已经构成了现代社会组织治理体制创新的一大挑战。因此，不能再简单地将社会组织研究关注点停留于社会组织总量、增长速度、资源获取来源等问题上，而是要深入探究制约社会组织功能发挥的诸多激励与约束条件，以及社会组织提升组织"社会性"的组织多元化行为策略与现实路径选择。

（二）研究问题

既有社会组织行为策略研究集中探讨社会组织在复杂外部制度环境制约下的组织自主性，研究兴趣主要关注社会组织为了组织生存与发展而采取各种正式或非正式的组织行为策略，主要回答社会组织在外部制度环境制约下是如何利用可汲取资源、社会网络资本、政治机会等外部因素来建构社会组织的行为策略。大量社会组织行为策略研究成果聚焦探讨环保组织的行为策略。除了关注环保组织行为策略研究，还有很多学者关注了草根社会组织、行业协会或民间商会、社会公益服务组织的行为策略。在解释社会组织行为策略问题上，源自西方的制度主义分析范式强调了外部制度结构因素对社会组织行为策略的制约力量以及社会组织在外部制度环境制约下的组织行为能动性，关注社会组织行为能力对构建组织行为策略的积极作用。然而，既有社会组织行为策略研究无法深刻揭示社会组织行为策略的实质内涵，究竟社会组织的行为策略是为了完成社会组织的社会性目标还是为了完成基层政府的行政性目标？而且既有社会组织行为策略研究也没有很好地厘清社会组织行动策略背后的约束条件与影响机制。换言之，既有“结构约束—策略行动”的分析框架没有考虑到复杂结构条件下社会组织多元化的行动路径，而且“碎片化”的微观制度环境给予社会组织不同制度激励与约束力量，也可能导致社会组织为了规避组织面临的外部制度风险，从而生产出制度环境约束下社会组织多元化的策略性行为路径。

通过对 S 市 X 区 L 街道 M 社区的一家社区社会组织——G 组织——的调研发现，G 组织是一个具有双重身份的社区社会组织，在“模糊性”的社会组织宏观制度环境、“碎片化”的微观制度环境以及社会组织项目化技术治理的制约影响下，G 组织并没有像大多数学者经验研究发现的那样，社会组织走入“行政官僚化”的发展道路，也没有像其他学者研究发现的那样，社会组织走入“草根边缘化”的发展道路。G 组织作为一个体制内运作的政府主导型社会组织，在推广低碳生活理念、建设生态文明社区、参与基层社区生态环境治理以及开展生态环保公益志愿者活动方面取得不少成效。G 组织不仅获得了 M 社区居民的认可与信任，也获得了上级政府的认可与信任，M 社区居民参与 G 组织环保公益活动的积极性较高。G 组织具有较强的公益性和草根性。通过对 S 市 G 组织调研发现，M 社区居民参与 G 组织垃圾减量回收活动参与情况，在整个 G 组织行动联盟中是最高的。M 社区居民积极办理“积分兑换卡”，积极参与垃圾减量回收活动，M 社区居民对 G 组织的环保公益社会服务的满意度也较高。那么，G 组织是通过何种组织行为策略既满足了基层政府的行政性需求同时又实现了 M 社区居民的社会性诉求？通过对 G 组织调研发现，G 组织正是由于自己的双重身份，使得能够采取“脚踏两只船”的策略性行动实现社会组织社会性目标与行政性目标的共同达成。那么，G组织的行为策略是如何实现的？G组织的行为策略呈现出哪些不同的组织行为路径？通过对G组织调研发现，G组织主要接受来源于基层政府的行政性任务以及来源于社会组织的社会性任务，不同目标来源的任务相关性程度存在差别，正是由于不同目标来源任务以及不同任务之间的相关性程度的差异，导致G组织生产出应对组织制度环境制约的社会组织多元化行为路径。

基于S市X区L街道M社区的G组织的深入观察与研究，本书重点分析G组织在组织外部制度环境约束下，社会组织行为策略呈现出来的社会组织多元化行为路径，从而深刻理解社区社会组织与基层政府、社区居民之间复杂的互动关系，勾勒出社区社会组织在组织运作与组织发展过程中，组织与环境、行动与结构之间复杂的互动关系。本书并未跳出社会组织“结构约束—策略行动”的社会组织行为策略分析框架，而是通过建构社会组织行为策略的行为类型学分类，希望能够更好地揭示社会组织行为策略的实质内涵以及影响机制，能够进一步提升社会组织行为策略“结构约束—策略行动”分析框架的解释力，深化社会组织行动取向与结构取向研究的深刻解读。

（三）研究意义

社会组织的爆炸性增长，使得社会学研究者们不得不思考一个重要问题：社会组织如何发展的问题。社会组织的研究已经从功能研究转向内涵研究，关注在现有的制度框架下如何有效推进社会组织的发育和构建良好的、有利于社会组织真正发育的社会环境这个深层次内涵问题（文军，2012）。在当前“党委领导，政府负责，社会协同，公众参与”的社会治理新格局中，如何充分发挥社会组织参与社会治理的主体力量，必然涉及激励和约束社会组织行为的各种制度，社会组织在制度环境约束下的行为策略以及隐藏在背后的各种复杂的行为逻辑与运行机制。对这些问题的回答对研究我国社会组织的发展具有重要的现实意义，一方面有利于进一步厘清社会组织发展过程中面临的主要问题及其深刻的结构性原因，有助于推动社会组织有效地参与到基层社会治理创新活动当中，对于我国社会组织的发展壮大有重要的意义；另一方面有利于国家制定与实施合理可行的社会组织的发展政策和规章制度，对于国家治理体系以及治理能力现代化具有重要的启示作用。

本书尝试通过对S市G组织组织行为策略的研究，重点分析影响社区社会组织组织行为策略的外部制度环境因素，探讨社区社会组织的组织行为策略及其社会组织的多元化行动路径，深刻揭示政府、社区、居民与社区社会组织之间复杂的互动关系，进而对社区社会组织在特定的场域中的组织与环境、制度与行为等问题进行分析与解释。具有一定的学术意义：

第一，既有的社会组织行为策略研究更多聚焦组织外部环境对组织行为的约束与激励，本书引入组织行动者的研究取向，通过分析社区社会组织行动策略的多元化行动路径，从而深刻揭示组织行动者与社会结构之间复杂的互动关系，加深对社会组织行动取向与制度逻辑的深刻解读。通过引入社会组织的行为取向研究，希望可以与传统组织制度主义研究的结构取向研究进行对话，一定程度上改变制度主义组织行为研究的结构化倾向，试图实现组织行为研究从结构取向到行动取向的转变，从宏观研究到微观研究的转变。

第二，本书将组织制度学派关于制度环境的结构性要素纳入组织行动者面对的外部组织环境分析中，并将“行动目标”和“行动任务”相关概念与组织制度分析框架相结合，试图增强“结构约束—策略行动—行动目标—行动任务”分析框架的解释力。本书尝试从结构性因素与非结构性因素两方面分析社会组织行动策略的多元化行动路径，试图改变社会组织研究中组织制度学派结构化取向，丰富和拓展组织制度学派分析视野下的社会组织研究。

二、社区社会组织双向汲取行动路径文献回顾

现有关于社会组织研究一直存在着公民社会与法团主义论争，结构研究与行动研究之争，正是在这些论争过程中，学者们才真正意识到源自西方经验的理论模式在解释今天中国社会组织发展问题的局限性。然而，也正是在不断的论争过程中，学者们逐渐回归到中国社会组织的具体内部运作过程及

其行为逻辑研究，去探究影响中国社会组织功能发挥及其组织运行的重要结构根源，进而加深对社会组织中国经验的深入理解。豪尔与托尔伯特（Hall & Tolbert，1991）认为，“组织受组织外在环境的制约，组织不可能完全摆脱外部环境的影响而独立存在。对组织结构、组织运行方式以及组织活动范围的理解与把握，需要通过对组织外部环境的分析加以理解。”近年来，关于组织与环境之间的研究已经从强调某种环境条件影响因素的单向研究，逐渐转向一种综合的研究设计，研究环境要素影响组织行动以及组织行动又塑造环境要素的复杂循环过程。斯科特（2011）认为，“要充分关注组织与外部环境之间的复杂互动关系，强调组织与组织外围以及那些渗透到组织内部的要素和流动之间的互动关系。”

（一）社会组织行为理论范式研究

社会组织行为研究主要聚焦社会组织的内部因素研究，围绕社会组织运作方式及其社会组织如何处理与组织外部环境因素之间的关系等问题展开研究。关于社会组织行为理论范式研究大致有五个重要分析视角，即关注制度环境因素的制度主义分析范式、关注资源因素的资源依赖分析范式、关注网络结构因素的社会资本分析范式、关注政治机会结构因素的社会运动分析范式以及关注行动策略的组织行动分析范式。

1. 制度主义分析范式

组织制度主义分析范式的核心思想是“组织深深嵌入在社会与政治环境中，组织结构与组织实践往往反映了组织所镶嵌在社会中存在的各种规则、信念与惯例”（鲍威尔和迪马吉奥，2008）。组织制度主义分析范式认为，组织行为往往不受功利主义驱动，而是在“强制”“模仿”以及“规范”的制度压力下，更多地出于“合法性”的考虑或者认知层面的原因而趋同（Meyer & Rowan，1977；Dimaggio & Powell，1983）。组织制度分析范式认为，“组织制度环境主要包括组织技术环境与组织制度环境。组织环境不是组织之间的合作与选择，环境对组织的影响渗透在组织中，并创造了组织行动者看待与评价这个世界及其中的结构、行动、思想等重要范畴的透镜。”

（鲍威尔和迪马吉奥，2008）“制度化的理性神话”以及制度本身的规范以“内生化”形式建构了组织行为的策略性选择（Dimaggio & Powell，1991；Hall & Soskice，2003）。制度主义分析范式探讨的核心问题是组织的结构相似与制度趋同问题。制度有三大基础要素：规制性、规范性、文化-认知性要素，三大要素对应三种不同的合法性机制（斯科特，2012：58）。早期组织制度理论认为，组织结构并非一个基于组织目标主动设计的理性过程，而是组织受到组织外部制度环境制约的结果。后期组织制度理论则关注组织面对组织制度环境的积极性与能动性。奥利弗（Oliver，1991）认为，组织在不同的制度环境条件下会采取默许、妥协、避免、抗拒、操纵等不同的应对性战略。汉（Han）也指出，组织制度环境对于组织行为的影响不尽相同。组织地位的变化导致组织面临的制度环境不同，组织会根据组织在不同制度环境中的角色定位选择合乎情理的行为方式来适应组织制度环境的变化（转引自费显政，2006）。

现有组织外部制度环境对社会组织行为影响研究，学术界主要有两种研究取向：一种是强调在“国家-社会”二分结构视角下，国家宏观社会政策、法律制度对社会组织实施的有效管理与控制；另一种关注社会组织的动态过程分析，聚焦探讨社会组织与地方政府之间的互动过程，关注互动过程中“碎片化”的微观制度环境对社会组织行为的制约影响。组织制度分析范式主要聚焦探讨组织对外部制度环境的嵌入程度以及外部制度环境对组织行为的约束性或限制性影响。大量的经验研究关注国家层面的治理理念与政策法规对社会组织运行及其组织行为的约束性或限制性影响（Meyer & Rowan，1977；Dimaggio & Anheier，1990；Snavely & Tracy，2000；Chaves，et al.，2004；Riley & Fernandez，2014；邓莉雅和王金红，2004；范明林和程金，2007；王诗宗和宋程成，2013；宋程成等人，2013；秦洪源和付建军，2013；管兵，2013；塞尔兹尼克，2014；汪锦军，2014；费迪和王诗宗，2014；黄晓春，2015，2017；张紧跟，2015；孙飞宇等，2016；纪莺莺，2016、2017；曾凡木，2017；龙翠红，2018；王名和张雪，2019；宋雄伟，2019；冷向明和张津，2019；刘帅顺和张汝立，2020）。

2. 资源依赖分析范式

费弗与萨兰西克（Pfeffer & Salancik，1978）资源依赖理论认为，“一个组织因为资源尤其是关键资源而不得不依赖于其他组织，从而使其他组织获得对其控制的权力”。资源依赖理论有四大重要假设：“（1）组织最重要的目的是为了生存；（2）为了生存，组织需要资源，而组织自身不能生产资源；（3）组织与它所依赖的环境因素进行互动；（4）组织建立在一个控制它与其他组织关系的能力基础之上。”资源依赖理论分析范式不仅注重分析组织外部资源的控制力量，也关注组织内部的权力配置。组织之间的资源依赖关系不仅导致了一个组织对另一个组织的外部资源控制，还深刻地影响了组织内部的权力分配。组织能否成功地摆脱对外部资源的依赖关系主要取决于组织权力是否达到最大化，即组织能否降低组织对外部资源的依赖关系以及增加其他组织对该组织的资源依赖关系。资源依赖分析范式对“权力”概念的强调与关注正是为了应对组织自身对外部组织环境中稀缺资源依赖性带来的压力。既有资源依赖分析研究普遍强调社会组织与政府之间非均衡的资源依赖关系，聚焦资源拥有程度对社会组织行为、组织运行以及组织发展的重要影响。由于社会组织与政府都拥有对方需要的一些关键性资源，使得社会组织与政府之间存在着资源依赖关系（Saidel，1991）。既有资源依赖理论对社会组织行为的经验研究，大多强调了社会组织与政府之间非对称性的资源依赖关系（Brinkerhoff，2002；Wu，2003，2005；Cho & Gillespie，2006；陈剩勇和马斌，2004；虞维华，2005；马斌和徐越倩，2006；王锦军，2008；徐宇珊，2008；邓宁华，2011；李凤琴，2011；梁莹，2013；王诗宗等，2014；崔月琴和李远，2015；徐家良和刘春帅，2016；孙发锋，2019）。初和吉莱斯匹（Cho & Gillespie，2006）在资源依赖理论的基础上，引入了“服务接收者”概念，认为社会组织由于受资金的限制，无法完全满足公众多元化的公共服务需求，社会组织会根据政府的要求，接受政府的资金并提供相应的服务。邓宁华（2011）基于合法性与经济资源提出了国家与社会组织双重依赖的分析框架，认为缺乏社会基础的体制内社会组织，可以凭借与利用国家的特殊合法性支持而进入到社会领域中以汲取资源，并将这种策略称为“寄居蟹的艺术”。王诗宗等人（2014）强调资源依赖与制度逻辑对社会组织自主性影响的多重机制。研究发现，社会组织相对于政府的资源独立性越高，其自主性越强；社会组织的结构认同和行动认同水平越高，其自主性水平越高；社会组织的行动认同还会正向调节独立性对自主性的影响水平。

3. 社会资本分析范式

社会资本分析范式强调社会网络结构为社会组织提供的机会与限制。社会资本理论认为，社会组织所占据的社会关系网络结构以及所拥有社会资本存量是影响社会组织运行以及组织功能发挥的重要因素。社会资本理论的核心思想是“具有较高社会资本存量及较开放的社会关系网络的组织，能够以较低成本获取更多组织所需要的丰富资源，可以提升组织内部各要素的整合与优化能力，保持组织的高效运转”。帕特南（Putnam）指出，“社会资本指的是社会组织的特征，例如信任、规范和网络，它们能够通过推动协调和行动来提高社会效率”。帕特南进一步把社会资本视为市镇、城市甚至整个国家的“市民精神”水平。社会资本存量就是社区居民积极参与社会公益志愿者活动的水平。社会资本的测量指标主要包括阅读报纸、参与志愿公益组织以及对政治领袖的信任程度。林南（Lin）认为，“社会资本是镶嵌于一种社会结构中的可以在有目的的行动中汲取或动员的社会资源”。林南的社会资本理论主要包括社会资本的投资、社会资本的汲取与动员以及社会资本的回报。边燕杰认为，“社会资本的存在形式是社会行动者之间的关系网络，本质是这种关系网络所蕴含的、在社会行动者之间可转移的资源。”（转引自张文宏，2011）社会资本理论强调社会网络结构对组织行为的限制与促成，关注组织在网络结构中的位置以及组织行为之间的差异（周雪光，2003）。然而，张文宏（2011）指出，社会资本研究存在着纷争：社会资本概念界定尚未达成共识，社会资本的测量方法与分析层次存在明显差异，社会资本概念界定与操作化测量过于宽泛，很多学者在“隐喻”而非“实质”上使用社会网络与社会资本概念，一定程度上降低了社会资本理论范式的影响力与解释力。帕帕斯（Pappas，1996）提出社会组织的“利益关系人”模型，强调社会关系网络对社会组织发展的制约作用。社会组织功能发挥与组织核心成员的小群体特征、组织规范的形成、组织学习能力的提升以及组织声望的积累有关。社会组织的“结构洞”社会资本越多，社会网络越丰富，社会组织的结构自主性越高，越有利于社会组织的健康发展（Johanson，2001）。社会组织利用非结构性社会资本（关系资本、认知资本）来获取组织资源谋求组织发展，是一种“去行政主导性”的发展策略（张树沁和郭伟和，2012）。获得政府部门的授权、组织成员的异质性、与政府和其他相关组织之间的互助协作是保障社会组织有效运行的重要条件（徐建牛和孙沛东，2009）。社会组织与政府的关系强度对组织整体自主性、具体的人事、财务、认知自主性具有显著的负相关，但是对活动自主性作用并不明显。组织规模变量对组织整体和具体自主性作用不显著（张沁洁和王建平，2010）。朱健刚和陈安娜（2013）认为，社会组织被吸纳到街道的权力网络过程中产生了外部服务行政化、内部治理官僚化和专业建制化的过程。复杂的街区权力关系网络限制了社会组织深度嵌入社区治理。只有策略性地与街区政府建立既独立又合作的关系，并提升公共意识和资源公平分配的价值观才能推进社会组织的健康发展。万生新和李世平（2013）研究指出，内聚型社会资本是社会组织生存发展的重要因素。桥接型和连接型社会资本作为社会组织的重要外部资源，可以积极推动内聚型社会资本的再生产。社区社会资本的发育水平以及社区生活的基层政府介入程度构成了我国社区社会组织发展的重要外部环境（徐林等，2015）。李东泉（2017）指出，黏合型社会资本是影响社会组织运行的重要因素。桥梁型社会资本与连接型社会资本对社会组织的影响存在差异，连接型社会资本虽然在短时间内对社会组织发展有利，但是可能限制桥梁型社会资本的发展。

既有社会关系网络对社会组织行为的研究主要集中探讨社会关系网络资本对社会组织的制约与约束影响。既有社会资本对社会组织影响的经验研究普遍强调了社会关系网络规模（Campos，et al.，2004；Guo & Muhittin，2005；Morton，2005；Kennedy，2008；Medina，2010；吴军民，2005；晋军和何江穗，2008；徐建牛和孙沛东，2009；张超和吴春梅，2011；张树沁和郭伟和，2012；朱健刚和陈安娜，2013；黄荣贵等，2014；邹东升和包倩宇，2015；徐林等，2015；商文莉和郑少锋，2015；张春华，2016；刘丽珑等，2020）、社会关系网络强度（张沁洁和王建平，2010；李廷等，2018）、社会信任（张树沁和郭伟和，2012；罗家德和李智超，2012；汪杰贵，2017；孙兰英和陈艺丹，2017）以及组织领袖（罗家德等，2013；宋程成等，2013）对社会组织生存发展的重要影响作用。然而，如果社会组织在获取资源上高度依赖于社会关系网络，那么社会关系网络提供资源的不稳定性会使社会组织的目标容易发生短期化扭曲（陈艳莹和夏一平，2011）。

4. 社会运动分析范式

社会运动分析范式以社会组织与国家之间不对称权力关系为出发点，探讨社会组织在与外部环境互动过程中政治机会结构要素对社会组织运行以及社会组织发展的重要影响。该理论分析范式旨在回答社会组织在缺乏传统的政治资源（如资金、社会资本和体制内的游说）的条件下，是如何获得一定程度的讨价还价的能力与政治影响力的，或者说，正式政治权力单薄的社会组织如何获得组织运行所需要的外部资源与政治情境。艾辛格（Eisinger）认为，政治环境就是一种“政治机会结构”，强调政治机会结构是能够给参与者带来进入某种既定政治体系的一种“机会”。艾辛格指出，“政治机会是政治系统中开放的大门，行动者通过这扇大门可以影响政府的政策制定和决策形成”。基茨切尔特（Kitschelt）认为，政治机会结构是一个国家的政治体制的开放程度及其给集体行动带来的限制与机会。塔罗则认为，政治机会结构指的是那些比较常规的、相对稳定的、能改变社会行动参与水平的政治环境（转引自费显政，2006）。社会行动视角分析可以更好地解释社会组织的产生与发展、功能与结构以及行动策略（Johnson & Prakash，2007）。社会运动可以创造新的社会组织形式，很好地解释权力是如何被集体性地挑战与建构，新的价值、规范与意识形态是如何渗透到组织结构与组织运行中，精英是如何发挥关键作用的（Rao，et al.，2000）等重要问题。社会运动作为社会组织与政府建立合作关系的社会基础，可以缓冲对社会组织不利的各种制约条件，促使社会组织从政治和反对合作的策略转向自组织的私人策略（Schneiberg et al.，2008），社会运动为社会组织提供了组织生存与发展的核心目标与价值（Chin，2009）。然而，也有学者研究指出，社会运动弱化了组织结构、组织的精英团结以及组织认同，增加了组织的不确定性（Weber，et al.，2009）。

关于政治机会结构的变量的操作化至今仍没有达成共识，大多数学者的经验研究将政治机会结构变量作了既定政治系统中的正式制度与权力关系的非正式结构的区分。关于社会组织的政治机会结构的操作化研究中，甘孜（Gaz，2000）认为，影响新兴社会组织生存与发展的政治机会结构要素包括可以汲取的更多信息、启发性设施以及策略动机。欧莎和胡斯（Osa & Huci，2003）把政治机会结构操作化为“精英分裂”“压迫水平的变化”“接近媒体的机遇”“有影响力的组织联盟与社会网络”。姜如与奥托拉诺（Jiang & Ortolano，2009）研究指出，国家控制、政治机会结构与非政府组织的特点是影响社会组织运行与组织发展的重要因素。其中，政治机会主要包括制度政治系统的开放性、精英联盟的不稳定性以及精英联盟的存在。斯括弗和朗霍弗（Schofer & Longhofer，2011）指出，国家的制度特征（范围与开放程度）、世界社会结构（民主与影响力）、社会因素（财富与教育）是影响社会组织功能发挥与组织发展的重要政治机会。刘能（2004）把中国政治机会结构操作化为领导层与积极分子的供给、社区和动员网络的形成与维持。张晓杰（2010）将中国的政治机会结构操作化为政党的执政理念、政治制度的开放性与政府的权力配置。

社会组织的生存与发展始终处于一定的政治体制中，这个政治体制的开放程度，很大程度上决定了组织的行为能力以及组织未来的发展空间。政府对组织行动采取的是镇压或者协助或者容忍的态度，对组织行为具有重要影响。政治机会也会随时间的变化而变化，政治机会的每一次变化会影响到组织的运作以及组织行为。大量的有关政治机会的经验研究表明，取得成功的社会运动是以能够抓住可得的政治机会，并且策略性地采取破坏性战术为特征的（Dalton，et al.，2003），主要采取游行、静坐、抗议等“制度外参与”的方式进行。关于社会运动或集体运动的研究，大量学者的研究集中探讨政治机会或威胁对农民抗争（Li & O'Brien，1996；于建嵘，2004；应星，2007；童志锋，2013）以及业主委员会维权活动（刘能，2004；陈映芳，2006；张紧跟和庄文嘉，2008；黄荣贵和桂勇，2013）的影响。中国社会组织的形成与发展对中国未来政治走向具有重要意义，体现了中国政治体制中公民“自由余地”的增加，可以视为中国社会政治变化的气压计（Morton，2005）。关于政治机会结构对社会组织行为的影响研究，大量经验成果集中在政治机会或威胁对中国环保组织及其环保行动的影响上（Brettel，2000；Yang，2003、2005；孙燕飞和赵鼎新，2007；Jiang & Ortolano，2009；童志锋，2009、2013、2014；吴阳熙，2015）。

5. 行为策略分析范式

查尔德（Child）的策略选择理论分析范式使得组织行为学的研究重点实现了从结构决定论到行动者能动论的转变。查尔德把组织结构差异归结为环境、技术与规模，并从环境与绩效两方面强调了组织行动者行为选择能力的重要作用：（1）就环境而言，组织行动者拥有对环境施加影响的权力；（2）从绩效方面来看，组织行动者确定的组织绩效标准及其实现程度是影响组织结构差异的重要因素。米尔斯与斯诺（Miles & Snow）也强调了组织行动者能动性的重要作用，主要体现在三个方面：一是行动者决定认识，对其认为重要的事务作出积极反应；二是负责审视组织环境并决定应该考虑哪些因素；三是进行决策确定战略、结构与业绩的界限与范围。该理论分析范式强调给定的技术与制度条件可以提供给组织行动者多种不同的适应策略与行动反应（转引自费显政，2006）。梅西与维勒（Macy & Willer，2002）认为，组织的行动研究有四个基本假设：一是行动者是自治的；二是行动者是相互依赖的；三是行动者遵守简单原则；四是行动者具有适应性与保守性。战略选择理论范式聚焦组织行动者，关注组织行动者的政治心理、行动能力、主观认知、价值判断等微观因素对组织内部运作的重要影响。战略选择分析范式认为，社会组织不是统一的行动者与决策者，而是各种组织不断进入与退出，相对势力和权力有升有降的一种变动中的结合，权力会被用来选择那些有利于强势者利益的技术（斯科特，2011：159-160）。策略选择分析范式不仅关注社会组织的行动策略以及社会组织的具体组织运作，也探讨非正式的社会关系网络等非正式制度环境对组织行为、组织功能发挥以及组织运行过程的重要约束力量。

社会组织行动策略研究试图在中观与微观层次上来考察与理解政府与社会之间相互影响的机制、行为策略和行动路径，关注社会组织的行动困境与行动策略（张紧跟，2012；陈为雷，2013；纪莺莺，2013、2016、2017；黄晓春和稽欣，2014；曾凡木，2017；宋雄伟，2019；冷向明和张津，2019；段雪辉和李小红，2020）。该研究范式主要关注个人与组织在面对制度环境条件下的力量与行为能动性（Dimaggio，1988；斯科特，2011），主要回答社会组织如何获得行为合法性、自主性、自我管理能力的问题。这一研究取向不是把社会组织视为与国家相对的社会力量，而是一个实践的行动者，分析的重点不是聚焦组织的外在形式及结构，而是组织的运作机制与行动策略，以及组织运行与行为策略下的组织动态行为过程。制度形塑着行动者的偏好、制约着行动者的活动范围与活动空间，影响了行动者的行动能力。然而制度在约束行动者的同时，也会给予行动者激励或机会，使得行动者不至于丧失了特定的行为能动性而成为制度的“玩偶”（Giddens，1998）。行动者是否采取行动，以何种方式采取行动，主要受到行动者行动能力的影响。泰弗诺（L. Thévenot）的介入理论（The Theory of Engagements）就强调了行动者行动能力的重要性。泰弗诺的介入理论主要关注行动者的道德能力、行动者与制度的双向影响、多元情境的影响、多元情境下的多元行动能力以及行动者与周围其他人和物共同生活所遵循的多元“文法原则”（转引自卢岚诩，

2013)。由于行动结果并不一定符合行动者的预期目标，行动者的行动能力自然成为衡量行动者的实际行为是否朝着预期目标发展的重要标志。组织行为能力研究强调的是一种工具观或能力观，主要关注组织在特定情境下的决策过程与组织运行，组织有无这个能力控制局面，进行自我管理。社会组织的自主性强弱程度，成为组织行动能力研究最关注的特征。

6. 对社会组织行为理论的研究述评

关于社会组织行为理论研究的制度主义分析、资源依赖分析、网络资本分析、社会行动分析范式与行为策略分析的五种理论研究取向，分别强调了政府法律法规与制度、可依赖的资源、社会网络资本、政治机会结构与策略行动因素对社会组织功能发挥以及社会组织运作的重要影响。制度主义分析的研究范式与社会行动的分析范式从较宏观的制度或国家政治结构层次来进行分析，认为政府政策与制度以及政治机会可以有效激励或约束社会组织的运作过程及其行为策略。相对于制度主义与社会行动分析范式，资源依赖分析范式与网络资本分析范式则是从中观层面探讨可依赖的资源与所拥有的社会资本存量对社会组织运行及组织功能发挥的重要影响，强调了资源与社会关系网络在制度与组织之间的重要作用，认为社会组织可以有效规避制度或国家政治结构的约束与障碍，可以从依赖的资源与所拥有的关系网络资本中获得组织生存与发展空间。行为策略选择分析范式认为，组织在一定的环境条件下采取策略行动来建构与组织自身发展相适应的组织结构、组织方式与组织运作模式。该分析范式一方面重视技术及其他宏观环境条件的约束，另一方面也注意到了社会组织作为行动者的能动性。

然而这些分析范式也存在相对的不足。制度主义分析范式与社会行动分析范式过多地强调国家宏观发展政策以及国家政治机会结构因素对社会组织行为、组织运行的制约作用，忽略了社会组织的自身组织行为能动性，带有较强的“结构决定论”色彩。资源依赖分析范式与网络资本分析范式突出强调了可依赖的资源与网络资本对组织运行方式的影响，仍然体现出更强的结构刚性。行为策略选择分析范式尽管关注在制度环境条件下社会组织所采取的策略性行为，然而更多强调的是在组织外部环境条件制约下的社会组织策略行动，仍然表现出明显的结构化取向。

（二）结构取向的社会组织行为研究

结构取向的社会组织行为研究认为，社会组织行为更多地是由诸如政府的相关政策或法规、可动员或汲取的社会资源、社会关系网络、政治机会结构等外部因素的制约作用下塑造的。结构取向的社会组织行为研究主张社会组织与国家之间的静态权力关系的差异性，是以自主性作为衡量社会组织能力的重要标尺，主要聚焦于组织外部环境制约下的政府与社会组织之间的非对称关系以及社会组织的自治程度（斯科特，2012；张紧跟，2012；王诗宗和宋程成，2013；陈为雷，2013；纪莺莺，2013、2016、2017；黄晓春和嵇欣，2014；郁建兴和沈永东，2017；王名和张雪，2019）。然而，社会组织自主性不是一种“线性”增长过程，而是处于一个“矛盾或悖论”的发展过程：追求自主性的过程也是一个丧失自主性的过程（李友梅等，2008a），我国的社会组织往往并不具有制度化的结构自主性（纪莺莺，2013），大多社会组织通过牺牲结构自主性来获得实际自主性（White，1993）。我国社会组织的独立性与自主性关系呈现出 U 形发展特征（费迪和王诗宗，2014），测量中国社会组织自主性发展程度并没有太大意义，而是更多关注作为政府之外有生力量的社会组织为社会大众作出多大的努力与成绩（Ma，2002）。只有通过分析国家与社会二者的关系建构过程中的微观互动，才能更全面、更细致地观察到政府与社会组织之间关系的生成、发展与变化（李友梅，2012）。

1. 社会组织与政府的关系研究

关于社会组织与政府的关系类型研究中，吉德伦等（Gidron，et al.，1992：1-14）根据服务的资金筹集与授权、服务的实际供给两个维度，提出了社会组织与政府关系的四种关系模式：政府主导、第三部门主导、双重关系与合作关系。库恩和塞尔（Kuhnle & Selle，1992）根据“沟通交往”与“财务控制”把政府与社会组织之关系划为“整合依附型”“分离依附型”

“整合自主型”与“分离自主型”四种类型。克斯顿（Coston，1998）根据政府对社会组织的忍受或接受程度、两者关系力量均衡、正式化程度以及与政府联系的程度与广度，将社会组织与政府的关系划分为压制、对抗、竞争、契约、第三方政府、协作、补充与合作8种关系。纳吉姆（Najam，2000）4C理论模型指出，政府与社会组织各自不同的组织目标、行为手段与行为策略，是分析政府与社会组织是否存在合作、对抗、互补与吸收关系的重要变量。杨（Young，2000）指出，政府与社会组织关系可以概括为三种模式：补充模式、互补模式以及抗衡模式。

丁（Ding，1998）用“国家法团主义”“社会法团主义”“公民社会”与“地方法团主义”四个概念来解释中国社会组织与政府之间的复杂关系。何增科（2000：18）把社会组织视为一个利益集团，并把政府与社会组织的关系划分为“制衡”“对抗”“共生共强”“合作互补”以及“社会组织参与国家”5种模式。龚咏梅（2007：77）根据合作双方的角色、分工及功能把社会组织与政府的关系划分为“供销式”合作关系与平等伙伴合作关系；根据合作双方权力关系把政府与社会组织的关系划分为不平等合作关系与平等合作关系；根据合作行为取向与合作边界把政府与社会组织的关系划分为“强稳定”合作关系与“弱稳定”合作关系；根据合作方式把政府与社会组织的关系划分为柔性合作关系与刚性合作关系。徐家良与万方（2008）通过考察社会组织与政府的互动关系、社会组织的资源汲取能力与社会组织的活动范围来研究政府与社会组织之间关系的变迁过程。徐家良和万方认为，政府与社会组织的关系是一种从完全依赖政府→渐渐独立自主→政府合作的关系。郁庆治（2008）依据政府对待社会组织的态度以及政府影响社会公共政策的方式，提出了政府支持型、政府中立型和政府抑制型三种社会组织与政府关系的模式。郁建兴和任泽涛（2012）根据政府治理能力以及社会发育程度两个变量，将政府和社会组织的关系划分为四种关系模式：政府治理能力低、社会组织发育程度高的社会自治模式；政府治理能力低、社会组织发育程度低的政府管控模式；政府治理能力高、社会组织发育程度低的社会协同模式；政府治理能力高、社会组织发育程度高的平等合作模式。刘传铭等（2012）从资金来源、项目实施、注册年检、项目介入四个维度，归纳出政府与社会组织的强伴生模式、伴生模式、弱伴生模式和无伴生模式四种模式。乔东平和高克祥（2015）把中国的社会组织与政府的关系分为内生性依附关系、工具性互惠关系、竞争关系、疏离关系和抑制关系。

2. 社会组织与居委会的关系研究

既有社会组织与居委会的关系研究，大多是遵循政府与社会组织的关系模式来探讨社会组织与居委会的关系。赵秀梅（2008）指出，居委会与社会组织之间是一种资源交换的互惠关系。于家琦（2010）把社会组织与居委会的关系划分为从属型、指导型与平等型关系。朱健刚和陈安娜（2013）按照社会组织与居委会的嵌入程度，把社会组织与居委会的关系分为隔离型、冲突型与互惠型三种关系模式。宗丽（2013）分析了社会组织与居委会的动态合作关系。宗丽认为，在居委会对社会组织采取抵制、排斥与不合作的态度下，社会组织为了得到居委会的有效配合与支持，采取了“自我矮化”的行动策略，实现“脆弱合作”。尹阿雳（2014）指出，社会组织与居委会之间的关系呈现出从无自主性无合作→依附性合作→强自主性合作的发展过程。王义（2015）以社会组织与社区居委会合作的范围、程度为标准，将社会组织与社区居委会的合作划分为松散型合作、紧密型合作与全面型合作。然而居委会与社会组织之间并非都是合作关系，居委会也会出于种种原因对社会组织采取抵制与不合作的态度（朱健刚和陈安娜，2013；岳经纶和郭英慧，2013；宗丽，2013；汪华，2015）。居委会对社会组织的不合作甚至排斥态度，其背后隐含的是基层社区行政性力量在面对支配性格局遭受的潜在挑战而作出的本能反应（汪华，2015）。政府购买服务制度不完善，导致居委会和社会组织如何构建双方合作关系方面经验缺乏，居委会与社会组织双方之间存在矛盾与冲突（王义，2015）。

3. 社会组织与政党的关系研究

国家与社会关系的变化必然涉及政党，国家与社会之间的分离是政党得以产生与发展的重要条件。政党的根基在社会，任何政党都要尊重社会与赢得社会（林尚立，2002）。政党为社会大众社会参与和利益诉求与表达提供了重要的途径与渠道。政党的“代表性”特征以及政党服务于共同体的价值目标，使得政党成为社会大众进行公民利益诉求与表达的重要途径与渠道。布隆代尔和科塔（2006）指出，“如果政党‘代表性’作用很突出，那么这种联系就是自下而上的；如果政党‘动员性’作用很突出，那么这种联系就是自上而下的。”刘建军和陈超群（2005）提出了“党治模式”“父爱主义模式”与“政治市场模式”的三种政党与社会关系模式以及与之相对应的“官僚型政党”“保姆型政党”与“交易型政党”三种执政党模式。刘建军和陈超群认为，政党执政体系之所以能够与现代民主找到内在契合点，原因在于“道德主义的政治传统”“好政党主义”与“好政府主义”的三大基础。政党对社会的整合，不是促使社会组织“政党化”而是促使社会组织“社会化”，使得政党具有服务社会与协调社会的重要角色功能，政党能够借助“社会化”的社会组织网络促进社会和谐与统一，实现国家对社会的有机整合（林尚立，2008）。

关于政党与社会组织的关系研究，学术界大致有两种观点：合作关系与挑战关系。主张合作关系的学者普遍认为，社会组织与政党之间具有功能“互补性”，社会组织与政党之间的关系是一种“非零和博弈”的关系（康晓强，2008；俞可平，2008；闫东，2009；王长江，2009；罗峰，2009）。与主张合作关系的观点不同，主张挑战关系的学者认为，社会组织的发展构成了对执政党的威胁与挑战，政党的政治动员、思想渗透、决策执行等都受到挑战（林尚立，2002；王长江和祝灵君，2006；尹德慈，2007）。西方执政党与社会组织的关系是投票选举中的功能互补与替代关系。社会组织成为西方政党竞选的重要支持力量，甚至能够替代政党的部分选举作用。根据社会组织独立性的程度把社会组织与西方政党的关系划分为独立型、合作关联型、依附型与隶属型四种关系，社会组织在整合民意、代表社会、利益表达等方面具有超越政党的重要趋势（闫东，2009）。中国执政党与社会组织的关系主要包括四种：政党支配关系、社会组织支配关系、竞争对抗关系与合作互补关系（黄建新，2009）。

社会组织与政党的关系在某种条件下是可以相互转化的，能够转化主要取决于内生性与外生性两个要素。内生性要素包括组织结构、组织目标取向、组织制度安排等，外生性要素包括组织社会影响力、政局是否稳定、阶级力量的对比变化以及国际形势的变化（康晓强，2008）。社会组织与政党之间客观上存在一个相互需求的“利益共存区”。政党与社会组织关系形态的演变，主要是基于二者“利益共存区”的双向需求，不同关系形态的变迁背后隐藏着政党整合执政资源的行为逻辑（王长江，2009）。关于执政党与社会组织的关系，大多数学者的研究强调了二者合作关系的积极影响。执政党与社会组织合作具有一种“共振效应”（罗峰，2009）。执政党与社会组织的有机结合，有助于社会组织提供社会多元公共服务，满足社会大众多元化社会公共利益需求，有利于推进社会组织健康发展，能够有效推动国家政治民主化进程，引导社会组织遵纪守法，宣传政党的政策和主张以及反馈群众的意愿要求（马西恒，2003），社会组织党组织能够为社会组织提供政治参与的重要机会与平台，是执政党有效控制社会组织的重要手段，党组织可以承担监控预警的重要功能（尹德慈，2007）。有远见的党政干部会主动与社会组织建立信任关系与合作伙伴关系（俞可平，2008）。

4. 社会组织发展困境研究

既有社会组织发展困境研究主要集中探讨国家与社会组织之间非对等权力关系下的制约社会组织发展的影响因素，更多聚焦组织外部制度环境对社会组织行为、组织行动能力、组织活动内容与组织活动空间的制约作用。学术界关于社会组织发展困境的研究主要有两种研究取向：（一）社会组织的“草根边缘化”的发展困境（Spires A. J.，2011；张紧跟和庄文嘉，2008；何艳玲等，2009；和经纬等，2009；张树沁和郭伟和，2012）。安子杰（Spires A. J.，2011）提出“偶发共生”概念来解释中国社会组织艰难求生的现状与特点。（二）社会组织的“行政官僚化”的发展困境（沈原和孙五三，2001；萨拉蒙等，2002；田凯，2004；康晓光，2007；唐文玉，2010，2011；邓宁华，2011；李友梅等，2012；李春霞等，2012；文军，2012；Teets J.，2013；王诗宗和宋程成，2013；朱健刚和陈安娜，2013；Hasmath & Hsu，2014；Spires A.，et al.，2014；张紧跟，2015；龙翠红，2018；袁方成和邓涛，2018；杨宝，2018；向静林，2018）。社会组织经常使组织自身的业务与地方政府的政策与需求相匹配，而非与社会公众的真实需要相一致（Teets J.，2013），与基层社区治理的需求也不相匹配（向静林，2018）。政府与社会组织之间缺乏有意义合作的部分原因是同构压力，以及政府对于社会组织活动认知的缺乏（Hasmath & Hsu，2014），由于受到人员与资源的制约，地方政府制定的规章制度往往对社会组织的影响流于形式（Spires A.，et al.，2014）。社会组织是“形同质异”的组织（沈原和孙五三，2001），组织“外形化”（田凯，2004），组织公益低效率化（陆明远，2008），组织提供“俱乐部产品”（李友梅等，2012），组织公共服务“内卷化”（李春霞等，2012），组织“公益性不足、互益性有余”（文军，2012），组织“诚信度下降，公益性偏离”（张杰，2014）。“行政吸纳服务”的国家介入方式抑制了社会组织公共性生长（唐文玉，2011）。邓宁华（2011）基于组织“合法性”与经济资源的维度提出了国家与社会组织“双重依赖”的关系，认为体制内社会组织可以有效借助政府的“合法性”支持进入社会领域汲取组织所需的资源，表现出一种“寄居蟹的艺术”的行为策略。社会组织与政府的关系越强，社会组织的组织自主性越低，人事、财务、认知自主性就越低（张沁洁和王建平，2010）。社会组织被吸纳到基层政府的行政权力网络结构中，产生了组织的公共服务行政化、内部运作官僚化以及专业“建制化”（朱健刚和陈安娜，2013）。王诗宗等人（2014）认为，社会组织相对于政府的资源独立性越高，其自主性越强。地方政府主导的“治理社会”模式相当程度上遮蔽了“社会治理”模式，导致社会组织参与主体意识薄弱、依附式发展以及政策倡导的功能弱化（张紧跟，2015）。黄晓春提出了社会组织领域的“模糊发包”政策执行模式，使得社会组织普遍无法形成组织的长远发展目标，导致社会组织普遍采取以资源汲取为导向的组织发展策略，呈现出较强的“工具主义”的发展特征（黄晓春，2015）。社会组织在生产社会的实践过程中遇到的困境，原因在于组织内部成员及其行动动机的复杂性，以及地方社会表现出的“总体性社会”的特征（孙飞宇等，2016），基层地方政府较少主动提供制度化的政策机会，政社之间较多诉诸直接联系而非集体协商，国家主动为社会组织提供制度化机会空间，使得社会组织努力争取国家相关政府部门的支持而与地方政府抗争（纪莺莺，2016）。社会组织的服务逻辑行政化、服务效果内卷化、服务行为短期化以及服务体系碎片化（龙翠红，2018），使社会组织的地位获得品牌化、角色扮演仪式化和制度依附下的角色固化（袁方成和邓涛，2018），社会组织的项目生态景观化（杨宝，2018）。

5. 结构取向的社会组织行为研究述评

结构取向的社会组织行为研究主要探讨国家与社会组织之间的复杂互动关系，主要关注政府与社会组织之间权力关系的差异性与非对等性，强调外部组织制度因素对组织行动偏好、组织能力、组织活动范围与活动空间的制约与约束。大多数学者的经验研究发现，中国社会组织表现出来的角色发展困境主要受到中国社会组织面临的制度环境的制约，组织制度环境的制约使得中国社会组织自主性缺失、公益性不足、独立性缺失。中国社会组织主要表现为“官民二重性”“形同异质”“体制内运作”“依附性自主”“行政吸纳服务”“行政吸纳社会”“项目景观化”“社会服务内卷化”“工具理性”等组织行为特征。换言之，中国社会组织表现出来“行政官僚化”的组织发展困境，主要原因在于外部制度给予社会组织提供社会公共服务以及利益表达的公共空间不足。然而，组织外部制度环境约束与制约社会组织角色功能发挥、组织运行以及组织发展的同时，也能够给社会组织带来不同的制度激励或发展机会，使得社会组织在面临复杂的外部组织制度环境下，能够采取多种不同的策略性行为来寻求社会组织的生存与发展。S 市 G 组织案例很好地解释了在面临“碎片化”微观制度环境下，社会组织并没有走入“行政官僚化”的角色发展困境，“体制内运作”的G组织不仅能够很好地承担基层政府“行政助手”的重要角色功能，也能实现社会组织的公益性、民间性与非营利性特征。

（三）社会组织行为策略研究

1. 社会组织行为策略经验研究

在当前我国政府的主导作用仍然很强、社会组织发育不成熟的背景下，对于中国社会组织进行研究就是要将眼光置于草根社会组织，特别关注其对地方政治的影响（Pei，1998）。在我国“强国家-弱社会”的体制下，大量草根环保组织的行动策略成为学者讨论的热点（Ho，2001，2007；Wu，2003，2005；Dalton，et al.，2003；Jiang，2004；Yang，2005；Wang，2006，2010；Cooper，2006；Lin，2007；Tang & Zhang，2008；Jiang & Ortolano，2009；Xie，2011；何和安德蒙，2012；曾繁旭，2007；晋军和何江穗，2008；梁莹，2013；黄荣贵等，2014；邹东升和包倩宇，2015；崔月琴和李远，2015）。草根环保组织的行动策略是一种不断迎合政府的支持与影响，而不是与政府进行潜在对抗的行为策略（Ho，2001），中国半威权的政治体制为草根环保组织的生存与发展创造了社会空间。草根环保组织为了组织生存以及获得合法性不能不依赖政府，不得不采取非冲突性的行动策略，不公开挑战政府权威。草根环保组织通过建立非正式组织以及利用非正式网络有效地动员或汲取资源，这些成功跨越国家与社会之间的嵌入性使得草根环保组织能够发挥重要作用（Ho，2007）。草根环保组织还可以通过策略性的抗议或常规性游说战术来达到组织目标（Dalton，et al.，2003）。杨国斌（2005）把草根环保组织的行为策略归纳为“传统与现代集体行动技能的混合”，主要以避免冲突、鼓励学习、合作与参与、利用官方话语作为抗争武器。王信贤（2006）将草根环保组织的行为策略归纳为“完全顺从、自愿依附、消极顺应、转登记或由名人发起等‘夹缝求生’的本能反应”。王信贤的“自利型官僚竞争模型”指出，中国草根环保组织既没有被政府部门完全控制，也没有获得组织行为自主性，而是利用国家各职能部门在追求自身行政利益最大化的“自由空间”寻求组织发展空间。谢磊（2011）提出中国草根环保组织的行动策略主要包括：与媒体形成伙伴关系；充分发挥组织领袖及其关键人物的关系网络；构建环保组织的集体身份与网络。何和安德蒙（2012）以“嵌入式行动主义”概念来描述中国草根环保组织的行为策略。何与安德蒙认为，“中国环保行动主义实际上并不是完全自治并且自律的，只是羁绊并嵌入政治与社会行动者的人际关系以及非正式或正式规则的网络之中，由此获得了一定的社会空间并得以产生与发展”。

国内学者关于社会组织行动策略研究大多采用个案研究方法，研究主要集中探讨草根社会组织的行为策略（赵秀梅，2004；陶庆，2007；朱健刚，2008；张紧跟和庄文嘉，2008；邓燕华和阮横俯，2008；何艳玲等，2009；和经纬等，2009；唐文玉和马西恒，2011；陈天祥和徐于琳，2011；张树沁和郭伟和，2012；姚华，2013；赵小平和王乐实，2013；朱健刚和赖伟军，2014；孙飞宇等，2016），不少学者关注行业协会或民间商会组织的行为策略（郁建兴等，2004、2008；陈剩勇和马斌，2004；王诗宗，2004；周俊和郁建兴，2004；吴军民，2005；马斌和徐越倩，2006；徐建牛和孙沛东，2009；张沁洁和王建平，2010；江华等，2011；王诗宗和宋程成，2013；纪莺莺，2016），还有不少学者研究社会服务组织的组织行为策略（唐文玉，2011；邓宁华，2011；李春霞等，2012；朱健刚和陈安娜，2013；孙佳伟和范明林，2013；黄晓春和嵇欣，2014；陈为雷，2014；汪华，2015；黄晓星和杨杰，2015；郁建兴和沈永东，2017；曾凡木，2017；纪莺莺，2017；徐盈艳，2018；孙发锋，2019；冷向明和张津，2019；王名和张雪，2019；宋雄伟，2019；段雪辉和李小红，2020；刘帅顺和张汝立，2020）。

关于社会组织行为策略比较有代表性的观点有：“非正式政治”（张紧跟，庄文嘉，2008）、“与政府不合作”（何艳玲等，2009；朱健刚和赖伟军，2014）、“去政治自主性”（唐文玉，马西恒，2011）、“依附性自主”（Lu，2009；王诗宗和宋程成，2013）、“嵌入式行动主义”（何和安德蒙，2012）、“非协同治理-策略性应对”（黄晓春和嵇欣，2014）、“二重去边界化”（黄晓星和杨杰，2015)、“半嵌入性合作”(冷向明和张津，2019)、“依附换资源”(孙发锋，2019)、“柔性控制与分层嵌入”(徐盈艳，2018)、“调适性合作”(郁建兴和沈永东，2017)、“双向嵌入”(纪莺莺，2017；王名和张雪，2019)、“双向汲取”(段雪辉和李小红，2020)。

面对制度与资源的双重约束，社会组织的行为策略与社会组织所坚持的政治意识形态与维权意识相关（和经纬等人，2009)，在非协同治理制度环境下社会组织的生存策略是策略性应对的行动策略（黄晓春和嵇欣，2014)，社会组织通过“政府与社会组织之间的去边界化”以及“本土文化情境中开展公共服务的去边界化”，社会组织可以生产出自身的社会边界与符号边界(黄晓星和杨杰，2015)。社会组织希望能够在耦合与脱耦之间达到平衡（曾凡木，2017)，实现“自主、合作与融合”(宋雄伟，2019)，实现社会组织的行政性与社会性的双重目标达成（段雪辉和李小红，2020)。

社会组织的组织自主性强弱程度，成为社会组织行为策略研究最关注的特征（斯科特，2012；张紧跟，2012；王诗宗，宋程成，2013；陈为雷，2013；纪莺莺，2013、2016；黄晓春和嵇欣，2014；王名和张雪，2019)。社会组织行为策略研究强调的是一种工具观或能力观，主要关注组织在特定情境下的决策过程与组织运行，组织有无这个能力控制局面，进行自我管理与自我发展。能力指的是“一种可能实现的、各种可能的功能性组合”；能力是“一种自由，是实现各种可能的功能性活动组合的实质自由”（阿马蒂亚·森，2002)。社会组织自主性研究大多是碎片化的、局部的，没有形成系统的、完整的社会组织自主性研究。自主性作为自变量还是因变量存在混淆，自主性操作化至今没有达成共识（张沁洁和王建平，2010)。美国学者朱莉·费希尔（Fisher，2002）认为，社会组织的自主性与7个方面的要素紧密相关。即组织的承诺、财政分散、公众基础、技术专长、社会和管理知识、策略知识以及培训政府工作人员的经验。我国学者在社会组织的研究中，经常把自主性和独立性混淆使用（安建增，2010)。西方语义下的自主性强调的是独立于政府的自治，我国的社会组织却存在“不独立但自主”的现象。我国社会组织的独立性与自主性关系呈现出U形曲线变化趋势（费迪和王诗宗，2014）。大量学者的经验研究集中探讨社会组织行为自主性的重要制约因素，也有学者注重分析社会组织自主性对社会组织运行以及组织行为的重要影响（Brinkerhoff，2002；顾昕和王旭，2005；Lu，2009；范明林，2010；黄晓春和稽欣，2014；纪莺莺，2016；王名和张雪，2019）。

何谓自主性？自主性，英文译为“Autonomy”，在语义学上一般而言有三种含义：独立性（independence）、自我管理（self-government）、自我决定（self-determinate）。自主性是社会组织的本质属性之一。自主性分为个人自主性和群体自主性。个人自主性的形成和发展过程就是个体化的过程，群体自主性则是指群体或组织的自我运行、自我管理、自我发展、自主决策、自我服务（李友梅等，2008）。组织自主性意味着组织作为整体在处理内部事务和外部关系的过程中所具有的，避免其他组织从人事、资金和程序对其目标确定、决策制定、执行等进行控制和干涉的能力（张沁洁和王建平，2010）。怀挺（Whiting，1991）根据组织的自主性，把我国的社会组织分为“准政府的”（quasi-governmental）、“半政府的”（semi-governmental）和“真正非政府的”（truly non-governmental）三种类型（邓燕华和阮横俯，2008）。陈健民和丘海雄（2002）在对广州市级社团的研究中，将社会团体自主性概括为社团领袖的选任、社团日常活动的自由、财政独立和社团对自主性的主观判断四个方面。曹海玲等（2008）认为，一个组织如果可以在发展规划、重要人事安排、资源获取等重要事项的决策时并不受到政府巨大的制约，该组织的行为是自主的。黄晓春和稽欣（2014）将社会组织活动的自主性划分为活动领域的自主性、活动地域的自主性以及运行过程的自主性。

学者们普遍认为，官办社会组织对政府有较强的依赖性，极难获取自主性；而草根社会组织对政府的依赖性较弱，更易获得自主性。高丙中（2000）通过讨论社会团体的四种合法性，认为那些官办的或是正式的社会组织相对于草根社会组织而言有更强的自主性和合法性。顾昕和王旭（2005）基于对北京、浙江、黑龙江2000多个社团的研究发现，组织自主性对社会组织的角色功能发挥具有明显的积极作用，组织自主性程度越高，社会组织提供多元化的社会公共服务质量就越高。然而，在当代中国特殊的组织制度环境下，社会组织自主性发展程度与组织社会影响力之间的关系并非一种正相关（Lu，2009）。康晓光等（2007）的实证研究表明，在政府信任的前提下，行业协会拥有各类自主性。草根环保组织获得了完整的相对于政府的另类独立性，官办服务型组织基本无独立性可言。马秋莎（2009）指出，现阶段多数中国的社会组织是介于独立与不独立之间的一种半官方组织。朱培蕾（2009）研究发现，社科类社会组织与政府的关系从附属为主导变为合作并存，社科类社会组织对政府资源的依赖在逐渐减少，其自主性和从民间汲取支持的能力在逐渐增强。范明林（2010）把自主性操作化为服务领域和服务内容的决定、经费筹措和员工招募权等，通过上海四家社会组织的个案研究发现，社会组织在与政府的互动关系中越来越缺乏自主性。制度化的结构自主性与社会组织实际组织能力之间关系复杂；社会组织自主性较弱，组织凝聚力较强，就可能形成政府与社会组织之间的合作关系；社会组织自主性较强，组织凝聚力也较强，就可能形成政府与社会组织之间的对抗关系；社会组织自主性较弱，组织凝聚力较弱，社会组织可能成为政府的附庸；社会组织自主性较强，社会组织凝聚力较弱，社会组织与政府之间是一种工具型关系（纪莺莺，2016）。社会组织在参与社区治理过程中，面临“政府—社会组织”以及“社会组织—社区”的双向嵌入关系，其自主性主要表现在政治活动自主性、志愿活动自主性以及管理活动自主性。“政治关系嵌入”“政治结构嵌入”“邻里嵌入”与“社区文化嵌入”是影响社会组织自主性的主要因素（王名和张雪，2019）。社会组织与社区治理主体分为合作式、竞争式和依附式三种嵌入关系，社会组织的信任机制、行动机制和能力机制是影响社会组织活动自主性的重要因素（刘帅顺和张汝立，2020）。

在社会组织行为策略的经验研究中，学术界除了关注社会组织自主性的行为能力外，还有不少学者关注了社会组织的组织资源汲取能力（Brinkerhoff，2002；赵秀梅，2004；陈剩勇和马斌，2004；赵小平和王乐实，

2013)、组织专业化能力（Gray & Silbey，2014）、组织社会影响力（赵秀梅，2004；徐建牛和孙沛东，2009；Kenneth，et al.，2010；Deng & Kennedy，2010）、组织公共精神（陈剩勇和马斌，2004；Kenneth，et al.，2010；吴新叶，2013；纪莺莺，2016）、组织价值观（赵小平和王乐实，2013）以及组织与政府关系的连续性（陈剩勇和马斌，2004；徐建牛和孙沛东，2009；Gray & Silbey，2014）对社会组织发展以及社会组织运行的重要影响作用。

2. 社会组织行为策略研究述评

梳理既有社会组织行为策略研究发现，社会组织的行动策略研究关注到社会组织在复杂的外部环境制约下的行为能动性，注意到社会组织为了生存与发展而进行的各种正式和非正式的策略。关于社会组织构建组织行为策略的制约因素中，学术界普遍认同组织行动能力不足是制约社会组织建构社会组织行为策略的重要因素。既有社会组织行为策略经验研究主要聚焦探讨社会组织在外部环境制约下是如何利用可汲取的资源、社会关系网络、政治机会结构等外部因素来建构组织的行为策略。然而既有社会组织行为策略研究无法深刻揭示行为策略的实质内涵，社会组织的行为策略究竟是为了完成社会组织的社会性目标还是完成基层政府的行政性目标？而且既有研究也没有很好厘清组织不同行动策略约束条件与影响机制。换言之，既有“结构约束—行动策略”的分析框架没有考虑到复杂结构条件下的社会组织多元化的行动路径。微观制度环境给社会组织带来不同程度的制度激励与制度约束，也使得社会组织能够规避组织面临的制度风险，生产出不同的社会组织策略性应对行为。本书并未超越“结构约束—策略行动”的分析框架，而是在微观层次上进一步剖析“行动”这个抽象概念，使得社会组织“结构约束—策略行动”的分析框架更具有解释力，更好地展示了微观制度环境约束下社会组织策略性应对行为的复杂机制。

通过对S市X区L街道M社区G组织的调研发现，G组织主要接受来自M社区居委会与社会组织的两种不同目标来源任务，不同目标来源的任务相关性程度有差别，正是由于不同目标来源以及不同来源任务的相关性程度差异，导致G组织生产出在组织外部制度环境制约下社会组织行为策略的多元化行动路径。本书主要探讨S市G组织是如何构建组织行为策略的多元化行动路径，从而深刻理解影响社会组织角色功能发挥、社会组织运行、社会组织发展的重要因素，从而揭示社会组织与政府、社区居民之间的复杂互动关系。

三、社区社会组织双向汲取行动路径研究思路、分析框架与概念工具

（一）研究思路

本书试图在已有研究成果的基础上引入组织行动策略研究的类型学分类，将社会组织行为策略研究看作是在既有微观制度环境制约下，社会组织作为行动者自身行为能力建构的结果。社会组织行动策略研究的类型学分类，尝试突破组织社会学“结构约束—策略行动”的二元取向研究，重新探究社会组织在组织外部制度环境制约下社会组织行为策略的多元化路径。换言之，社会组织的行为策略选择并不是仅仅由制度政策、可依赖的资源、社会关系网络、政治机会结构等结构性要素所决定的，而是一个社会组织在与其他组织行动者持续互动的过程中，组织行动者基于自身行动能力的策略性行为选择的结果。社会组织行为不仅受到组织外部制度环境的影响，而且社会组织也在不断地塑造并影响着既有的组织制度环境，使得社会组织行为路径呈现一种复杂的变化过程。

本书主要分析在面对组织外部制度环境的约束下，S市G组织作为拥有行动能力的行动者是如何通过建构“双向汲取”行动策略的多元化行动路径，实现社会组织社会性目标与行政性目标的共同达成，即具有双重身份的G组织同时汲取行政性资源与社会性资源实现社会组织的双重目标达成。

（二）分析框架

本书选择S市X区L街道M社区的一家社会组织——G组织——作为研究对象，运用组织社会学行为策略研究的“结构约束—策略行动”分析视

角，并将社会组织面临的两个重要的行动要素——G组织接受的不同目标来源任务以及不同来源任务之间的相关性程度，整合到研究分析框架中提升本书分析的解释力。本书的分析框架主要借助目标来源与任务相关性程度两个重要分析维度，从S市M社区G组织作为一个社会组织行动者出发，重点探讨社区社会组织在组织外部制度环境制约下“双向汲取”行为策略的多元化组织行为路径。本书的分析逻辑前提：一是G组织与M社区居委会面临相同的“模糊性”的宏观制度环境、碎片化的微观制度以及社会组织项目技术治理的微观制度环境；二是G组织具有双重身份：M社区居委会与G组织是“一套人马、两项工作”；三是作为双重身份的G组织同时可以自由实现行政性资源与社会性资源汲取与资源互换。该分析框架具体包括以下四个内容：

1. 社区社会组织的制度环境

社区社会组织作为一个行动者，是在特定的组织外部环境下进行组织行为决策，复杂的外部组织环境构成社区社会组织策略行为的前提或基础。社区社会组织作为一个行动者，首先要正确处理社会组织与组织外部制度环境之间的关系。本书将社区社会组织的组织外部制度环境具体操作化为：社区社会组织面临的宏观制度环境与微观的制度环境。宏观制度环境主要包括国家关于社会组织发展的相关政策、法规及制度。微观制度环境主要包括地方政府发展社会组织的“碎片化”技术治理、社会组织的项目化技术治理以及社会组织与基层政府、社会组织与居委会、社会组织与政党之间的复杂互动关系。

2. 社区社会组织的行动能力

社区社会组织首先是具有行动能力的行动者，社区社会组织或多或少都拥有某种资源。这种资源的占有与汲取，使得社会组织与政府之间的互动关系建构以及社会组织构建组织的行为策略成为可能。社区社会组织的行动能力是有差别的，社区社会组织拥有的资源以及可汲取资源的能力也存在重大差别，分析社区社会组织的资源分布状况及其动态变化，有助于更好地勾勒出社区社会组织与基层政府、居委会三者之间复杂的互动过程，也有助于更好地分析社区社会组织是如何构建了社会组织的行为策略及其多元化的组织行动路径。本书将社区社会组织的行动能力具体操作化为四个方面：社区社会组织的资源汲取能力、社区社会组织的组织自主性、社区社会组织的专业技术能力以及社区社会组织的社会影响力。

3. 社区社会组织的行为策略

社区社会组织作为一个行动者，在作出组织决策行动之前，首先会对社会组织面临的组织外部环境、其他行动者的行动策略有基本的认知与了解，“有限理性”地进行组织自我的策略选择。社区社会组织对组织生存与发展问题存在着不同的观点与态度，这种观念与态度上的差异来源于社区社会组织对组织参与基层社会治理的行动情景以及组织外部制度环境认知存在明显差异，使得社区社会组织的组织决策行为存在差异。本书将社区社会组织的行为策略具体操作化为：社区社会组织对其面临的复杂外部制度环境的认知及其行动策略选择。

4. 社区社会组织的多元化行动路径

社区社会组织作为一个行动者，其组织行为策略是社会组织在组织外部环境制约下所作出的组织策略性应对行为。社区社会组织面临的组织外部制度环境存在差异，社区社会组织应对组织外部制度的策略行为也存在明显差异，使得社区社会组织的策略性行为呈现出多元化的表现形式或发展路径。组织外部制度环境，尤其是社会组织的项目技术治理容易导致社区社会组织的组织行为策略呈现出差异性的发展模式。本书将社区社会组织的多元化行动路径具体操作化为：社区社会组织对其面临的复杂外部制度环境的组织策略行为的表现形式及其路径选择。

（三）核心概念

1. 社区社会组织

社区社会组织指的是由社区居民或其他组织自愿发起，并在本社区地域范围内开展活动，满足居民多元化社会公共服务以及基层社区治理需求的非营利性社会组织（王名等，2014：150）。社区社会组织包括四个基本要素：

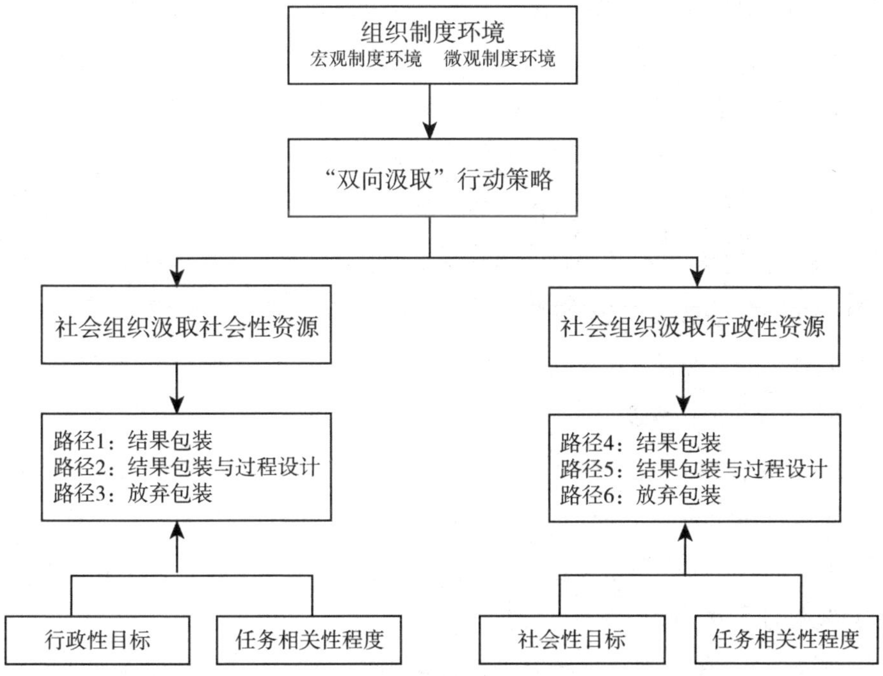

图 1-1　S 市 G 组织“双向汲取”行动路径分析框架图

一是活动范围在社区；二是服务对象是本社区居民；三是社会组织目的是为了满足社区居民不断增长的社会需求；四是社会组织成员绝大部分是本社区居民（徐林等，2015）。

2. 双向汲取

“双向汲取”这一概念指的是，社区社会组织能够有效地在基层政府行政性资源与社会组织社会性资源之间实现资源的自由互换与自由汲取，通过自由游走于行政性资源与社会性资源之间来实现社会组织行政性目标与社会性目标的共同达成。“双向汲取”概念的提出，给社区社会组织行为策略研究带来了新的研究空间，同时为学者们提供了看待社会组织复杂日常生活实践的新思路与新视角（段雪辉和李小红，2020）。

3. 目标来源

目标来源主要指涉的是社区社会组织的组织行为是为了实现什么类型的

社会组织行为目标。社会组织的目标来源可以划分为行政性目标来源与社会性目标来源。行政性目标指涉的是社区社会组织主要完成承接基层政府转移的行政事务性工作任务。比如，G组织完成承接L街道的参观接待、文书写作、公益展示活动以及承办街道的其他日常行政性工作。社会性目标指涉的是社区社会组织主要完成社会组织的社会公益性任务。比如，G组织提供环保生态公益社会活动是否满足M社区居民的利益需求，M社区居民参与G组织环保生态公益志愿者活动的程度，以及M社区居民对G组织提供的环保生态公益社会服务的满意程度。

4. 任务相关性程度

任务相关性程度主要指涉的是社区社会组织承接基层政府的行政性任务与完成社会组织环保公益社会性任务的相关程度。根据社区社会组织社会性任务与行政性任务之间相关性程度的高低，把社区社会组织的任务相关性程度划分为高、中、低三类。

高度相关的任务相关性主要指涉的是社区社会组织承接基层政府转移的行政性任务与社区社会组织完成的生态环保公益社会性任务之间的吻合程度非常高，不需要经过一个行为设计或包装过程，只需要通过对社区社会组织的行为结果或业绩进行包装，就能很好地实现社区社会组织的双重目标达成。

中度相关的任务相关性主要指涉的是社区社会组织承接基层政府转移的行政性任务与社区社会组织完成的生态环保公益社会性任务之间的吻合程度并不高，需要经过一个组织行为设计或者包装过程，进而通过对社区社会组织行为结果或者业绩包装，从而实现社区社会组织的双重目标达成。

低度相关的任务相关性主要指涉的是社区社会组织承接基层政府转移的行政性任务与社区社会组织完成的生态环保公益的社会性任务之间的吻合程度非常低，社区社会组织无法对该任务进行组织行为过程设计与结果包装，导致社区社会组织放弃对该组织行为的过程设计或者结果包装，从而仅仅实现社区社会组织行政性目标或社会性目标的单一目标达成。

5. 制度

制度指的是“一系列被制定出来的规则、守法程序与行为的道德伦理规范，是正式约束（规则、法律、宪法）、非正式约束（如行为规范、惯例、行为自律）和实施特征的结合体”（诺思，2008）。制度“不仅包括专门的法规与相应的文件，而且还包括政府部门实际上采用的各种习惯性做法”（黄晓春和嵇欣，2014）。与制度紧密相关的是“组织合法性”概念。组织制度学派的“组织合法性”概念强调的是建立在社会认同基础上的一种权威关系。组织“合法性机制”指的是“那些诱使或迫使组织采纳具有合法性的组织结构和行为的观念力量”，其基本思想是“社会的法律制度、文化期待、观念制度成为人们广为接受的社会事实，具有强大的约束力量规范着人们的社会行为”（周雪光，2003）。

6. 资源

资源指的是“使事情发生的能力”，“资源主要包括分配性资源与权威性资源”，“资源是行动者在互动过程中能够不断地进行再生产”，“资源是权力的重要基础，是权力得以实施的重要媒介”，而权力则指的是行动者改变周围环境的能力，是对资源的支配能力。资源具有转换性与传递性，可以随行动者使用的变化而发生改变（Giddens，1998）。资源是社会组织生存与发展的重要基础，资源需要不断地汲取与积聚。社区社会组织的组织资源包括组织的合法性资源、常规资源、项目资源以及无形资源。

7. 项目制

渠敬东（2012：241）指出，项目制“不单指某一种项目的运行过程，也非单指项目管理的各类制度，更是一种能够将国家从中央到地方的各层级关系以及社会各领域统合起来的治理模式。项目制不仅是一种体制，也是一种能够使体制积极运转起来的机制；同时它更是一种思维模式，决定着国家、社会集团乃至具体的个人如何构建决策和行动的战略和策略”。

8. 行动者及其行动能力

对社会组织行动策略的分析是以社会组织作为一个行动者为前提，本书的行动者主要指的是G组织。社区社会组织在与基层政府、社区居委会、社区居民等持续互动关系中，社区社会组织从缺席到出场，再到卷入到由社区社会组织、基层政府、社区居委会与社区居民等构建的社会组织领域中，成为一个拥有行动能力的自由行动者，在面临外部制度环境的制约下，社区社会组织会判断出对社会组织未来发展以及组织行动能力提升有利或不利的因素，然后对组织的行为作出策略性选择。

行动者拥有的行动能力指的是作为行动者的G组织，在汲取组织资源、组织运作、组织行为以及组织发展等问题上与基层政府、社区居委会、社区居民等行动者之间互动而产生的依赖或合作关系的“自由余地”，即行动者或多或少拥有某种其他行动者所需要的关键性资源。这种关键性资源使得社区社会组织与基层政府、社区居委会、社区居民之间的权力建构成为可能。基层政府、社区社会组织、社区居委会、社区居民，作为不同行动者的行动能力是有差别的，他们各自拥有的资源以及汲取资源的能力也存在重大差别。分析社区社会组织的行动能力，有助于更好地勾勒出社区社会组织、基层政府、社区居委会以及社区居民等行为主体之间复杂的互动关系。本书将社区社会组织的行动能力具体操作化为：组织资源汲取能力、组织自主性、组织专业技术能力和组织社会影响力。

（四）研究方法

本书采取定性研究的分析方法，对S市X区L街道M社区的G组织行为进行实证社会学的分析与阐释。作为一项质性分析的社会学研究，本书主要采用的研究方法有文献研究法、参与观察法以及个案访谈法。

（1）文献研究法。有关社会组织的统计年鉴及研究报告、国务院及各相关部委等关于城市生态社区建设的政策文件与公报、国务院及各相关部委等关于社会组织的政策文件与公报、G组织工作汇报和总结报告、国内外关于社会组织相关学术研究著作与文章、新闻报道材料等。

（2）参与观察法。本书通过参加S市G组织举办的各类环保公益志愿者活动，了解该社区社会组织环保公益志愿者活动的设计、实施过程与活动效果，进而深刻理解社区社会组织的行为逻辑及其行为策略。

（3）个案访谈法。这是本书所采取的重要方法。本书主要通过对G组织的主要负责人与工作人员、G组织的业务主管单位L街道负责人、基金会项目负责人、一家与G组织联系密切的环保组织负责人、G组织行动联盟小分队L居委会负责人、购买G组织服务的S市J区S街道X社区主任以及M社区居民、L社区居民、J区S街道X社区等社区居民进行访谈。

（五）案例介绍

本书所选择的案例分析是S市具有代表性的社区社会组织——G组织，是S市最早由社区居民自愿组建的环保组织，在宣传推广绿色环保理念、培育社区居民低碳生活方式，营造绿色和谐的社区居住环境，构建科学的、可持续性的、符合低碳标准的社区家园自治模式方面起到了重要推动作用。

本书以S市X区L街道M社区的G组织为例来展开分析，但是这不意味着G组织能够代表中国社区社会组织的整体发展特征。之所以选择S市G组织主要基于两点考虑：（1）近年来，中央政府一直高度重视城市生态文明社区建设，G组织也一直在做生态文明社区建设的项目，聚焦S市G组织可以更好地折射出当前宏观政策背景下社区社会组织生长的结构性空间；（2）G组织作为一个S市X区L街道M社区自身孵化出来的社会组织，与M社区居委会和L街道之间具有非常紧密的强关系，可以更好地凸显当前“碎片化”的微观制度环境对社区社会组织的组织行为、组织运作与组织发展的制约与激励作用以及社区社会组织在“项目化”技术治理微观制度环境约束下的组织多元化行动路径。

G组织是一家通过整合退休主妇资源，提升社区居民环保意识和能力，从而推动社区环境改善，由社区环境志愿者自愿组成的专业公益性环保组织。G组织全称是：S市X区L街道G组织环境保护指导中心。G组织所在地址：S市X区L路875弄30号二楼。G组织业务主管单位是“S市X区人民政府L街道办事处”。G组织的组织登记管理机关是“S市X区社会团体管理局”。G组织的组织发展愿景：促进社区自然生态与人和谐共存的可持续发展生活方式。G组织的核心业务是：以推广绿色健康、低碳环保的文明生活理念和方式，发挥居民在建设宜居、和谐家园中的重要作用，整合社区内民间组织各类资源，更好地服务社区，以促进社区的精神文明建设为己任，开展环境保护的宣传、教育、咨询活动，普及环境保护的法律、法规、政策和相关知识，为保护环境、环保社区建设、污染调查以及大型环境保护活动等公益事业提供服务；组织和参加各种环保组织的环保服务及交流活动，承办政府及有关组织委托的环境保护工作，在社区内开展关爱老人、扶持再就业等公益活动。

2011年，G组织已经开始行动。北京“地球村”想在S市推广市场，当时业务拓展者是“地球村”的环保志愿者达人：J女士。J女士和S市X区L街道社区学校的Y老师熟识，Y老师推荐给了M区的S女士，“三个女人一台戏”，G组织就这样应运而生了。根据S市X区L街道建设学习型社区发展规划要求，“L生态家”是L街道生态文明教育的探索与实践项目。“L生态家”社区教育实验项目激发了M社区10名家庭主妇对垃圾分类回收的兴趣。2011年4月，她们自发成立了“绿主妇，我当家”行动小组。2011年8月，M社区“G组织议事会”成立。2012年3月，G组织“家庭一平米小菜园”以及“废旧衣物回收”活动启动。2012年7月，M社区G组织正式注册成为民间公益环保组织。2012年7月，“绿主妇，我当家”拓展到L街道其他8个居民区。2012年12月，“L爱心编织社”成立以及“家庭微绿地”活动启动。2013年5月，“物物交换—手手相牵”活动正式启动。2013年6月，“家庭微绿地”和“家庭有机芽菜种植”活动启动。S市G组织活动区域主要在L街道M社区。M社区占地面积10.8万平方米，居民住宅楼46栋，楼组108个，属于S市典型的公房小区。M社区共有居民2369户，常住人口6500人左右，60岁以上老人约1800人。2015年，M社区被列入S市首批11个低碳试点社区之一。目前，S市G组织在坚持垃圾减量回收利用的传统环保公益活动之外，还开展了“家庭一平米小菜园”和“芽菜种植”“厨余垃圾变废为宝”“爱心编织社”等低碳环保活动。G组织还与L街道社区学校合作，开展了“L生态家”低碳屋、“菜园坊云教室”等环保公益社会活动。G组织旗下的“垃圾减量活动组”“家庭一平米团队”“环保创意设计组”“环保酵素坊团队”等相继成立。2014年，G组织被中央电视台、东方卫视等新闻媒体、《中国环境报》《文汇报》《解放日报》《新民晚报》等报纸期刊、东方网、央视网、解放网、上海政府网等网络媒体总共报道50余次。2012—2015年，累计参加“家庭一平米小菜园”知识培训的M社区居民2400人次，推广阳台蔬菜9000份。目前，G组织的“绿能量”已经在S市32个居委会开花结果，参与G组织环保公益志愿者活动的S市居民累计达到了23000多户。G组织在改善城市社区自然生态环境，开展内容丰富的环保公益志愿者活动，创新基层社区治理方面取得了不少成效。

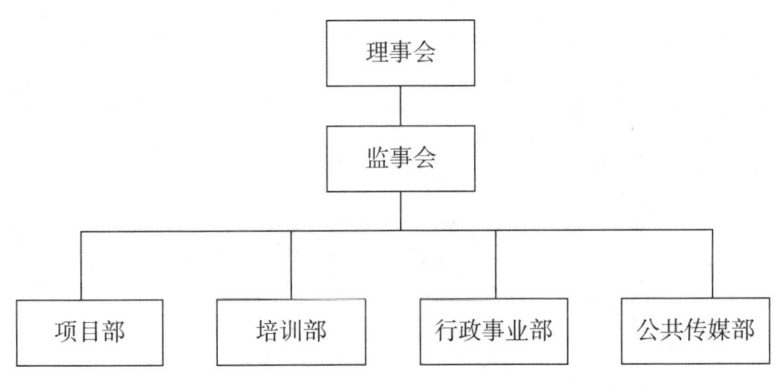

图1-2 S市X区G组织的组织架构图

（六）研究创新

本书的创新之处可能体现在以下几个方面：

（1）研究视角的创新。本书将研究视角定位在从组织社会学的社会行动视角出发，深入分析社区社会组织应对组织外部制度环境的策略行为及其多元化的社会组织行动路径，深刻揭示社会组织与组织外部制度环境之间复杂的互动关系，加深对社会组织行动取向与制度逻辑的深刻解读。该视角能够与传统组织制度学派的结构制约取向研究进行对话，试图实现社会组织研究从结构取向到行动取向的转变。

（2）理论概念的创新。本书引入“行动目标来源”和“行动任务相关性程度”这两个关键性变量，阐释社区社会组织应对组织外部制度环境的策略行动路径，并根据行动目标的“行政性目标—社会性目标”与行动任务相关性程度的“高度相关性—中度相关性—低度相关性”构建了社区社会组织的组织行为路径的类型学分类，并创造性地提出了“双向汲取”的这一理论概念来阐述社区社会组织应对组织外部环境制约下的组织行动策略的多元化行动路径，这对理解我国社区社会组织真实的生活实践逻辑起到了非常重要的作用。

第二章

社区社会组织发展的制度环境

组织制度学派理论认为，社会组织的发展主要受到组织外部环境的制约影响。社会组织作为一个行动者，其社会公益志愿者活动不可避免地要受到组织外部制度环境的制约或限制。分析S市G组织的组织行为策略及其多元化行动路径，首先要分析G组织面临的组织外部制度环境。通过分析G组织面临的外部制度环境，可以更好地理解外部制度环境制约下的社会组织行为发展特征与组织行为策略。

一、新时期社会组织发展现状

1949年以前的中国仍然是乡土社会，社会联结的纽带仍然是以血缘关系和民间信仰为主。中国社会一方面依靠积淀绵延千年的儒家文明而构成一个整体，另一方面日常的组织方式又是高度地方性和碎片化的。中华人民共和国成立以后，中国从“弥散社会”跨越到“总体性社会”。总体性社会强调的是“强国家-弱社会”的权力发展格局下，国家对经济以及各种社会资源实行全面的垄断以及国家政权对社会的全面控制。“总体性社会”的形成，一方面标志着国家对社会整合力量的提升，国家成为协调社会利益关系的唯一主体以及社会高度“秩序化”；另一方面国家财政负担加重，社会大众自我发展与自我管理的行动能力减弱，社会成员现代意义上的公民权利诉求被全面压制（李友梅，2011）。

改革开放给中国社会领域带来的最核心的变迁就是中国社会从一个“总

体性社会”向“复调社会”（counterpoint society）转变，从“一元社会”向“多元社会”转变，社会不再是国家完全支配控制下的附属品，而成为各种社会力量彰显行为自主性的重要领域（李友梅等，2008b：1）。社会之所以能够成为提供资源与机会的重要源泉，与中国社会经济政治体制改革释放出来的“自由资源”与“自由空间”相联系（李友梅等，2008b：44）。然而，中国的经济政治体制改革具有明显的市场化取向，市场机制对自利性动机的诱发力以及对机会主义倾向的助长，侵蚀了社会“再生产”的基础——“公民精神”。

党的十七大以来，中国社会组织发展的宏观制度环境出现了明显的变化。党的十七大明确提出了“党委领导、政府负责、社会协同、公众参与的社会管理新格局”。党的十八大报告又进一步明确提出了“党委领导、政府负责、社会协同、公众参与、法治保障的社会管理新格局”。党的十八大报告明确提出了“要加快形成政社分开、权责明确、依法自治的现代社会组织体制”。党的十八届三中全会进一步明确指出，“要创新社会治理体制，必须改进社会治理方式，激发社会组织活力，正确处理政府和社会关系，加快实施政社分开，推进社会组织明确权责、依法自治、发挥作用。适合由社会组织提供的公共服务和解决的事项，交由社会组织承担。支持和发展志愿服务组织。限期实现行业协会商会与行政机关真正脱钩，重点培育和优先发展行业协会商会类、科技类、公益慈善类、城乡社区服务类社会组织，成立时直接依法申请登记。加强对社会组织和在华境外非政府组织的管理，引导它们依法开展活动。”党的十九大报告明确指出，“加强社区治理体系建设，推动社会治理重心向基层下移，要充分发挥社会组织的作用。”2019年，党的十九届四中全会进一步提出，“要坚持和完善共建共治共享的社会治理制度和建设人人有责、人人尽责、人人享有的社会治理共同体，必须充分发挥社会组织的重要作用。”社会组织发展的宏观政策导向使得越来越多的地方政府部门开始重视并以不同方式支持当地的社会组织培育与发展，传统制约社会组织发展的一些约束性条件在地方政府的改革创新实践中也逐步松动。在此背景下，中国社会组织迎来了高质量的发展阶段。与先前的社会组织数量爆发性增长阶段不同，这一阶段的中国社会组织的发展不仅追求社会组织数量的“爆发性”增长，更加注重社会组织的发展质量和社会组织的效益提升。社会组织质的提升，一方面注重在社会组织历史使命和发展愿景指引下提升社会组织的专业技术能力，另一方面更加注重调整并处理好社会组织与政府之间的复杂关系。

根据民政部《2019 年民政事业发展统计公报》数据显示，截至 2019 年底，全国共有社会组织 86. 6 万个，其中，社会团体 37. 2 万个，民办非企业单位 48. 7 万个，基金会 7585 个。据国家统计局数据显示，2018 年末，全国大陆人口总数为 139538 万，我国每万人社会组织拥有量约为 5. 9 个。以社会组织发展较好的 S 市为例，根据上海社会组织网站的最新数据显示，截至 2019 年底，S 市共有社会组织 17011 个，其中，社会团体 4324 个，民非 12180 个，基金会 507 个。据 S 市统计局数据显示，2019 年末，S 市常住人口总数为 2428. 14 万，S 市每万人（常住人口）拥有社会组织数量达 7 个，高于全国平均水平。在国家宏观政策的大力激励下，我国的社会组织的组织化水平不断得到提高，社会组织的自我支持体系逐步完善，社会组织的公共服务能力和社会动员能力不断得到提升。

社会组织规模、数量不断增加的同时社会组织作用发挥却显得相形见绌。关于社会组织角色功能取向的学术争论由来已久，这些争论嵌入在社会组织的行为发展特征以及基层政府与社会组织之间的复杂互动关系研究中，已经成为当今理解社会组织行为特征及其组织未来发展的重要方向（王诗宗和宋程成，2013）。社会组织理想意义上的角色功能应该包括提供社会多元公共服务，社会大众利益表达渠道以及有效参与基层社会治理。就社会组织的功能取向而言，当前中国的城市社会活跃的社会组织主要有公益性社会组织、互益性社会组织和兼具公益性与互益性的混合性社会组织。关于社会组织的角色功能研究大致有两种研究取向：一种研究取向主要受到“新公共管理理论”的重要影响，强调社会组织能够承担抵御“政府失灵”与“市场失

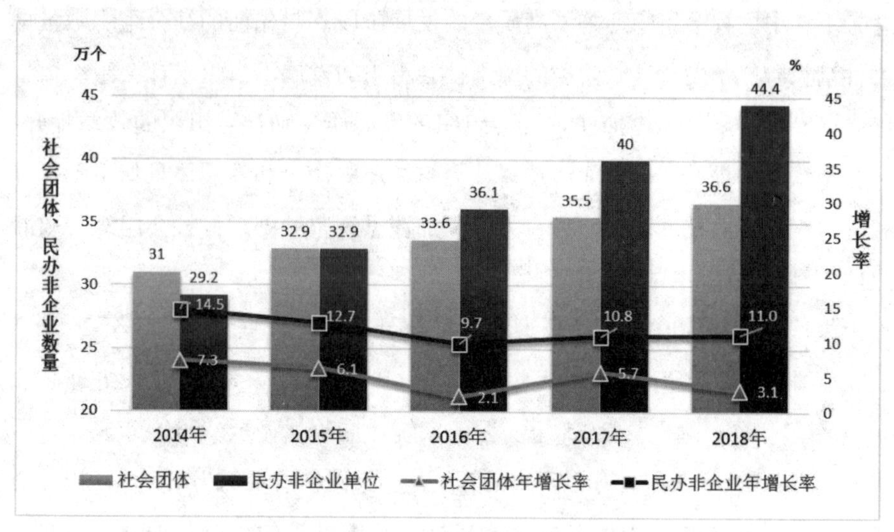

图 2-1　2014—2018 年我国社会组织的发展状况图

资料来源：中华人民共和国民政部

灵”的功能，在现代国家多层次公共服务体系中承担重要功能，是社会管理的“第三只手”（萨拉蒙等，2002）；另一种研究取向主要受到政治社会学“国家-社会”关系的影响，把社会组织看成一种不同于国家的结构性力量，能够在社会大众利益诉求与利益表达以及积极参与基层社会治理中发挥重要作用。社会组织是公民个体和决策者之间的利益传递机制（张静，2005）。依据克拉默（Kramer）的观点，社会组织具有四种角色功能：一是开拓与创新；二是改革与倡导；三是价值维护；四是服务提供。我国台湾学者冯燕把社会组织的角色分为目的角色、手段角色与功能角色。社会组织承担重要的积极角色功能，能够弥补政府与市场的“双重失灵”，提供各种社会公共服务；可以促进多元社会整合，推动社会治理创新；是可以推动国家与社会关系转型的重要力量（黄晓春和嵇欣，2014）。

既有社会组织角色研究，大多数研究成果集中探讨影响社会组织角色功能定位与功能发挥的重要制约因素。社会组织角色期待与角色扮演的不一致主要体现在社会组织与政府的关系“尴尬”；社会组织面临“信任危机”；社会组织运作的“市场化倾向”。社会组织的角色期待与角色实践的不一致主要与我国特殊的历史与现实条件相关（文军，2012）。探究社会组织角色发展困境要充分考虑到既有社会组织发展机制的“反向激励”。社会组织专业技术水平以及参与社会治理的能力提升有限，发展预期也不稳定，究其主要原因：一是相当部分的社会组织对基层社区公共服务需求的把握比较简单；二是社会组织所处的相关制度环境分散化而且缺乏透明度；三是政府全局调控社会组织发展的有效抓手不足；四是政社关系转型步履维艰限制了社会组织的成长与功能空间。虽然政府一直在购买社会服务、拓展社会空间过程中不断创新，但隐含在这些创新中的运行机制的“反功能”恰恰造成了社会组织发展的当下困境：由于地方政府的“晋升锦标赛”体制，追求政绩的偏好使其更可能按照短期的利益需求来培育与孵化社会组织，通过对社会组织实施“分类控制”从而影响社会组织整体发展；行政管理体制运行中的“技术治理”和“项目制”的进一步蔓延，使得社会领域弥漫着普遍的“工具主义”运行逻辑进一步脱离了社会的实际需要（李友梅等，2014）。由于现行制度环境的缺陷使得我国社会组织的发展面临着注册困境、定位困境、人才困境、资金困境、知识困境、信任困境、参与困境、监管困境等（何增科，2006：156-157）。文化基因缺失是我国社会组织发育的先天困境，资源供养不足是我国社会组织成长的动力困境，制度建构滞后是我国社会组织发展的保障困境（石国亮，2011）。我国社会组织外部制度环境缺失的原因，不仅仅在于中国古代社会衍生的层级制纵向社会结构，还在于当代中国社会政府主导型的纵向社会结构以及制度保障的缺失（王臻荣和赵辉，2008）。

社会组织发展特征是当前中国国家治理转型中独特制度环境和中国社会传统逻辑的现代延续（黄晓春和张东苏，2015：83）。中国社会组织发展特征突出表现为：一是组织能力的非协调现象。专业化能力发展缓慢，与政府部门间的协作能力得到迅速发展，公共性生产遭遇结构性瓶颈有关。二是组织参与治理的制度空间不足。组织参与治理普遍停留在基层社区层次，在街、镇以上的治理层次上，社会组织无法以制度化的方式稳定地参与治理。

职能部门大多在公共服务外包的意义上与社会组织产生合作关系，但在决策和具体的制度设计上较少引入社会力量。三是组织生态体系发展面临深层次挑战。作为生态系统核心的“枢纽”缺乏活力，专业化社会组织能级较低（黄晓春和张东苏，2015：94-101）。四是社会组织自主性不足较为明显。过度依赖政府的扶持和资助，项目选择迎合政府的行政偏好，在管理和发展上缺乏行为自主性。社会组织的这些发展特征无疑对当前中国城市基层社会治理创新和当代中国社会组织体制改革造成严重影响。推进社会组织体制改革，充分发挥社会组织在基层社会治理结构中的协同功能，必须加强法律法规建设，保障社会组织的良性运行与协调发展，必须建构社会公共事务的形成机制，必须构建社会组织发展的公共财政支持体系，必须构建社会组织的自我支持体系，必须加强社会组织的人才培育体系，必须塑造社区社会组织积极参与基层社会治理的制度体系，必须开发党组织资源，探索党组织嵌入社会组织的发展路径（李友梅等，2014：255-260）。

二、社区社会组织的宏观制度环境

组织社会学理论认为，在复杂的社会生活实践中，社会组织不可能不受到组织外部环境的影响而发生策略性行动。社区社会组织作为行动者，其社会公益活动不可避免地受到组织外部制度环境的影响与制约。斯廷奇科姆（Stinchcombe）指出，组织的结构与形式取决于一个社会的特定组织制度环境。组织制度环境特别是法律制度，对不同组织结构与组织行为有较强的塑造作用。关于社会组织发展的宏观制度环境研究，学界基本上遵循“国家-社会”的理论，在国家与社会权力二元对立的基础上，考察国家宏观社会政策法规对社会组织实施的有效控制。无论是法团主义理论，还是“分类控制”（康晓光和韩恒，2005）、“行政吸纳社会”（康晓光，2007）、“行政吸纳服务”（唐文玉，2010、2011）、“利益契合”（江华等，2011）、“嵌入式行动主义”（何和安德蒙，2012）、“依附式自主”（Lu，2009；王诗宗和宋程成，2013）、“制度与生活”（李友梅等，2008a、2011、2017；姚华，

2013；肖瑛，2014）、“行政借道社会”（黄晓春和周黎安，2017）、“双向嵌入”（纪莺莺，2017；王名和张雪，2019）等分析范式，都普遍强调了国家宏观制度政策、国家统治意识以及国家权力等外部制度环境因素对社会组织行为的制约或制衡力量，强调了国家与社会组织之间非对称性或非均衡性的权力依赖关系。田凯（2004）提出了“组织外形化”概念来指涉组织形式与组织目标不一致的现象。认为政府的资源获取需求与社会控制需求之间的张力，是组织形式与目标脱离的制度根源。邓锁（2005）指出，社会组织面临“双重制度环境”导致组织在实际运行中发生服务提供和组织目标的偏离。唐斌（2006）指出，组织形式与组织运行的不一致既是非协调性制度环境对组织行动实施制约的结果，也是组织面对制度环境的压力所采取的理性生存策略。唐文玉（2011）指出，“行政吸纳服务”的国家介入方式会导致社会组织公共性缺失与组织行为异化。塞尔兹尼克（2014：7-8）提出了“增选机制”的概念分析了制度环境是如何影响美国田纳西河流域管理局的行为过程，以及正式组织目标不断被修正、置换乃至背离的内在机制。组织结构与组织活动之间的“脱耦”可以有限应对仪式规则与效率逻辑之间的冲突（Meyer & Rowan，1977）。

（一）社会组织的双重管理体制

国家发展社会组织的政策、法律与法规构成了影响社会组织行为的重要外部制度环境。社会组织所表现出来的某种行为自主性以及组织的行为策略，在很大程度上受制于社会组织的双重管理体制的影响。社会组织体制指的是伴随着社会组织的发展而建立起来的各种制度规范的总和。我国的社会组织体制经历了从无到有、发展变化的制度演进并逐步固化的历史过程。在社会组织兴起和发展的起始阶段，我国的社会组织管理体制实行的是“以放任发展和分散管理为特征的管理体制”。1987 年，国务院正式在民政部设立社会团体登记管理部门，民政部社会团体管理司是国务院指定的社会组织统一登记管理机关。社会组织的依法登记注册始于 1988 年。1988 年 9 月，国务院发布《基金会管理办法》。1989 年 6 月，国务院发布《外国商会管理暂行规定》。1989年10月，国务院通过了《社会团体登记管理条例》。这是我国政府颁布的第一个关于社会团体登记管理的法规，是改革开放以来我国社会组织管理体制建设的一个重要的制度框架。以这部法规为标志，我国的社会组织管理结束了以放任发展与分散管理为特征的体制发展阶段，以业务主管部门和登记管理机关为主体的所谓的“双重管理体制”，正式成为依法规范和管理我国社会组织的一项基本制度（王名等，2014：5-14）。2013年以前，社会组织的双重管理体制一直是政府对社会组织进行有效控制与管理的重要根基。中国的社会组织双重管理体制源于中国社会组织“先发展、后管理”的客观现实，是国家处理改革、发展与稳定三者关系的产物，是从“维稳”的逻辑出发对社会组织进行管控的基本战略。中国政府对社会组织的管理实行双重管理体制，即对社会组织的管理与监督主要由社会组织的登记管理机关和业务主管单位共同进行的一种管理体制。1998年10月，《社会团体登记管理条例》以及《民办非企业单位登记管理暂行条例》的正式实施，标志着中国社会组织的双重管理体制正式形成。2004年3月，《基金会管理条例》的正式颁布与实施，进一步完善了中国社会组织的双重管理体制。与双重管理体制的建构同步，一个包括了四个行政层级、依托各级民政系统并以民政部为核心的社会组织登记管理体系也逐步设立起来。对社会组织实施社会组织的双重管理体制，是出于对社会组织进行管控的危机应对思维，对社会组织实施的是取缔打击、准入控制、限制竞争和分类控制的管控战略。社会组织的双重管理体制有四个基本内容：“归口登记、双重负责、分级管理与非竞争性原则”。我国的社会组织双重管理体制是按照计划经济时代的户籍管理思路建构的一种入口管理体制，其主要目的是通过登记管理机关和业务主管单位双重负责、各司其职、严格把关的制度形式限制社会组织发展，分散和防止可能出现的政治风险。社会组织的双重管理体制弱化了社会组织的组织行为自主性，强化了社会组织对政府的权力依赖关系。“维稳”的压力促使国家对社会组织始终坚持以“管控”为基础的管理思维，不仅严格限制和挤压了社会组织的合法性空间，也通过“排斥”“许可与放任的压力”

“功能替代”，严重扭曲和破坏了社会组织发展的政治生态、制度生态和组织生态，形成了不利于社会组织发展的格局（王名等，2014：30-35）。

2012 年，党的十八大报告首次提出要“加快形成政社分开、权责明确、依法自治的现代社会组织体制”。2013 年 3 月，第十二届全国人民代表大会第一次会议《关于国务院机构改革和职能转变方案的决定（草案）》明确提出，要改革社会组织管理体制，加快形成现代社会组织体制并全面推进社会组织管理体制改革。以此为标志，社会管理创新的核心命题转向了以社会组织管理体制改革为突破口的社会体制改革。党的十三届三中全会通过的《中共中央关于全面深化改革若干重大问题的决定》，将治理能力现代化作为改革总目标，提出要创新社会治理体制，改进社会治理方式，激发社会组织活力。社会组织作为社会管理创新和社会建设中的重要主体力量，近年来在中央和地方的各级党政部门大力推动的社会管理创新实践中，不仅在数量上呈现显著增长的趋势，而且在结构优化、体制改革、购买服务、社会创新等方面表现出发展与创新（王名，2014：36-40）。党的十八届三中全会在执政理念上提出了从管理到治理的转型，推进国家治理体系和治理能力的现代化最核心的内容就是调整政府—市场—社会之间的关系。社会体制改革必须把解放和增强社会活力放到突出位置，把激活社会组织等社会力量应用于服务民生和服务秩序两个领域。因此，社会体制改革应该呈现出社会组织、社会服务与社会治理三大领域、三大战略协同发展的态势。没有社会组织体制改革就不可能有社会组织的快速发育、生长和功能发挥，从而无法承接政府转移的公共服务，无法构建现代社会服务体制。没有社会服务体制的改革，政府无法转移公共服务职能，不能给予社会组织成长与发展的空间和动力，无法建立现代社会组织体制。社会体制改革作为一种自上而下的顶层设计，释放出强烈的社会变革信号，只有与波澜壮阔、自下而上的地方政府的积极实践与探索相融合，才能共同铸就国家治理体系和治理能力的现代化的宏伟目标（王名等，2014：116-146）。

我国的社会组织管理体制改革创新既是社会组织实践发展的产物，也是在改革开放不断深化的过程中从中央到地方，分领域分地域不断先行先试、逐步改革探索的结果。民政部主导的改革先行先试、中央适时进行的顶层设计和地方各级党政部门的积极探索，构成了社会组织管理体制改革创新的主旋律（王名，2014：44）。地方政府积极发展社会组织的探索与实践，大部分是通过改革社会组织的双重管理体制，积极探索与尝试社会组织的直接登记制度。地方政府对社会组织双重管理体制的探索与尝试主要集中在行业协会以及社区社会组织。社会组织双重管理体制改革最早起源于2002年上海行业协会改革。2004年，广东深圳积极探索行业协会体制改革。2005年，广东创新行业协会体制改革。广东省的实践创新主要表现在推动行业协会改革突破社会组织双重管理体制的限制上。2005年，《广东省行业协会条例》颁布实施，打破行业协会以及商会“一业一会”限制，尝试社会组织党建管理体制。2004年，广东省深圳市成立了行业协会“服务署”，2006年，又合并组建了广东省深圳市“民间组织管理局”，实行行业协会组织的直接登记制度。深圳市主要通过“增量”改革，逐步推动公共服务社会化，明确提出社会组织管理各主体的责权以及综合协调与监管。北京的实践创新主要表现为三个方面：（1）组建了社会建设工作办公室，作为社会组织改革的推进机构；（2）建构“枢纽型”社会组织工作体系；（3）尝试工商经济类、公益慈善类、社会福利类、社会服务类社会组织的直接登记。上海的实践创新主要体现在：（1）加大政府向社会组织购买公共服务的力度；（2）建立社会组织的孵化基地与平台；（3）建立健全社会组织的“工资基金”与“年金制度”（蓝煜昕，2012）。自2006年开始，上海市积极探索以枢纽式管理为重点的社会组织管理体制机制创新，从“试党建、试管理、试保障”入手，分别在市级、区级两个层面开展试点工作，强化社会组织的党建引领。上海社会组织枢纽型管理模式主要以静安模式、虹口模式与杨浦模式为代表。地方政府积极推动社会组织双重管理体制改革主要根源在于社会的快速变迁、相关法律制度的缺陷与不足以及社会大众利益诉求与表达的现实需要（傅大友和芮国强，2003）。地方政府的制度创新主要动力源泉在于政府官员的社会责任感、上级政府等外部力量的推动以及社会大众的利益需求（李景鹏，2007）。地方政府制度创新来源于政府强调行政考核与职位竞争的“晋升锦标赛”治理逻辑（周黎安，2007）。吴建南等（2007）强调了环境压力对制度创新的推动作用。地方政府在发展社会组织的实践中，为社会组织提供了远比“控制”或“鼓励”复杂得多的机会结构。地方政府发展社会组织的实践逻辑主要包括：选择性地重点扶持公益服务类和经济类的社会组织，以“项目化购买服务”的形式资助社会组织发展，将发展社会组织的自由裁量权下放到基层政府（黄晓春和张东苏，2015：63-67）。

2013年3月，《国务院机构改革和职能转变方案》中明确提出，“改革社会组织管理体制，加快形成现代的社会组织体制并全面推进社会体制改革”。同年11月，党的十八届三中全会《关于全面深化改革若干重大问题的决定》中进一步明确提出，“要改革社会组织体制，建立现代社会组织制度”，从此以直接登记为主、前置审批为辅的社会组织登记新体制建设正式开始。建设现代社会组织体制，是中共十八大提出的重要国家战略。在现代社会组织体制中，政社分开的实质是改革，权责明确的实质是转型，依法自治的实质是社会重建。现代社会组织体制包括社会组织的监管体制、社会组织的支持体制、社会组织的合作体制、社会组织的治理体制和社会组织的运行体制。建设现代社会组织体制，是我国市场经济发展的必然趋势，是中国走向世界强国的必由之路。建设现代社会组织体制，是社会领域全面深化改革、培育新的社会生态及社会资本、重建党执政基础的重大战略选择。加快形成现代社会组织体制，才能及时推进社会组织管理体制改革及相应的法律制度建设，才能及时推动社会组织国际化，加快社会组织的能力建设使得社会组织承担化解社会矛盾、协调社会关系的历史重任（王名等，2014：72-80）。截至2013年9月，共有27个省级政府出台社会组织直接登记相关政策和制度，其中21个省级政府根据中央文件精神出台了相应的指导性、意见性的方案。据不完全统计，在已经出台的地方政策中，有34项专项政策是围绕社会组织的直接登记改革的，内容涉及社会组织的管理体制、监督机制与社会组织发展（王名等：2014）。国家对社会组织的发展逻辑在于通过社会组织体制改革来规制社会组织的行为。然而直接登记制度仍然存在着十大困境：直接登记的目标缺乏高层次的定位，仍然保持制度惯性；直接登记的法律性质不明确；直接登记的具体范围宽严不一，标准不一，门槛较高；登记的法人类型不统一；直接登记缺乏设计产权这一核心问题规则的建立与改革；直接登记中对章程的组织宪法定位仍然没有予以充分尊重；对现有组织的认可机制缺乏；区域间的协调统一问题；前后政策、制度协调问题；配套政策的完善存在问题（王名等，2014）。

（二）模糊性的宏观社会组织政策

理性而民主的国家制度是现代国家的重要基础。制度理性化是现代国家确立的基本前提，但单纯的制度理性化可能导致工具主义的过分膨胀；制度民主化则可以通过激发社会组织积极开展社会公益志愿者活动，公众积极参与社会公益活动，保证制度理性化朝着有利于满足大多数人的公共利益需求的方向发展（李友梅等，2012）。然而，我国制度理性化进程较快，制度民主化发展相对缓慢。民主化进程滞后，强调的是对社会组织参与的安排过于简单或者形式化，难以实质性地推动社会组织积极开展社会公共活动的重要作用。制度理性化与民主化的紧张抑制了社会组织的“公共性生产”（李友梅等，2012），使得社会组织越来越难以对社会公共政策发表实质性意见，也在一定程度上抑制了社会大众参与社会公益志愿者活动的积极性与主动性。

一种有效的制度安排不仅需要清晰地界定行动者对利益、角色与行为模式的认知，而且还需要紧密嵌入其他制度之中获得系统性支持。当前我国社会组织直接登记制度虽然已经建立起来，但在设计上大多较为简单，比较含糊，也没有与公共生活中最为重要的权力分配、资金安排等关键要素相关联，宏观层次也未形成关于社会组织体制改革目标、方向、基本路径的清晰路线图（黄晓春和稽欣，2016）。中国政府社会组织发展的“含混性”宏观政策环境主要有四个基本特征：（1）多重政策信号并存，且缺乏系统梳理；

(2) 新近的宏观社会组织发展政策给予社会组织发展更宽泛的功能预期，使得社会组织培育与发展开始与越来越多的政府部门“挂钩”；(3) 参与构建社会组织制度环境的政府部门来自多个不同的党政系统，这意味着管理实践中的“控制权”分布变得极为复杂；(4) 地方政府发展社会组织缺乏充分的激励（黄晓春和张东苏，2015）。

宏观制度的“含混性”与不确定性，使得制度风险无法预期，或者制度风险认知低估化。“想象中的偏见”（李路路和宋臻，2007），使得社会组织冒制度风险最大化的逻辑，采取短期机会主义的行为去“跑”钱，主动寻求与基层政府的合作，获取基层政府的资金支持与帮助，导致社会组织的行为出现工具化与短期化倾向，使得社会组织更多地体现了“公共服务供给者”的角色，而非“公民利益表达”的角色功能，社会组织变成了“悬浮型”或“内卷化”的组织，无法有效地代表或维护社会公众的多元社会公共需求，这在很大程度上侵蚀了社会组织的公益性与社会性。因此，在某种程度上而言，国家宏观法律制度层面对社会组织权力边界设定的模糊，是导致社会组织公共性缺失的重要原因。

我们作为一个社会组织，顶层设计给予我们的支持、资源、资金、培训的力量是不够的。我们急需要在培训方面、专业能力方面的资金对接，我们也没有多余的资金与人员配置。比如我们想用信息化平台管理我们的数据与信息，我们很想推广这一块，但是我们既没有钱，也没有人，我们养不起人。而且现在的税负太高了，能给予税收优惠就好啦。直接登记制度出来以后，现在社会组织发展的大环境特别好，大家都积极踊跃地发展社会组织这一块，以后自然会有很多社会组织成长起来。我们是真心地为大家服务，我们有很强的公益性，我们真的是只为服务不赚钱。如果以后有很多社会组织成长起来，其他组织都在复制我们组织的模式，借着我们组织的品牌做事情，其他社会组织的发展如果走商业化发展道路，这对我们组织的发展是有不利影响的。(根据G组织C老师访谈资料整理,2016年11月)。

从上述访谈资料可以看出,国家制度的顶层设计层面对社会组织政策制定与实施的模糊性,尤其是对社会组织权力边界设定的模糊,一方面使得G组织无法清晰地预判社会组织自身的未来发展空间,另一方面也给予G组织留下了很大的自由发展空间。换言之,社会组织宏观政策的模糊性使得G组织无法形成明确、稳定的社会组织发展计划或发展规划,使得G组织发展的制度风险无法预期。L街道会结合国家有关社会组织发展政策或法规,因地制宜地培育与发展本辖区内的社会组织,给予G组织发展广泛的自由空间。

三、社区社会组织的微观制度环境

(一)“碎片化”的微观制度环境

社会组织的行为不仅受到宏观制度环境的制约影响,还受到微观制度环境的影响,而且更多地受到微观制度环境的制约影响。分析社会组织面临的“碎片化”的微观制度环境可以更好地理解与把握社会组织的行为发展特征与组织行为策略。

学术界关于微观制度环境对社会组织的影响研究,主要关注地方政府与社会组织之间的复杂关系,以及“碎片化”和“技术化”的微观制度环境对社会组织行为的影响。在中国既有的政府行政体制下,地方政府是国家政策的重要执行者,同时也是当地经济活动的主导力量,掌握着当地资源的配置权力,地方政府的制度供给和制度实践影响着社会组织的功能发挥、运行逻辑以及行为策略。中国是一个蜂窝结构的专制国家,即尽管表面上国家对整个社会实施全面控制,但这种蜂巢状的地方分割结构表现出地方政府具有一定的灵活性与自主性(Lieberthal & Oksenberg,1988)。政府内部的条块分割对政策制定和执行产生了非常重要的影响,处在条块分割下的政府部门出于本部门利益的考虑会对同一项政策或者对象采取不同的态度和做法

（Lieberthal & Lampton，1992）。政府并非铁板一块，政府力量的“碎片化”使得地方政府形成自身的利益和关注点，地方政府会对能给地方经济作出较大贡献的社会组织放松管制，使社会组织能够按地方政府的需求得到发展（Nevitt，1996），而非与社会公众的真实需要相一致（Teets，2013），导致社会组织与政府之间呈现出“偶发共生”（Spires，2011）的特征。而且由于受限于人员与资源，地方政府的监管部门制定的各项规制措施，对社会组织的影响往往会流于形式（Spires，et al.，2014）。欧博文和李连江（O’Brien & Li，1999）用“选择性政策执行”概念来解释基层政府因为政策类型的变化而导致的组织行为变化。他们研究认为，目标管理责任制是选择性政策执行的重要原因。中国的国家治理与政策实施呈现碎片化的特征，也就是说法律和行政规定无法从国家到地方得到一致的贯彻执行。

我国地方行政治理的总体结构中存在三类制度生产主体，即“条”“块”和“党群部门”（周振超，2009）。“条”“块”“党群”部门三种不同权力的彼此差异的制度逻辑交织在一起，共同构成一种“非协同性技术治理”的微观制度环境，这些制度逻辑为社会组织提供了不同的机遇——约束结构（黄晓春和嵇欣，2014）。社会组织面对的主要是“块”的微观制度环境。所谓“块”，指的是由不同职能部门组合而成的各个层级的地方政府。作为对属地管理负综合责任的政府机构，“块”上政府对社会组织的认知相对复杂：社会组织不仅是公共服务的承接者，还是“块”的工作绩效指标之一。“块”基于行政政绩需求倾向于集中力量扶持辖区内的社会组织。“块”上政府可以动用渗透于基层社区的由居委会、社区积极分子等整合而成的组织网络对社会组织进行监督与管理。但现实中，“块”上部门所整合的这张组织网络常忙于应付上级布置的工作，因此除非社会组织的发展出现了较为明显的问题，“块”上政府不会频繁动用自身组织网络来引导草根社会组织的发展（李友梅等，2015）。地方政府以及地方政府的各职能部门以自身利益为中心的制度设计，使得整体的公共空间被技术化地“碎片化”，导致了公共空间、公共利益的部门化与碎片化（李友梅等，2012）。地方政府在“治理社会”

的运作逻辑下，使得社会组织与地方政府需求相匹配，与社会公众需求相背离，造成社会组织公共意识薄弱、依附式发展以及组织功能弱化（张紧跟，2015）。社会组织行动呈现出规模小、碎片化与地方化的特征（何和安德蒙，2012），社会组织的制度化行动空间不仅来源于正式制度的赋权，更在于非正式制度的实践拓展（林红，2015）。治理技术的"精细化"，只触及政府行政体制的工具与操作层，并未改变政府权力的运作逻辑与组织架构（渠敬东等，2009）。

中国现行的"指标下压"型的基层社会治理模式赋予各级地方政府更多的责任与义务，各级地方政府在"政治锦标赛"和技术治理的发展逻辑下，在基层社会治理方面已经力不从心，无法满足社会大众多样化的公共服务需求。而一些社会组织苦于无法得到公共资金的资助，通过嵌入到地方政府的运作中，以"体制内运作"的方式来获取地方政府对社会组织的支持与帮助。地方政府对公共资源的垄断地位，强化了社会组织对政府的资源依赖。在"技术治理"逻辑思路下，地方政府对社会组织的管理从入口管理转向过程管理，强化了地方政府权力对社会组织的渗透与影响，强化了社会组织作为政府公共服务供给者的行政助手角色，社会组织作为社会公共利益表达的角色无法得到有效发挥，弱化了社会组织与社会大众之间的联系，使得社会组织的公共性与公益性减弱，表现为"应然状态"与"突然图景"之间的行为异化（吴月，2014）。社会组织作为"理性"的行动者，有着追求自身利益最大化的本能冲动，社会组织基于"工具主义"的发展逻辑，强调以效率和利益出发来开展各项社会公益志愿者活动。在不违反既定微观制度的条件下，社会组织会形成对所处的微观制度环境的认知，并根据其对微观制度环境的理解而采取相应的策略性行为。地方政府对社会组织的支持与管理主要是通过政府购买服务来实现的。在社会组织技术治理的模式下，地方政府并没有统一的购买服务模板，只有购买服务的预期目标。在"模糊发包制"（黄晓春，2015）的社会组织治理逻辑下，地方政府会结合中央政府的有关政策或法规，因地制宜地探索当地社会组织发展与治理的制度创新，给予社会组织更大的自由余地。掌握一定专业技术能力的社会组织通过策略性的应对行为来追求组织的自身利益，社会组织会将自己的意图或利益潜移默化地融入社会公益项目的执行过程中，形成有利于社会组织发展的新局面，促使社会组织追求组织效益的最大化。地方政府在制度生产风险和弱激励的双重影响下发展社会组织的实践过程以及“模糊发包”治理机制引发不同层级政府在互动中塑造社会组织的制度环境，使得社会组织呈现出独特的发展特征：（1）制度筛选与公共服务型社会组织为主体的构成特征；（2）技术治理与社会组织非稳定的发展预期；（3）公共权力体系的分割机制与社会组织的公共性弱化；（4）激励“打包”与高度嵌入地方行政网络的社会组织发展格局（黄晓春，2015）。

（二）基层政府的扶持

在提供社会公共服务，满足社区居民多元化的社会利益需求问题上，中央政府、地方政府、政府职能部门甚至政府官员都是高度一致的，不存在任何冲突。然而市场经济的深入发展伴随着日益凸显的城市社区治理问题，给地方政府带来极大的压力。单纯依靠传统的政府行政力量已不能适应新时期社区治理的要求与生态文明社会的现实需要。基层政府社区治理的“失灵”需要社会组织的力量来弥补政府公共服务能力的不足。在中国层层“纵向行政发包”与“横向晋升竞争”有机结合的政府行政体制下（周黎安，2008），地方政府遵循“工具主义”的制度执行逻辑，强调以行政绩效和行政原则来考虑和衡量地方政府的工作任务与工作指标。在此思路影响下，地方政府日常工作考虑的核心问题是行政绩效。地方政府官员作为理性的“经济人”与“政治人”，有着追求自身利益最大化的本能冲动，不仅为经济绩效而竞争，同时为官职晋升而竞争（何显明，2008）。地方政府对行政政绩的追求，不仅缘于自身的利益冲动，很大程度上还有来自我国制度和体制的原因。我国长期以来经济发展模式是“赶超型”发展，对于经济绩效的追赶式要求，使得各级政府之间形成了一种“压力型”体制（荣敬本等，1997），导致地方政府官员陷入以经济竞争为内容的政治晋升博弈中，同一级别的政府官员始终处于一种“政治锦标赛”（周黎安，2007）的状态中。地方政府通过向社区居民提供丰富的经济利益与社会福利，才能得到地方精英与社会大众对地方政府官员的地位认同与权威认同，才能换来社会大众对地方现行制度或发展政策的响应与支持（赵根成，2000）。正是在这样的行为逻辑下，衍生出了地方政府对社会组织的行动策略：扶持与控制。有学者把政府与社会组织之间的扶持与控制策略视为一种“双轴关系”（陶传进，2008）。

当初为什么要成立G组织，G组织C老师这样说：

> 2012年的时候，我们社区已经做完了“G组织，我当家”的公益行动。这次活动效果很好，隔壁的几个社区希望我们可以在他们小区开展这个活动，就跟我们的S书记商量，让我们居委会帮忙给他们居委会开展活动。我们说这样是不可以的，我们居委会之间是平等的。那怎么办？街道当时就建议我们去民政部门注册成立公益组织，只有社会公益组织才能到其他社区开展活动。因为政治身份的不允许，促使我们当初成立了G组织。（根据G组织C老师访谈资料整理，2016年11月）

从上述访谈资料可以看出，G组织之所以能够成立主要取决于两个条件：一是G组织是否有意愿或能力提供基层政府无法提供的社会公共物品或公共服务；二是基层政府与G组织之间的关系强度。换言之，基层政府在提供组织合法性身份的过程中，基层政府给予G组织合法性身份的条件是建立在与G组织之间是否存在“强关系”以及G组织专业技术能力基础之上。如果G组织不符合这两个条件，那么G组织无法获取组织合法性身份，基层政府也不愿意承担由此可能带来的政治风险。

> 我们街道现在对社会组织的扶持，主要是提供场地，并免除水、电、煤等费用，不过以后就没有这些优惠政策了。2014年之

前，我们街道对成立的社会组织有 5 万元的扶持资金，现在也没有了。我们对街道内的社会组织扶持，主要是根据国家、S 市以及 X 区的相关政策，对 X 区社会工作专业人才薪酬进行补贴：全国或 S 市助理社会工作师，每人每月补贴 300 元；全国或者 S 市社会工作师，每人每月补贴 500 元。不过他们的工作人员都是居委会的工作人员，他们人员补贴这一块是没有的。（根据 L 街道 C 科访谈资料整理，2016 年 11 月）

我们之所以有街道的支持，主要是我们跟街道的关系很熟悉，我们是居委会孵化出来，帮助基层政府办事的。我们组织和街道有非常紧密的联系，跟宣传、民政、组织、党建、社发部门都有很好的联系，我们比其他社会组织好的地方在于我们对政府机构非常熟悉，我们能踩到边的，我们很清楚政府哪一块在哪里，我们也知道怎么跟他们联系，我们组织跟政府有很强的纽带联系。（根据 G 组织 C 老师访谈资料整理，2016 年 11 月）

从上述访谈资料可以看到，L 街道对 G 组织的支持，主要是依照国家以及 S 市、X 区的相关政策来扶持，给予 G 组织“合法性”身份支持、资源支持等政策性支持。换言之，G 组织能否获得基层政府的支持，主要取决于 G 组织是否与基层政府具有“强关系”。基层政府支持 G 组织发展，不仅提高了基层政府公共服务的水平与服务质量，还能够提升基层政府的执政水平与领导能力，推动城市社区生态文明建设。

（三）基层政府的控制

祖金和迪马吉奥（Zukin & Dimaggio，1990）将波兰尼的“嵌入性”概念引入组织分析，把嵌入分为结构嵌入、认知嵌入、文化嵌入与政治嵌入。其中，政治嵌入强调了政治环境与权力结构等要素对组织行为的制约与影响。康晓光和韩恒（2005）“分类控制”理论认为，政府会依据社会组织的挑战能力和提供的公共物品，从而对社会组织实行全面控制。还有学者提出，用“行政吸纳社会”（康晓光，2007）、“行政吸纳服务”（唐文玉，2010、2011）、“嵌入型监管”（刘鹏，2011）、“吸纳嵌入”（林兵和陈伟，2014）等概念来描述国家对社会组织的控制策略。基层政府主要通过行政管理、资源配置、法律监控与媒体宣传等四个途径对社会组织施加影响（郇庆治，2008）。

我们街道目前共有在册社会组织40余家。2016年，我们街道对社会组织的管理主要进行了以下工作：全市第三方社会组织中心的评估工作、社会组织自查自纠工作、社会组织涉企经费调查、社会组织内部治理自查自纠工作以及社会组织的党建覆盖换届工作。直接登记制度实施以来，我们街道对社会组织的管理并没有放松，而是对社会组织的注册更加严格把控。对于同乡会之类的组织，我们街道现在是严格把控的，都不批的。我们街道对社会组织主要实施组织的规范性管理，主要是依照社会组织的千分指标体系来评估与管理，我们街道现在共有3A社会组织6家，2A社会组织1家，1A社会组织1家。它们究竟能评估到什么等级，我们街道也不知道的，它们也一直没有参与评估。我们街道也成立了社会组织服务中心，不过中心目前并没有实质性的工作开展。区里面也有社会组织评估中心，通过第三方委托的方式对社会组织进行评估。我们街道现在关于社会组织项目的情况都是由社会组织服务中心来进行的，我个人对这一块内容并不了解。我个人了解的情况是，街道各个部门都可以购买社会组织的服务，它们愿意购买什么、怎么购买都是由它们自己决定的，不需要通过我这里的。（根据L街道C科访谈资料整理，2016年11月）

现在街道对我们居委会的工作还是比较支持的。我们小区的项目经费主要来源于社区服务费、社区自治经费以及基金会经费。我们小区的自治项目主要是一种党委领导、居委指导、居民参与的模式。我们小区的社会组织项目主要是为了提升居民的自治能力，使得社区从一个陌生人社会向熟人社会转变。（根据L街道L社区X书记访谈资料整理，2016年11月）

从上述访谈资料可以看到，基层政府的支持策略并不是针对所有的社会组织而是有选择性的支持。L街道对G组织的管理并没有放松，而是加强对G组织实施规范化管理。L街道在发展本地社会组织方面尚未形成明确、稳定的社会组织发展计划或发展规划，但L街道还是积极鼓励居委会购买G组织的社会公益服务。

他们街道对社会组织的支持与监管主要是通过政府购买社会组织服务来实现。目前街道购买社会组织服务并无先决条件，没有统一的购买服务模板，只设定项目的发展目标，这给他们发展创造了更大的发展空间。（根据S市某社会组织理事长T先生访谈资料整理，2016年10月）

从上述访谈资料可以看到，基层政府给予G组织一定的组织发展空间，使得G组织可以通过各种策略性行为来追求组织的自身利益。G组织也容易把自己的意图或利益潜移默化地融入组织的环保公益项目运作过程中，形成有利于社会组织发展的外部微观制度环境，促使社会组织获取组织所需要的各种资源，提升社会组织的行动能力。换言之，基层政府对社会组织的扶持与控制策略总是与基层政府的社会治理目标与社会治理的能力相联系。现有微观制度环境既不是完全鼓励与扶持社区社会组织发展，也没有一味地控制与限制社区社会组织社会公益活动，而是在不同层面与不同情境中给予社区社会组织不同的制度激励与发展机遇。总而言之，基层政府主要通过合法性、选择性控制与资源分类配置，形成了对社区社会组织的制度供给与资源分配。

四、社区社会组织的项目制治理

项目是实现社会组织生存发展战略的重要载体。社会组织的使命、愿景、战略目标都需要通过项目来实现，项目能够将知识转化为生产力。而且基层政府与社会组织的支持主要是以项目资助或直接开发项目的方式来运作，甚至有些社会组织就是为了运作项目而成立的。社会组织的项目化运作，不仅仅是社会组织发展的微观制度环境，也是社会组织社会公益活动呈现的重要方式与手段。分析社会组织项目制治理对社会组织行为、组织运行与功能发挥的重要影响，对分析和理解社会组织的发展特征、组织行为以及社会组织项目制运作都有重要意义。

（一）政府购买社会组织服务

关于政府购买服务，学术界一直存在着争论，争论主要集中在两个方面：（1）购买服务的主体与承接主体的界定；（2）购买服务的方式。根据王浦劬和萨拉蒙（2010）的定义，所谓的政府购买服务（Purchase of Service Contracting），是指政府将原来直接提供的公共服务事项，通过直接拨款或公开招标的方式，交给有资质的社会组织来完成，最后根据择定者或中标者所提供的公共服务的数量与质量来完成服务费用。王名等（2014）指出，“政府购买服务即政府向社会力量购买服务，指的是通过充分发挥市场机制的重要作用，把政府的一部分社会公共服务事项，按照一定的程序与方法，转移给具备一定条件与能力的社会组织来承担，政府根据社会组织提供的公共服务数量与质量向社会组织交付相关费用。”我国政府购买服务主要经历了三个发展阶段：（1）20世纪80年代到90年代中期，隐性购买阶段；（2）1995—2005年，显性的非竞争性购买阶段；（3）2005年至今，显性的竞争性购买阶段。政府购买服务方式演变的主要特点为：（1）从隐性购买向显性购买转变；（2）从非竞争性购买向竞争性购买转变（张海和范斌，2013）。

王向民（2014）指出，政府购买社会组织服务的政策演变经历了地方政府创新到国家制度化推广的变化过程。1995—2002 年是购买社会组织服务的起步探索阶段，2003—2010 年是购买服务的试点推进阶段；2011 年以后是购买服务的国家制度化的推广阶段。

西方关于政府购买服务的理论研究，大致有两种理论研究取向：（1）经济学研究取向，包括传统的福利经济学理论、私人供给理论、交易成本理论等理论；（2）公共管理学研究取向，包括新公共管理理论、新公共服务理论、社会治理理论、福利多元主义等理论。经济学取向研究认为，单纯依靠政府或者单纯依靠市场力量，都不是解决公共服务供给的有效途径，主张政府减少对市场的干预，建立由政府、私营部门与社会组织组成的多元化的公共服务供给体系，打破政府对公共服务的垄断供给，通过引入市场机制，将公共服务委托给社会组织，可以提高公共服务的质量。与经济学研究取向相类似，公共管理学研究取向认为，政府的一切行为都要以促进社会的最大利益为宗旨，要以最小的成本完成最好的目标，强调公共服务的质量与效率，认为政府以外的其他部门在提供社会福利方面具有重要作用，主张在发挥政府宏观管理作用的同时，也要充分利用市场机制提供公共服务，强调了公民意识、公民权利、公共责任与公共性的重要性。既有政府购买服务的研究主要集中在政府购买服务的动机、政府购买服务的方式、政府与社会组织的关系、政府购买服务的影响因素。岳经纶和谢菲（2013）指出，政府购买服务的经验研究主要集中在政府购买服务的个案、购买过程问题及对策，理论研究更多地注重探讨购买服务的模式、机制与流程。

政府购买社会组织服务是渐进性政策不断试错的结果。2004 年，党的十六届四中全会明确提出，“要加强社会建设和管理，推进社会管理体制创新”。从此，政府购买社会组织服务逐渐成为地方政府基层社会治理创新的基本做法。2006 年，《关于加强和改进社区服务工作的意见》中明确提出，“要通过政府购买服务、项目管理等多种形式，促进公共服务社会化。”2009 年 11 月，《关于进一步推进和谐社区建设工作的意见》明确提出，“要积极推进政府购买服务、社会化运作方式，委托民办社工机构承担社会工作服务项目。”2011年3月，国务院《关于分类推进事业单位改革的指导意见》明确提出，“要创新公益服务提供方式，完善购买服务机制。”2011年5月，《中国慈善事业发展指导纲要（2011—2015年）》明确指出，“要建立和实施政府购买服务制度，扩大政府购买服务的规模，拓展购买服务的领域。”2012年，国家财政首次拿出2亿元资金购买社会组织服务，这是在国家层面上首次以项目的方式直接资助社会组织。2012年3月，《关于中央财政支持社会组织参与社会服务项目公告》正式发布实施。同年11月，民政部与财政部《关于政府购买社会服务的指导意见》中明确指出，“要建立健全政府购买社会工作服务制度，深入推进政府购买社会工作服务。”2013年9月，《关于政府向社会力量购买服务的指导意见》实施，这是第一次系统而完整地从顶层设计角度阐释了政府向社会力量购买服务的指导思想、基本原则与目标任务，规范有序开展政府向社会力量购买服务工作，对购买主体、承接主体、购买内容、购买机制、资金管理与绩效管理都作了明确规定。2014年11月，财政部和民政部《关于支持和规范社会组织承接政府购买服务》明确提出，“要加大对社会组织承接政府购买服务的支持力度，进一步建立健全社会组织承接政府购买服务信用记录管理机制。”2014年12月，国家工商行政管理总局、民政部与财政部联合下发《关于政府购买服务管理办法（暂行）》，该《办法》对购买服务的主体与承接主体、购买内容和指导目录、购买方式和程序、预算和财务管理、绩效和监督管理几个方面都作出了明确规定，这是国家首个颁布的政府购买服务的管理办法。2016年8月，《关于改革社会组织管理制度促进社会组织健康有序发展的意见》进一步明确提出，“要大力支持社会组织提供公共服务，逐步扩大政府向社会组织购买服务的范围和规模，对民生保障、社会治理、行业管理等公共服务项目，同等条件下优先向社会组织购买。”2016年12月，《关于通过政府购买服务支持社会组织培育发展的指导意见》中明确提出，“要坚持深化改革、注重能力建设、坚持公开择优、注重分类指导的原则；要形成运作规范、公信力强、服务优质的社会组织；要切实改善准入环境，加强分类指导和重点支持，完善购买环节管理，加强绩效管理；要推进社会组织能力建设，加强社会组织承接政府购买服务的信用信息记录、使用与管理；要加强组织领导、健全支持机制、强化监督管理的保障措施。”

在国家社会组织发展宏观政策的制度激励下，地方政府积极尝试政府购买社会组织服务的实践探索与制度创新，发布了很多购买社会组织公共服务的“实施意见”“暂行办法”与“服务目录”。以上海为例，2001 年上海市民政局颁布实施了《关于全面开展居家养老服务的意见》，有关部门还对《关于居家养老补贴资金来源和使用方案》作出了补充性规定。2003 年，《关于全面推进预防犯罪工作体系建设的实施意见》中明确指出，“社团要承担政府指定的服务项目，可获得政府购买服务的费用，用于与项目相关的开支。”上海市居家养老的购买服务补贴 2004 年正式纳入市政府财政预算支出，并建立了政府购买服务的补贴制度。2007 年，上海市浦东新区《关于政府购买公共服务的实施意见（试行）》，首次以文件形式支持基层政府积极购买社会组织公共服务。2008 年，上海市静安区制定了《关于静安区社会组织承接政府购买（新增）公共服务项目资质的规定》，对承接公共服务的社会组织的资格标准、绩效评估等方面作出了明确规定。2009 年，《关于进一步加强本市社会组织建设的指导意见》实施，这是上海市层面第一次明确提出了政府购买社会组织公共服务。2009 年，上海市民政局《关于福利彩票公益金资助项目实施公益招投标的意见》提出，“要对公益金实施公益招投标制度。”2010 年，上海市闵行区出台了《关于规范政府购买社会组织公共服务实施意见（试行）》，强化了对社会组织承接政府服务的科学化、规范化管理。2012 年，《关于社区公益服务项目绩效评估导则》实施，这是社会公益服务项目评估的第一个地方性标准。2014 年，上海市浦东新区《关于政府购买服务管理暂行办法》正式出台。2015 年 5 月，上海市政府《进一步建立健全本市政府购买服务制度的实施意见》出台。2015 年 7 月，《建立上海市承接政府购买服务社会组织推荐目录（试行）》正式发布实施。2016 年 11

月，浦东新区《关于“十三五”期间促进浦东新区社会组织发展的财政扶持意见》出台。该《意见》明确指出，“对在浦东同一个社区、同一个服务项目连续服务3年以上且项目完成良好的、获得规范化建设评估3A及以上等级，年度收入超过200万元的本区登记的社会服务机构（民办非企业单位）和社会团体，给予发展性补贴，补贴年限最长为3年。”上海市政府购买社会服务的实践创新特色体现在两个方面：一是资金来源多元化，运用财政预算支出与福利彩票公益金资助社会公益项目，主要有“项目发包”“费随事转”“公开招标”“公益创投”等购买方式；二是成立了社区服务中心进行统一的公益招投标。

除了上海之外，还有其他省市也积极出台了各地政府购买社会组织服务的“指导意见”或“暂行办法”。2006年，江苏无锡出台了《政府购买公共服务的指导意见试行》。2009年，四川成都出台了《政府购买公共服务的指导意见》。2010年，浙江杭州出台了《政府购买公共服务的指导意见》。2011年，北京出台了《2011年政府购买社会组织服务项目指南》。2012年，《广东省推进政府向社会组织购买服务工作暂行办法》以及《广东省级政府向社会组织购买服务目录》颁布实施。王名等（2014）指出，政府购买社会组织服务以定向购买为主，制度规范性程度不高，购买服务的监管力度不够、责任不明确。

（二）社会组织的项目制治理

美国项目管理协会（2008）认为，项目是为提供某项独特的产品、服务或成果所做临时性努力。邓国胜认为，项目是在一定时间内为了达到特定目标而调集到一起的资源组合，是为了取得特定的成果而开展的一系列相关活动（邓国胜，2002）。渠敬东（2012）指出，项目是一种事本主义的动员或组织方式，即依照事情本身的内在逻辑出发，在限定时间和限定资源的约束条件下，利用特定的组织形式来完成一种具有明确预期目标（某一独特产品或服务）的一次性任务。项目可以打破纵向的层级性安排（条条）和横向的区域性安排（块块），为完成一个专门的预期事务目标而将条条和块块中的各种要素加以重新组合。项目制是把中央、地方乃至基层统合起来的一种新的国家治理体制（渠敬东，2012）。项目制的形成是一定的历史情境和社会条件的产物。除了分税制改革的重要基础以外，项目制形成还需具有更多的结构条件：（1）国家财政资金再分配制度；（2）项目财政制度对地方政府的强大激励作用；（3）项目制的作用不仅反映了中央和地方政府的治理理念与治理行为，也是中国市场经济发展的客观要求；（4）项目制的形成不仅表现在经济增长的结构压力上，也表现在政府提供的公共产品与公共服务的事业上；（5）项目制的存在离不开绩效合法性的思维模式（渠敬东，2012）。项目制作为国家一种新的治理模式，国家通过财政资金转移支付实施有效的社会治理，既保持对地方政府与基层政府的专业权威，同时又调动地方政府和基层政府的积极性（周飞舟，2006；折晓叶和陈婴婴，2011；渠敬东，2012；周飞舟，2012；陈家建，2013；郭琳琳和段钢，2014）。社会组织项目制作为贯通国家与社会、实现有效监控与提升服务质量的国家治理新模式（王向民，2014），不仅可以促进地方政府的行政职能转变，降低财政成本，提高行政效率，提升公共服务的质量和水平，同时还可以为社会组织提供政策和资金支持，拓展社会组织的成长空间，促进了社会组织的发展与壮大。社会组织项目化运作是随着地方政府行政职能转变，创新基层社会治理体制实施以来，政府购买社会组织公共服务逐渐被基层政府采纳，并逐步在社会公共服务领域得到有效扩散。社会组织项目制的扩散既是社会组织之间的横向型扩散，也是政府购买社会组织公共服务政策对社会组织自上而下的纵向型扩散。社会组织项目化技术治理并没有改变地方政府的权力支配地位，反而使得地方政府的权力逐渐膨胀。地方政府构建的是一种“疏非堵”的社会组织治理模式，地方政府通过购买服务的“体制内化”与“行政吸纳”而达到风险较小的“管家关系”（王向民，2014）。西方学者关于社会组织项目制治理研究主要集中探讨政府购买社会组织服务的动因、政府购买社会组织服务的模式与类型、政府购买社会组织服务的影响因素以及政府购买服务过程中政府与社会组织之间的关系。我国学者关于社会组织项目制治理研究更多注重从项目制的视角来考察政府购买社会组织服务的治理逻辑及其运行机制、社会组织与政府之间的互动关系、政府购买社会组织服务质量与服务效果。（一）社会组织项目制的治理逻辑及其影响因素研究。已经有不少学者从新制度主义理论视角出发提出了“复合治理”（李晨行和史普原，2019）、“嵌入式治理”（吴斌才，2016；刘帅顺和张汝立，2020）、“嵌入式吸纳”（颜克高和任彬彬，2018）、“嵌入式治理与合作化治理并存”（郑晓茹，2018）等概念来形象地描述政府购买社会组织服务的治理模式及其表现特征。王清（2019）提出了“项目撮合”来描述政府购买社会组织服务的二次发包机制的运行逻辑。方勇（2018）认为，项目制是基层政府实现对社会组织“柔性控制”的重要方式。陈为雷（2014）认为，社会组织项目制是一种新型的社会公益服务双轨制。大量学者的经验研究发现，基层政府如何选择社会组织来承接政府转移的社会公益项目，主要取决于社会组织自身的特征、社会组织规模、社会组织专业能力以及社会组织管理水平（王达梅，2012），社会组织的人力资源、财力资源、社会组织的专业化程度；社会组织与政府部门，以及与其他社会组织的关系，社会组织提供服务的效果，社会组织的社会评价和声誉（孙佳伟和范明林，2013），社会组织的身份、社会组织的服务能力与社会组织的服务质量（周俊，2014）。关于政府购买社会组织服务的影响因素中，大量学者的经验研究证实社会组织与政府的关系强度、社会组织的专业技术能力是影响政府购买社会组织服务的关键因素。（二）项目制治理下的政府与社会组织的关系研究。关于项目制下的政府与社会组织关系一直存在“依附论”和“合作论”的争议。还有很多学者超越国家与社会的分析框架从制度主义视角分析项目制运作下政府与社会组织之间的复杂互动关系。近几年学术界比较代表性的观点大致有“行政吸纳服务”（唐文玉，2010）、“行政借道社会”（黄晓春和周黎安，2017）、“调适性合作”（郁建兴和沈永东，2017）、“浮动控制与分层嵌入”（徐盈艳，2018）、“双向嵌入”（纪莺莺，2017）、“政府主导型嵌入”（罗艳和刘杰，2019）与“双向汲取”（段雪辉和李小红，2020）等。还有学者提出“派生型组织”（史普原和李晨行，2018)、“诱致性组织”（陈尧和马梦妤，2019）来形象地描述项目制下的社会组织的行为特征。（三）社会组织项目制的影响效应研究。关于社会组织项目制的积极影响学术界已经形成共识。社会组织项目制运作不仅提高了政府公共服务的质量与效率，推动了政府基层社会治理创新，还给社会组织带来了更大的发展空间与发展机遇。关于社会组织项目制运作的“意外”后果研究学术界主要有三种研究取向：一种研究取向聚焦于项目制对社会组织提供公共服务质量的研究，这种研究取向普遍认为社会组织的项目化运行容易导致政府购买社会组织服务的“公共服务行政化、内部治理官僚化与专业建制化”（朱健刚和陈安娜，2013)、服务内卷化（李春霞等，2012；龙翠红，2018）以及项目的景观化（杨宝，2018)。另一种研究取向关注项目制对社会组织自身发展的影响。社会组织项目的“模糊发包制”导致了社会组织呈现“工具主义”特征（黄晓春，2015、2017)，造成社会组织的分化与结构失衡（王向民，2014)，社会组织的程序合法性受到质疑，主体合法性缺失（徐家良和武静，2017)，社会组织的独立性丧失和公共性不足（李友梅等，2012；尹广文，2017；王清，2017；吴月，2019)，“强者恒强、弱者更弱的马太效应”（郭琳琳和段钢，2014)。还有一种研究取向关注社会组织项目制对基层社区治理结构的影响。张琼文等人（2015）研究指出，社会组织的项目化制导致社会组织对社区的嵌入性不足、社会组织缺乏长远规划以及组织发展不平衡。社会组织项目制导致社会组织与社区多元治理结构之间的脱节，难以形成社区协同治理格局，社会组织的“社会性”缺失（黄晓春，2017)。然而有学者指出，社会组织项目化并没有瓦解基层社会秩序，反而重塑社区治理机制（张振洋，2018)，社会组织能够凭借其占有的信息资源优势很好地融入基层社区当中（张汝立等，2020)。

（三）社会组织的项目制运作

1. 地方政府的项目发包制

政府项目发包制是在各政府部门的制度创新及相关的政府购买服务的政策指引之下推动的。政府不仅是社会组织项目的规划者、项目的政策制定者、项目资源的提供者，也是项目的重要协调者与监管者。政府项目发包主要包括项目招标发包、项目委托发包与公益创投三种形式（陈为雷，2014）。其中，公益创投是一种将风险投资的理念和技术应用到公益组织中的公益补助模式（蔡琦海，2011）。公益创投包括三个维度：投资理念、参与和积极的伙伴关系以及绩效导向（李健和唐娟，2014）。公益创投的目标在于通过多方位协助、风险管理和绩效评估，提高公共服务的效率与质量。我国的公益创投提供更多的是资金支持，项目资助周期较短，有项目推出策略，政府不参与项目运作，政府只对项目而非组织进行绩效评估，不注重组织自主性的提升（陈为雷，2014）。

从地方政府角度出发，地方政府实行项目发包制是基于地方政府对行政绩效合法性的追求。在中国现有基层社会治理体制下，考量地方政府基层社会治理工作的重要标志就是社会公益项目的运作效果。现阶段我国社会公益项目的政策出发点是出于政府转移基层社会治理职能的行政绩效需求，而不是公众的多元社会公共利益需求。政府根据本地区的经济发展水平、社会组织发展状况以及转移社会公共服务职能的需求，综合考虑地方政府部门自身的工作目标与财务状况来编制与设计社会公益项目类别，这就导致社会组织很难自愿平等地参与社会公益项目设计。而且项目制实行“一个项目，一个政策”的发展模式，导致项目制本身具有强大的政策特权，进一步强化了地方政府对社会组织的控制与监管（黄晓春，2015）。项目发包人和项目承包人之间的一种默许的交换，即发包人通过默许承包人的实际控制权的方式换取承包人对发包人的工作支持，同时又以随时收回默许权力作为威胁，让承包人的自由裁量行为不至于“失控”（张静，2014）。项目的精细化管理与专业化运作，带有浓厚的政府“技术治理”成分，项目制使得基层政府权威进一步得到彰显，基层政府对社会组织的控制力逐渐强化，强化了社会组织政府助手的角色作用，降低了社会组织与社会大众的联系，导致社会组织的社会志愿公益项目与社会多元化的民生需求相脱节，削弱甚至吞噬了社会组织的公益性与社会性。

现阶段我国的社会公益项目的监督与管理基本上属于“粗放型”管理模式，是以登记管理部门、财政部门为主，业务主管部门为辅的监督与管理，政府部门内部监管导致社会公益项目监管主体之间利益冲突与责任重合。而且对社会公益项目的质量评估，主要是由政府相关部门根据社会组织提供的材料进行项目评估。政府购买社会公共服务的质量评估是以政府部门为主，体现更多的是地方政府的意愿，只要社会公益项目提供的社会公益服务质量符合地方政府的预期目标即可。社会组织公益项目监管与评估的内部化，强化了社会组织的政府助手的角色，弱化了社会组织与社会大众之间的联系，降低了组织的公共性与公益性。

2. 社会组织的项目承接制

每个社会组织都有其存在的价值与意义，社会组织为什么存在以及如何生存与发展，是任何社会组织都不可能回避的重要问题。历史使命与组织的发展愿景是社会组织存在价值的最好体现。然而现阶段，我国社会组织的社会公益项目的设计是以政府的需求而不是以社会大众的需求为导向，导致了社会组织项目的承接主要以满足政府的预期目标为价值取向，而且地方政府通过项目资金、项目过程、项目评估以及项目结果的监督来实施对社会组织项目运作的有效控制，只不过控制的手段和方式比较柔性化和隐性化罢了。在地方政府普遍采用“项目制”的形式来支持社会组织发展的微观制度环境下，社会组织通过承接政府项目能够获取组织所需要的各种资源，尤其是获取组织的“合法性”身份。承接各种项目，获取项目资源，学会项目运作，俨然成为社会组织的重要工作内容，尤其是对于官办社会组织而言。社会组织的项目承接方式主要包括项目投标与竞标、承包政府委托项目、参加公益创投活动等（陈为雷，2014）。社会组织通过承接政府环保公益项目，获取政府资金支持的经验做法是“一不小心与魔鬼签了卖身契”（Wuthnow，1991）。尽管项目制运作对社会组织发展是受益的，但是社会组织付出的是“沉默的代价”——批评终结（Miller，2004）。

社会组织积极争取政府社会公益项目，不仅在于获取政府项目资源支持，还出于整合组织资源的需求考虑。整合资源不仅包括整合组织内部的各种人力、物力、财力资源，还包括整合组织外部的各种资源。在项目制运作的微观制度环境下，组织内部的资源整合可以通过组织结构调整或重组来实现，组织外部的资源整合必须通过政府项目的平台或渠道来汲取组织需要的各种社会资源以此增强组织的整体实力与核心竞争力。现阶段地方政府的社会公益项目大多是短期性项目，社会组织往往把短期性的政府项目视为组织整体项目运作的基础与支柱，视为组织在提供社会多元公共服务的专业技能的一次积极探索与实践，如果政府的短期性项目对社会组织提升其专业技术能力有益，社会组织就会积极争取承接政府的社会公益项目。通过承接政府社会公益项目，可以进一步强化社会组织的专业化技术水平与社会声望，提升社会组织提供社会公共服务的质量与服务水平，提升社会组织争取政府部门更多项目的可能性。

哪些社会组织可以承接到政府委托的社会公益项目，主要取决于以下两点：（1）是不是当地的社会组织。本地的社会组织承接政府项目有两个方面的优越性：第一，当地的社会组织往往较熟悉当地基本情况，与当地政府、公众等行为主体建立了比较紧密的关系，也容易获得政府与社会的多方认可与接受，当地社会组织承接政府委托项目，工作效率较高，工作成本较低；第二，地方政府部门往往具有地方保护主义思想，不太乐意把经费支持给予本地区以外的社会组织。（2）社会组织自身的特点。社会组织的声誉、地位、专业技术能力、社会影响力都是影响社会组织能够承接到政府委托项目的重要因素。哪些社会组织可以优先获得地方政府的项目支持？第一，优先支持经过社会长期选择、有良好社会声誉、走在社会公益服务领域前沿、对当地经济社会发展有特殊贡献的当地社会组织；第二，在进行资金支持的过程中，优先支持那些有配套资金的社会组织；第三，优先支持与政府有过合作经历的社会组织；第四，优先支持与政府保持高度信任关系的社会组织。地方政府对社会组织的培育与支持会优先考虑那些有相应配套资金和资源的社会组织，因为社会公益项目的申请是以社会组织资金投入的财力为前提，这就造成了社会组织“强者恒强、弱者更弱”的“马太效应”（郭琳琳和段钢，2014）。在项目需要配套资源的门槛条件下，很多社会公益项目自然流入到那些财力雄厚、发展状态较好的社会组织里，而那些不符合条件的社会组织会逐渐退出项目竞争，甚至有些社会组织会为了争取政府社会公益项目，采取“举债式”的组织发展模式，这不利于社会组织健康有序发展。

> 现在有很多街道或社区想找我们组织做项目，因为我们组织现在品牌有、我们参观接待那么多、我们的社会效应也有。我们组织的社会公信力是不错的。L街道不给我们项目做，因为他们觉得我们很弱，觉得我们没有实力，他们看不上我们，觉得我们的专业性不强。（根据G组织C老师访谈资料整理，2016年11月）

> 我们居委会之所以要购买他们G组织的项目服务，因为他们做得很好，给我们带来了很多新的环保理念，他们组织开展的“酵素坊”活动我们社区居民很喜欢。他们的环保知识培训受到我们社区居民的好评，主要是想让他们帮我们组建志愿者团队、开展芽菜种植活动、培训“家庭一平米小菜园”、楼道墙面的微绿改造等活动。我们也去他们那里参观过，我们居委会跟他们居委会之前一直保持很好的合作关系。（根据S市J区S街道X社区W主任访谈资料整理，2016年11月）

从上述访谈资料可以看出，G组织可以承接到社会公益项目，主要取决于基层政府与G组织之间的关系强度以及G组织自身组织行为能力。G组织的社会影响力与专业技术能力都是影响G组织能否成功承接到社会公益项目的重要因素。换言之，G组织之所以能够承接到政府的社会公益项目，主要取决于以下几个条件：一是是否有过合作经历的社会组织；二是是否有良好社会声誉与社会地位，有一定的社会影响力的社会组织；三是是否具有一定的专业化技术能力的社会组织。

（四）社会组织项目制的影响效应

衡量社会组织项目制的影响效应主要有三个标准：经济效应、行政效应与社会效应。经济效应指的是社会组织是否能够在有限的资金范围内提供更加多元化的社会公益服务。行政效应指的是社会组织是否实现了政府的行政绩效追求，是否提升了公共服务质量和服务水平。社会效应指的是社会组织是否满足了社会公众多元化与个性化的利益需求。

社会组织项目制运作的好坏程度主要取决于社会组织的专业技术能力以及基层政府与社会组织的关系强度。社会组织项目制的影响效应主要衡量社会组织项目制运作的经济效应、行政效应和社会效应。通过对S市G组织的研究发现，G组织与L街道、M社区居委会之间具有较强的联结关系，使得G组织"有限理性"地培育与发展那些与地方政府基层社会治理目标相关的生态社区建设项目。由于万通基金会城市生态建设项目与基层政府低碳社区、文明社区与和谐社区建设的行政性任务高度一致，使得G组织不仅能够汲取基层政府的行政性资源推进城市生态社区建设进程，还能够汲取G组织的社会性资源实现M社区居委会低碳社区、和谐社区、生态文明社区建设，满足基层政府对行政绩效合法性的利益追求。然而并不是所有G组织的社会公益项目都能被有效吸纳入基层政府的行政权力网络结构中，很多类似"爱心编织""匠心制作"的环保公益项目无法得到基层政府项目支持，导致这一类深受社区居民喜爱的环保公益项目发展滞后，但是G组织始终坚持公益发展道路，积极推进这类环保公益项目，实现G组织的行政性与社会性的有机结合。

1. 经济效应

G组织的资金主要依靠北京万通基金会的城市生态社区建设项目。2014年，在G组织与万通基金会合作的城市生态社区项目"G组织——绿动未来"项目建设中，项目长期目标是建立两个社区可持续工作的公益志愿者团队。其中一个就是M社区。万通基金会城市生态社区项目合作中，万通基金会给予G组织资金支持、项目理念支持、能力建设培训、生态社区网络平台外出交流小额资金支持，还有居委会论坛参与协助举办等。万通基金会《项目财务管理实施细则》中也明确作出了规定，“项目资金的管理和使用，必须符合国家有关财政、财务制度和本办法的规定，专款专用，任何机构和个人不得截留、挤占和挪用。”万通基金会项目资金的专款专用有利于M社区的低碳社区建设，使得M社区居委会能够有效汲取G组织城市生态社区建设项目资金，培育M社区环保公益志愿者服务队，完成基层政府转移的低碳社区建设的行政性任务，成功获评S市首批试点生态社区，也使得G组织能够顺利推进城市生态社区环保公益项目进程，提供多元环保公共服务满足社区居民多元社会利益需求，提升G组织专业技术能力与社会影响力，拓宽组织生存与发展空间。

2. 行政效应

G组织作为一个行政官僚化的社会组织，其特征主要表现为：一是G组织的角色认知偏向于基层政府。在面对基层政府、居委会、居民等多重角色期待的要求下，G组织的角色认知是偏向于基层政府，工作重心也是完成基层政府转移的行政事务性工作，是以完成承接基层政府行政事务作为组织的重要工作内容。G组织的角色认知与角色领悟强化了G组织作为基层政府“行政助手”的重要角色，导致了G组织努力完成参观接待、文书写作以及公益展示活动的行政事务性工作，提升了基层政府提供的公共服务或公共产品的服务质量与服务效率。二是G组织与M社区居委会是“两位一体”的关系。作为一个S市X区L街道M社区居委会自身孵化出来的公益社会组织，G组织跟M社区居委会是“一套人马、两项工作”。G组织的核心工作人员都是L街道M社区的专业社工人员，G组织的理事长兼任L街道M社区居委会书记。L街道通过“行政吸纳”M社区居委会书记做G组织的理事长，可以实施对G组织的有效控制。

3. 社会效应

社会性是社会组织发展的生命线，社会性是社会组织存在与发展的价值体现。社会性强调的是社会组织承担着更多的服务社会、服务社区、服务居民的历史使命，关注社会组织与社会大众之间的一种紧密型关系，强调的是社会组织具有贴近社区与贴近居民的公益性特征。G组织的“社会性”主要体现在：一是M社区居民积极参与G组织的环保公益志愿者活动。G组织不仅仅以环保公益活动执行者的身份出现，还参与一些社区层面的社区治理工作。G组织主动担当着社区邻里纠纷的调解人、和谐社区建设的代言人。G组织的社区参与是一种较高层次的基层社区治理参与，M社区居民的垃圾减量回收活动在整个G组织行动联盟中的参与程度最高，M社区居民参与G组织环保公益活动的比例达到70%以上。二是M社区居民对G组织的环保公益志愿者活动满意程度较高。三是G组织项目品牌具有良好的社会效应。G组织借助新闻媒体的力量进行组织的环保公益宣传与推广活动，通过新闻媒体的大量宣传与报道，吸引到更多的社区居民关注G组织并积极参与G组织的环保公益社会活动。四是G组织始终坚持走公益性的发展道路。G组织的“爱心编织”“手工制作”等环保公益项目表明，由于这类项目无法纳入基层政府的行政权力网络结构中，使得那些与M社区居民社会需求相关的环保公益项目无法得到基层政府的资金支持，但是G组织仍然积极发展这类环保公益项目，彰显了G组织的草根性和公益性。

（五）本章小结

本章首先阐述了新历史时期的社会组织的政策演进、发展现状及其发展特征。其次阐释了社会组织面临的“模糊性”的宏观发展政策环境、“碎片化”的微观制度环境以及社会组织项目制技术治理对社区社会组织的重要影响。自从党的十七大以来，我国社会组织数量得到了迅速增长，然而我国社会组织的发展质量有待提升。我国社会组织独立性不足、自主性缺失、公益性不足。我国社会组织“行政官僚化”或“草根边缘化”的发展困境，主要受制于我国长期实行的社会组织双重管理体制。近年来，党中央积极推动基层社会治理创新，实现四类社会组织的直接登记制度，这对社会组织的培育和壮大起到了非常重要的推动作用。然而社会组织宏观发展政策的模糊性，使得社会组织无法形成明确、稳定的社会组织发展计划或发展规划，不利于社会组织的长期稳定发展。“碎片化”的微观制度环境给予社会组织的弱激励与严管理，促使基层政府对社会组织的扶持与控制策略总是与基层政府的社会治理目标与社会治理的能力相联系。在基层政府普遍采用社会组织项目技术治理的发展模式下，社会组织能否获取基层政府的扶持与项目支持，主要取决于社会组织与基层政府之间的关系强度以及社会组织的专业技术能力。社会组织项目制治理的制度效应主要取决于社会组织项目治理的经济效应、行政效应与社会效应。S市G组织在有限的项目资金下，能够积极推动城市生态社区建设，努力完成承接基层政府转移的行政性事务，始终坚持走社会公益性的社会组织发展道路。

第三章

社区社会组织的行动策略

社会组织的行为策略主要是由组织制度来建构的，即组织制度对组织应对制度要求而采取的策略行动进行界定与设定限制。奥利弗（Oliver，1991）指出，组织面对制度要求或压力可能选择的 5 种应对策略：默认、妥协、回避、反抗与操纵。面对组织制度环境，社会组织希望一方面可以通过遵从或依附于制度环境，被动地接受制度规定，遵从制度的限制和约束，一切按照规章制度来行事，表明社会组织是以一种社会承认的、合乎情理的方式按照集体赋予的价值目的来行事，运用合法性来巩固和支持组织自身的发展。社会组织另一方面也要保持社会组织内部的有效运行，使得社会组织的结构特征与社会志愿公益活动“脱耦”，以应对强大的制度要求或压力。社会组织与基层政府之间“松散的连接”（Meyer & Rowan，1977）不仅仅为社会组织获得“合法性”身份与资源提供了重要的组织基础，更重要的在于提升组织的专业技术能力和组织社会影响力以及社会大众对社会组织的信任程度。社会组织的能力水平以及社会组织的权力占有状况是衡量社会组织行为能力的重要标志。分析社会组织在组织外部制度环境约束下的组织行为策略必须要分析社会组织作为一个行动者所具有的组织行为能力。

一、社区社会组织的行动能力

根据组织制度学派的理论观点，社会组织既是组织外部制度环境的塑造对象与制度规则的适应者与遵从者，社会组织的组织行动能力与组织行为策略更多地受到组织外部制度环境的影响与制约。同时，社会组织还是一个具有行动能力的行动者。能力指的是“一种可能实现的、各种可能的功能性组合，是一种自由，是实现各种可能的功能性活动组合的实质自由”（阿马蒂亚·森，2002：62）。森的“能力”概念可以理解为一个人可选择的“自由余地”的大小（克罗齐耶和费埃德伯格，2007）。行动者能否创建或发展他的权力取决于他能否拥有一种自由余地，而这种自由余地与他在面对对手时所能控制的“不确定性领域”的重要性密切相关，自由余地可以理解为有可能优先以自己的方式在较大程度上操纵某个直接影响组织生存的重要资源（李友梅，2001：151）。格利克曼和萨文（Glickman & Servon，2003）将社会组织的行动能力划分为：组织资源能力、组织治理能力、组织网络能力、组织协调能力与组织方案项目能力。

组织社会学理论认为，社会行动的每一个结构，都是权力的一种现象、权力的一种效应、权力的一种事实。社会行动可能不是别的东西而恰恰是每天都在发生的“微观政治”：权力是第一要素和中介力量——既为人们所共同拥有，同时又具有其自主性——它存在于相关行动者各种各样的目标与风险赌注之间，这些相关的行动者彼此之间都拥有相对自主的领域（费埃德伯格，2005）。权力存在于权力关系各方参与者所支配的自由余地之中，各方拥有的所有资源的作用在于给各自提供更大的自由行动余地（克罗齐耶和费埃德伯格，2007）。权力作为组织行动的基础与动因，为组织提供了控制相对应的诸多不确定性领域的能力。组织权力有四个重要来源：（1）源自专门技能以及功能专业化的权力来源；（2）与组织及其环境之间多种关系相连的权力来源；（3）通过对交流传播以及信息控制而制造的权力来源；（4）以一般组织规则的形式而现身的权力来源（克罗齐耶和费埃德伯格，2007：65-66）。组织权力是有边界的，组织的权力是受到限制与约束的，组织的活动范围与活动领域也是明确界定的。

社区社会组织既是制度环境的塑造对象与制度规则的适应者，也是具有行为能动性的自由行动者。社区社会组织的行动能力成为衡量社区社会组织社会公益志愿者活动运行状况是否良好的重要标志。社会组织的行动能力是影响社会组织的组织行为、组织功能发挥以及组织发展的重要因素。社会组织的行动能力指的是在既有的微观制度环境约束下，社会组织在社会公益志愿者行动过程中实现组织发展目标，完善组织运行结构，拓宽组织发展空间的各种可能性。本书从组织资源汲取能力、组织自主性、组织专业技术能力与组织社会影响力四个方面来分析S市G组织的组织行动能力。

（一）组织资源汲取能力

资源依赖理论强调了组织与组织外部环境之间的资源依赖关系，强调社会组织发展重要的问题是获取组织所需要的各种资源。社会组织为了实现组织的使命与发展目标，拓宽社会组织的生存与发展空间，要实现社会组织资源的多元化来源而不是依赖单一的政府体制内资源。因此，组织资源汲取能力成为社会组织行为能力特征的重要构成部分。S市G组织的资源主要包括组织合法性资源、常规资源、项目资源以及无形资源四个部分。

1. 组织合法性资源

“名不正则言不顺，言不顺则事不成。”社会组织要实现组织的发展目标与历史使命，首先要获取组织的“合法性”身份。组织合法性身份的唯一提供者是政府以及政府有关职能部门。如何获取政府的“合法性”资源是社会组织首先要解决的重要问题。社会组织合法性反映的是一种被认同或被承认的文化价值。合法性是一种稀缺资源，是需要不断地汲取与积累的，是社会组织生存发展需要的重要资源（Pfeffer & Salancik，1978）。“合法性”概念经历了从最初的“与法律相一致”到韦伯与哈贝马斯的统治者与被统治者认同的价值，再到文化多元主义者“承认政治”的内涵变迁（张瑞玲，2010：81）。社会组织的合法性是指作为一个社会组织，由于其行为符合法律、道义或者权威、制度看门人所制定的标准，被人们、组织和政府部门所接受和认可而能够有效运作的状态（赵秀梅，2008）。帕森斯从文化制度视角把合法性从组织中的权威系统扩展为与权威系统相关的各种要素，并把组织合法性划分为制度层面的合法性、管理或治理层面的合法性、技术或产品层面的合法性。社会组织合法性划分为“社会合法性”“法律合法性”“政治合法性”与“行政合法性”（高丙中，2000）。在中国“强国家-弱社会”制度结构的约束影响下，如何获得地方政府的认可与信任对社会组织的生存与发展具有至关重要的影响。

在社会组织发展的外部制度环境制约下，社会组织自身利益与公共利益的实现要依靠政府给予的合法性认可与资源供给，而政府出于职能转变以及提升基层社会治理能力的需要，也愿意给予社会组织一定的支持，给予社会组织的组织合法性身份。但是政府给予的范围仅仅限制在那些能够提升政府执政能力与执政水平，满足政府自身利益需要的社会组织。由于政府对社会组织的“合法性”资源具有很强的控制能力，社会组织能否拥有“合法性”身份或资源，主要取决于两个条件：（1）社会组织是否有意愿或能力提供政府无法提供的社会公益物品或服务；（2）政府对社会组织的信任程度的高低。换言之，政府在提供“合法性”资源的过程中，政府的“变通”条件是建立在与社会组织之间是否存在“强关系”以及社会组织自身的专业业务能力基础之上的，不符合这两个条件的社会组织是无法获取“合法性”资源的，政府也不愿意承担由此可能带来的政治风险。政府资源供给的资源优势与社会组织在提供社会公共服务与产品上的效率优势的利益契合造就了社会组织与基层政府之间的依附关系。邓宁华（2011）把在缺乏社会基础的体制内，社会组织凭借和利用国家的特殊合法性支持而进入到社会领域以汲取资源的相关策略，称之为“寄居蟹的艺术”。

通过对S市G组织调研发现，G组织已经于2012年在S市X区L街道注册成立，已经获得了基层政府的行政认同，并能够在政府许可的范围内开展各种各样的社会公益志愿者活动，已经具有很强的法律合法性、行政合法性与政治合法性。而且经过数年来的发展壮大以及基层政府的大力宣传与推广，S市G组织逐步得到社会大众的认可与信任，G组织已经具有一定的社会合法性。G组织对政府给予的合法性资源具有高度依赖性。G组织作为体制内运作的社会组织，通过积极认同基层政府的发展目标，积极承接基层政府转移的社会公益项目，主动引入国家权力的“象征符号”获得组织的“合法性”身份，给G组织的社会公益志愿活动贴上了合法标签。

2. 常规资源

常规资源主要包括G组织的资金、人员、场地与设备等常规性经济资源。通过对S市G组织调研发现，G组织的资金主要依靠北京市万通基金会的项目支持，S市X区L街道的项目资金支持并不多，还有一些是G组织所获得的各种组织奖项或奖金。G组织的场地、人力、注册资金都是S市X区L街道给予的，G组织成立之时L街道给予了G组织5万元的资金支持。M社区居委会给G组织提供了电脑、办公设备、工作人员等。（根据G组织C老师访谈资料整理，2016年11月）

3. 项目资源

项目资源作为G组织的一种重要资源。G组织依靠项目被扶持，依靠项目求发展。G组织通过承接各种环保公益项目来获取组织所需要的项目资源。在社会组织普遍依靠项目化培育与发展的背景条件下，能否成功地承接到项目成为G组织生存与发展的关键。通过对S市G组织调研发现，G组织项目资金主要来源于北京市万通基金会的城市生态社区建设项目。G组织承接L街道的项目很少，承接S市其他地区的项目也不多。2014—2016年，G组织共获得北京市万通基金会48万元的项目资金支持。G组织获得了“L生态家”16万元的项目资金支持。2012年，G组织获得S市妇联4万元项目资金支持。2014年，G组织申请到福特基金5万元的项目资金支持。2015年，G组织获得S市“凝心聚力基金会”20万元的项目资金支持。虽然L街道没有或很少有专门项目支持G组织，但是L街道社区学校的“凌云生态家”项目给予了M社区很大的项目资金支持，一定程度上也算是对G组织的项目资金支持。2012年，S市妇联的4万元项目支持给予当时处于极度困难时期的G组织很大的支持与帮助。（根据G组织C老师访谈资料整理，2016年11月）

表 3-1 “L 街道生态家” M 社区项目汇总表

年份	项目名称	经费（万元）
2012	M 社区绿色长廊	8
2013	M 社区种植体验基地建设	39.94
2013	M 社区节能路灯系统改造	31.60
2013	M 社区信息屏采购项目	17.80
2014	M 社区“立体种植墙”建设	18.53
2014	M 社区“鱼菜共生”“芽菜拓展”建设	13.85
2014	M 社区“种植管理购买服务”	10.50
2014	三个居委“种植分基地”建设	12.30
2014	十三个居委分队建设	9.53
2015	M 社区低碳小区建设项目	70.32
2015	居委种植分基地建设	22
2015	G 组织行动联盟建设	25
2015	能力提升培训项目	5
2016	M 社区低碳小区及家文化环境建设项目	60
2016	分队拓展建设项目	24

2011 年 3 月，L 街道根据社区建设的发展目标，精心设计了“L 生态家”的社区教育实验项目，选择 M 社区与 L 街道社区学校为基点，通过生活垃圾分类回收处理、绿色能源使用、创建低碳屋、种植体验基地、生态多样性校园等活动，建立社区居民能够身临其境、互动体验的“L 生态家”项目。2012—2013 年，S 市 L 街道联合 S 市教委、S 市科委等很多政府职能部门，总共投入 273 万元资金完成“l 生态家”一期与二期项目的软硬件建设。第一期项目共完成 2 个项目，第二期项目共完成 6 个建设项目。2014 年，L 街道再投入 150 万元资金用于三期建设，三期共完成 11 个项目。2015 年，L 街道再投入 225 万元资金，S 市 X 区教育局投入 20 万元，S 市低碳社区建设投

入48万元用于四期建设，四期总共完成8个项目。2016年，L街道投入200万元，低碳社区投入70万元用于五期建设，5期共完成7个项目。“L生态家”项目总共接收基层政府986万元的资金，建设34个项目。其中，有15个项目是专门针对M社区建设的。2012—2016年，M社区总共接收各级政府投资约368.37万元（详见表3-1）。（根据G组织C老师访谈资料整理，2016年11月）

4. 无形资源

无形资源也是G组织的重要资源。无形资源包括G组织的社会名誉、社会声望与社会地位。通过对S市G组织的调研发现，G组织的社会名誉与社会声望比较好。这种无形资源的获得一方面依靠G组织几年来的努力与付出，另一方面也依赖于基层政府的大量宣传、媒体报道以及各种参观接待任务。（根据G组织C老师访谈资料整理，2016年11月）

（二）组织自主性

社会组织行为的能动性研究强调的是一种工具观或能力观，主要关注社会组织在特定情境下的决策过程与组织运行，社会组织有无这个能力控制局面，进行自我管理，是社会组织行动能力的主要形式。组织自主性意味着组织作为整体在处理内部事务和外部关系的过程中所具有的，避免其他组织从人事、资金和程序对其目标确定、决策制定、执行等进行控制和干涉的能力（张沁洁和王建平，2010）。黄晓春和稽欣（2014）将社会组织活动的自主性划分为活动领域的自主性、活动地域的自主性以及运行过程的自主性。现阶段多数中国的社会组织是介于独立与不独立之间的一种半官组织（Ma，2009）。中国社会组织是一种“依附性自主”（Lu，2009；王诗宗和宋程成，2013），抑或一种“去政治自主性”（唐文玉和马西恒，2011），抑或“部分自主性”（宋程成等，2013）。

社会组织是否可以自主性地决定组织的活动范围与活动地域，并能有效对组织运行进行管理与控制，是社会组织行为能力的核心要求。然而社会组织往往在资金、人员等方面存在不足，通过各种正式或非正式渠道与政府保持着千丝万缕的联系，获取政府资金支持已经成为社会组织解决发展困境的战略性选择。在以政府逻辑为主导的多层次制度逻辑共同作用下，社会组织获得了相对于政府的“另类”独立性或自主性，既是社会组织主动适应外部制度环境的结果，也是社会组织主动或有意识地挤压社会公共利益诉求与表达功能的行为自主性，这种组织的行为自主性力量表现出某种程度的“松散性”与“脆弱性”，难以促使社会组织形成一种具有强大组织凝聚力的群体力量（李友梅等，2008）。正如查特吉所言，“底层历史是碎片化的、不连续的、不完整的”。社会组织所体现出的价值取向与利益诉求更可能是一种即时性的“场景化”呈现。

> 困扰我们组织发展的一个重要因素就是我们组织的独立性较差，我们没有主体性的，我们雇不起人。我们的未来发展方向就是提升我们组织的独立性，最好能像企业一样，可以成为独立自主的行为主体。我们没有主体性，但我们是可以自己决定开展什么活动的，我们也可以到其他地区开展活动。（根据G组织C老师访谈资料整理，2016年11月）

从上述访谈资料可以看出，G组织的自主性较弱，尽管G组织获得了相对于政府的“另类”活动自主性，主要体现为开展环保公益活动的行为自主性，但是G组织的组织自主性依然表现出“依附性自主”（王诗宗和宋程成，2013）。

（三）组织专业技术能力

组织决策分析理论认为，组织权力的四个来源中第一个来源就是可以被感知的，与特殊技能或难以被替代的职能专业化生产的一种压力相联系。掌握一些专门知识的专家往往具有独自操纵的本领，专家可以通过这些专门知识来解决组织中的某些关键性问题，而且通过使这些专门知识复杂化来控制对这些问题解决的解释。因此，专家在与组织交涉中或与同僚协商过程中经常能够占据有利位置。当组织的活动、部门或者重要职能的正常运转依赖他的介入时，他还有可能把这个介入作为优势或特权来进行交易。换言之，能够在组织中解决某些关键问题的人拥有某种权力，这种权力是最具有实际意义的（李友梅，2001）。社会组织在其所擅长的专业领域中所具有的专业知识与专业技能是社会组织的核心竞争力所在，是社会组织区别于其他类型社会公益组织的重要标志。格瑞和塞尔比（Gray & Silbey，2014）从组织所处位置、组织专长以及组织自主性变化角度考察了跨组织以及组织内的联盟变迁。他们研究认为，影响组织与政府之间联盟、威胁或者阻碍关系的重要因素在于组织专长、组织权威以及组织与政府之间的关系持续性。在社会组织“项目化技术治理”的发展模式下，地方政府如何选择社会组织来承接政府项目，主要取决于社会组织的专业化能力（王达梅，2012；范明林和孙佳伟，2013；周俊，2014；陈为雷，2014）。社会组织的专业化技术能力越强，代表了该组织在提供社会公共产品或服务领域内的地位、声誉与影响力就越强。社会组织的专业化技术能力越强，社会组织提供的社会公共服务质量就会越高。社会组织专业人员规模与人员构成也是衡量社会组织专业技术能力的一个重要标志。

> 我们组织的专业能力不强，专业人员十分缺乏。我们在项目方案设计上比较单一，没有创造力的，而且我们都不够专业，我们的项目计划书没有竞争力。但是我们没有人力成本，我们工作人员工资是由政府发的。很多社会组织认为，我们做环保公益项目扰乱了整个项目市场秩序，因为我们的成本低啊，我们没有人工费用啊。这对我们组织的未来发展是非常不好的。我们的专业能力不强，做环保不够专业，政府不给我们项目，也是因为我们不够专业，我们没有专家。（根据G组织C老师访谈资料整理，2016年11月）

从上述访谈资料可以看出，G组织的环保专业技术能力不强，组织人员结构比较单一，环保专业人员与环保专业技能的缺乏是困扰G组织发展的重要因素。

（四）组织社会影响力

影响力（Influence Force）指的是一个组织或个人影响与改变政府、企业与其他人或组织的主观认知与行为的一种能力。社会组织的社会影响力越大，社会组织越能得到各级政府、居委会以及社会大众的认可与信任，社会组织获取的社会资源就会更加丰富。

社会组织公益传播活动构成了社会组织的重要基础，可以传播社会组织的公益价值理念，对提升社会组织的社会影响力与社会公信力都具有积极作用。社会组织与媒体结成“紧密型联盟”（ 邹东升和包倩宇，2015），使得社会组织可以通过“共意动员”来传播组织公益价值，促进社会认同。“共意动员”的核心要素包括目标和手段，不仅要认可组织的公益理念与目标，更重要的是赞同组织的社会公益手段。“共意动员”不仅以裂变式的效率动员了众多志愿者，还形成了一个新的关系网络，使得组织的公益价值与公益目标得到最大范围的社会认同（谢静，2012）。媒体的如实报道可以满足社会大众的基本权利需求，为社会大众有效社会参与提供了前提与基础；媒体的如实报道可以为那些有过“相对剥夺”经历的困难群体提供某种道义与舆论的救济，维护社会公平正义的道德底线；媒体的如实报道使得社会大众都开始关注和了解社会组织及其组织理念，唤起社会大众的公益意识与公益理念，改善社会大众的日常生活方式与生活习惯，提升社会大众的责任意识、权利意识与公民意识，从而加快城市生态文明社会建设。总之，媒体对事件信息全面如实的报道，有助于“公共领域”建设。媒体作为公众交换意见与获取信息的“公共论坛”能传达社会大众的心声，向公众呈现真实的事件发展过程，有助于社会公平正义的底线维护。

通过对S市G组织的调研发现，2014年，G组织不仅仅被《中国环境报》《新闻早报》《文汇报》《青年报》《劳动报》《解放日报》《新民晚报》《光明日报》《人民日版》等报刊报道，也被东方网、中国上海政府网、央视网、解放网等网络媒体报道，还被《新闻联播》《上视新闻》、东方卫视、星尚频道等电视媒体报道。2014年，G组织总共被各种媒体、报刊等报道50余次。

我们的项目品牌现在具有很好的社会效应，大家都比较认可，我们有一定的社会影响力。S市领导以及国家领导人也来我们这里考察过。《新闻联播》、东方卫视我们组织也上过，我们的社会认可程度还是可以的。有些社区不敢跟我们组织合作，是因为它们不够强，怕做不好项目，怕砸了我们的品牌。我们组织经常帮政府、社区学校搞一些免费的活动，就是想获得大家的认可。我们组织把所有街道能拿的、该拿的奖项都拿全了。我们还是低碳小区试验点，说明现在社会还是认可我们的。我们有很强的社会影响力，我们这么多年的宣传与参观是有效果的，我们组织当初就成立了公众传播部。我们组织当初是设立岗位的，但是我们没有人，我们这一块做得不好。我们组织下一步想让东方有线限网络有限公司的一个理事做我们组织的顾问。我们组织跟东方有线限网络有限公司一直有很好的合作，我们组织所有的片子都是他们在做。（根据G组织C老师访谈资料整理，2016年11月）

从上述访谈资料可以看出，G组织具有一定的社会影响力。正是因为G组织具有较强的社会影响力，才能带动周边社区居民积极参与到社会组织的环保公益志愿者活动中。G组织可以借助新闻媒体的力量进行组织的环保公益宣传与推广活动，通过新闻媒体的大量宣传与报道，吸引到更多的社区居民关注社会组织及其积极参与G组织的环保公益社会活动，从而提升G组织的社会影响力与社会公信力。

社会组织对政府政策的影响力是社会组织行动能力的重要表现形式。社会组织政府政策的影响力越大，社会组织的社会影响力就会越大。监督与批判地方政府行为也是社会组织行动特征的重要体现形式。“自然之友”的领导者就曾经说过，“社会公益组织能不能、敢不敢真正监督政府，对政府提出实质性的批评与建议，是每一个社会组织的重要历史责任与使命。”

前一段，我们去街道开会，他们街道想搞一些科普教育活动，想让我们出点主意，咨询我们活动怎么搞比较好，让我们给他们想想办法。这说明政府也看到了我们的成长与进步，说明我们现在还是可以的，说明现在政府还是认可我们的，我们是有能力的。（根据G组织C老师访谈资料整理，2016年11月）

从上述访谈资料可以看出，G组织的社会影响力比较强，但是G组织在影响与改变基层政府决策方面的行为能力是比较微弱的，在监督与批评基层政府方面的作用更是微乎其微。

二、社区社会组织“双向汲取”的行动策略

组织制度分析认为，组织要保持对制度规则的依附与顺从，也要保持组织内部的有效运行与健康发展。换言之，组织并不都是对制度环境的被动接受，组织在积极主动适应外部制度环境的同时也积极塑造并影响组织外部制度环境。随着“制度化神话”的出现，组织结构日益规范化，而且在高度制度化的组织情境下，组织活动要支持这些制度化的神话以获得组织合法性。但是社会组织也要参与实质性的生产与技术活动，以获取直接的绩效，这两个要求是相互矛盾的，对于这一矛盾，最有效的解决办法就是使得组织结构与组织活动保持一种松散的“耦合”状态（Meyer & Rowan，1977）。组织结构与组织运作的分离，能够促使组织保持组织合法的正式结构，也使得组织能够灵活地运用各种行为策略来应对组织的现实需求。一个组织倾向于与正式结构相似，反映共同的制度根源，但是实际做法可能有多种表现形式（转引自张永宏，2007：17）。组织之间横向的制度性压力往往是组织变迁的重要原因，这些制度层面之间可能存在彼此配合、嵌套、叠加或者其应用在不同的领域中会有不同的影响。当组织环境对组织提出多重的制度要求或具有多重影响时，组织会设立更多的内部管理层次以应对这种多重影响，会导致组织场域中的组织成员关系发生重要变化（Friedland & Alford，1991）。组织形式与组织运作分离的制度根源在于资源汲取需求与社会管理需求之间的持

久张力（田凯，2004），是非协调性制度环境对组织行动施加约束力量的结果（唐斌，2006）。边界存在于组织与环境之间，是社会组织生存发展的重要基础，社会组织主要通过基层政府与社会组织之间的去边界化（黄晓星和杨杰，2015）实现社会组织的良性运行与健康发展。

（一）社区社会组织的角色领悟

米德把“角色”引入社会心理学领域以解释人类的社会化行为。林顿（Linton，1936）认为，每一个社会角色都与一套社会期望的行为模式相联系，社会期望规定了个体要按照社会期望来实施其角色行为。蒂博特和凯利（Thibaut & Kelley，1959）认为，角色可以从三个方面来理解：（1）角色是社会中存在的对个体行为的期望系统，该个体在与其他个体的互动中占有一定的地位；（2）角色是占有一定地位的个体对自身的期望系统；（3）角色是占有一定地位的个体外显的可观察的行为。戈夫曼（Goffman，1959）认为，绝大多数社会行为不是任意的，而是可依据其社会身份和地位而预期的，其角色主要包括三个部分：模式化的社会行为、社会成员的身份或位置、行为的期待与呈现（毛丹，2009）。戈夫曼指出，“进入角色”必须具备三个条件：（1）获得了承担某种角色的认可；（2）表现出了扮演这一角色所必需的能力与品质；（3）本能地或积极地在精神上和体力上都投入这一角色（转引自郑杭生，2003）。帕森斯指出，角色是附着于社会地位之上被期待的行为或行为规范，个人在社会体系中占据一个社会位置，并按照社会体系规定的规范或规则履行地位的义务就是社会角色。角色期待在实践中习得，即人们通过实践逐渐清楚自己所背负的社会期待，它主要表现为规范、信仰与偏好等（Biddle，2003）。角色是一定社会关系决定的个体特定地位、社会对个体的期待以及个体扮演的行为模式的综合表现（奚从清，2010）。根据社会学的角色理论的基本原理，角色扮演是角色承担者按照角色期待的规范要求，在自身角色领悟的基础上而进行的角色实践。米德认为，角色扮演是角色理论的核心概念，角色扮演是社会互动得以进行的基本条件，人与人之间之所以能够正常交往，就是由于人们具有辨认和理解对方所使用符号的意义的能力。角色扮演就是行动者根据自己所处的特定位置，并按照角色期待和规范要求所进行的一系列角色行为（奚从清，2010）。其主要内容包括角色期待、角色领悟、角色实践三个方面。

角色期待是角色扮演的前提条件，角色期待构成了角色承担者重要的社会心理与制度环境，会影响角色承担者的社会行为，同时角色期待又内化为角色承担者的自我角色意识，使角色承担者行为自觉地符合角色期待。角色承担者只有按照角色期待来行事，才能获得其他主体的认同。角色扮演也影响角色期待的实现，因为在角色扮演过程中，通过与他人不断互动而形成的角色新要求，也推动着角色期待的变化与发展。

角色领悟是角色承担者对自己所扮演角色的认知与理解。角色领悟水平的高低会影响到角色承担者角色扮演的实际效果，角色领悟的能力越高，领悟的程度越好，那么角色实际扮演与社会期待之间的角色距离就会越小，角色实践效果就越好，角色功能发挥的实际作用就越好。

角色实践是角色承担者将领悟的角色期待转化为实际角色的过程。角色实践水平的高低、角色功能发挥的好坏主要受到角色承担者自身条件与外部环境因素的制约，由此导致角色承担者在角色实践、角色领悟与角色期待之间存在角色距离。戈夫曼认为，角色距离就是一个人自身素质、能力、水平与他所要扮演的角色之间的差异现象。存在角色距离就不能进入角色，就会影响角色功能的发挥。角色距离越大，角色实践效果越差，角色功能发挥的效果就越差。角色距离的存在容易导致角色冲突与角色错位。角色冲突与角色错位的主要原因与角色扮演者的能力水平与社会客观环境有关（奚从清，2010）。

卡恩等人（Kahn，et al.，1964）的组织角色理论主要关注正式组织角色，考察组织内部的互动、组织运作以及组织与社会之间的关系。组织角色理论常常被用来解释个体在正式组织内部的角色模糊、角色紧张与角色冲突等问题（Biddle，1986）。组织角色的冲突研究关注点聚焦于组织内部角色冲突以及组织与外部环境的角色冲突（Miles & Perreault，1976）。按照组织角色理论假设，组织永远是稳定与理性的，组织内所有的冲突只是角色冲突。组织能否良好发展主要取决于组织是否能够满足外在的社会期待与组织内部的角色冲突（毛丹，2009）。组织角色理论很好地解释了正式组织角色引起的角色紧张以及影响正式组织角色应对环境的选择性策略。叶雷（2005）把行业协会承担的角色定位于政府、市场和公民社会力量的变迁和互动过程中，正是在这种内外期待和要求的互动发展中，行业协会的角色大致呈现出异化、自治化和政治化三种倾向，提出了行业协会“制度化的三角均衡模式”的发展构想。文军（2012）研究指出，社会组织角色期待与角色实践不一致，主要体现在以下三个方面：社会组织与政府的关系“尴尬”；社会组织面临“信任危机”；社会组织运作的“市场化偏向”严重。文军进一步指出，这种状况与我国特殊的历史和现实条件相关。王雅君（2013）研究指出，草根社会组织在角色实践的过程中受到了来自政策、文化、资源以及组织管理等因素的制约，资源的缺乏、管理的不善、文化基础的薄弱、政策控制的难题都是影响草根民间组织功能发挥的重要因素。杨微微（2013）研究指出，角色规范多样化、角色规范的严格程度及多种角色期望和规范的不一致都在不同程度上影响着律师协会在面对政府和协会会员两个主体时所遭遇到的角色冲突。

社会组织能够成为基层社会治理领域中的重要力量，与社会组织具有的特定社会角色密切相关。社会组织的角色是在角色期待、角色领悟与角色实践的过程中，与基层政府、社区居委会、社区居民等多元行为主体不断互动而逐渐形成的。

不同的行为主体基于自身所处的立场及其社会需求，对社会组织提出了不同的角色期待，每一个角色都有与之相适应的一套行为规范与模式，不同的角色规范之间既可能是兼容的，也可能是冲突的。社会组织究竟扮演何种角色取决于该组织自身的角色认知与角色领悟。基层政府、社区居委会、社区居民等不同行为主体对社会组织的角色期待不尽相同，但是大多赋予了社会组织较为积极的角色期待，而社会组织也希望自身能够在经济社会生活中扮演重要角色，可以成为基层社会治理的重要主体力量，公众社会利益诉求和意愿表达的桥梁与纽带。改革开放及与之相伴随的市场经济体制改革、政府行政体制改革，为社会组织发展创造了良好的外部发展空间，在社会组织宏观政策利好的条件下，社会组织得到迅速发展。从社会组织使命和宗旨来看，我国社会组织大多秉持服务与公益的价值理念。比如，“自然之友”就是以“倡导生态文明，开展环境教育，促进社会的可持续发展”为宗旨的环保组织。然而社会组织的角色主要受到社会文化、外部环境等多种因素的影响，社会组织的角色不是一成不变的，而是随着国家与社会关系的变化而适时地作出调整。

> 我们组织的当初定位不是现在这样的，我们也很茫然，我们也一直在摸索。政府不给钱使得我们也面临很多问题。由于种种原因，我们也在改变，一会做这个的，一会又做那个的，未来怎么走不知道。政府的推动力与组织环境使得我们要不断改变自己。我们现在更多做的是生态社区建设。前一段，习总书记也多次强调要加强生态文明社区建设，我们现在做的事情跟国家现在提倡的生态文明建设是完全吻合的，所以政府才会支持我们。不搞生态文明建设，政府怎么支持？现在国家都在搞生态文明建设，我们做的事情一定要与国家党政方针政策完全吻合，一定要点题。如果大跑道不对，肯定不行。我们一定要把准国家的发展大方向，只有与国家的政策保持高度一致，政府才会支持我们。政府行政化网络解决不了的问题，就需要我们组织来完成。（根据G组织C老师访谈资料整理，2016年11月）

从上述访谈资料可以看出，G组织会随着组织外部制度环境的变化，不断调整组织自身发展方向来适应外部制度环境的变迁。为了攫取组织需要的各种资源与拓宽组织生存与发展空间，G组织会不断调整组织发展方向与发展思路，通过积极地或主动地迎合国家城市生态文明建设的发展目标与发展方向，通过与国家宏观社会发展政策保持高度一致来获取基层政府的各种支持，拓宽组织的生存与发展空间。换言之，G组织通过不断变通或调整组织角色定位与组织发展方向，使得G组织的生存与发展与国家城市生态文明建设的发展政策保持高度一致，从而可以攫取社会组织所需要的各种资源，提升组织的行动能力，拓宽组织的生存与发展空间。

> 我们组织当初没有想到要做那么多社区，一个组织的发展，组织领袖很重要。我们组织之所以能有今天的发展，与S书记的前瞻性、创新性和吃苦耐劳的个性是分不开的。当初拓展其他地区的时候，我们并不理解，S书记强调我们不能局限于社区这么一点，要拓展到其他社区或街道，这样才有更大的社会效应。要想得到政府的重视，我们必须要以点带面，一个点、一个点拓展出去。我们的很多公益性项目都是我们吃苦耐劳干出来的。（根据G组织C老师访谈资料整理，2016年11月）

从上述访谈资料可以看出，G组织的发展不仅与G组织的S书记的领袖作用有关，同时也与G组织自身发展的角色定位有关，而且更多地受到组织自身的角色定位影响。换言之，G组织发展与组织核心领袖——M社区S书记的“能人领袖”的推动作用是分不开的。正是因为M社区S书记的个人魅力与领导能力，使得G组织能够获取社会组织所需要的各种资源，拓宽了社会组织的生存与发展空间。

（二）“双向汲取”的组织行动策略

组织制度分析认为，组织外部制度在给予了社会组织制约限制与约束的同时，也给予了社会组织开展社会公益志愿活动的机会与激励。这种限制与约束力量既是组织外部制度环境给予的，也是社会组织自身积极给予的。在拥有主导地位与资源优势的基层政府面前，社会组织出于自身利益的考虑，“有限理性”地选择优先发展社会组织承接的基层政府转移的公共服务功能，然后才考虑社会组织公益性、民间性与非营利性的价值提升。因为社会组织首先要解决组织生存与发展的问题，其次才能考虑是否能够提供多元化社会公共服务，满足社区居民多元化社会利益需求的问题。社会组织宏观政策制度环境的模糊性与不确定性以及基层政府发展社会组织的弱激励，使得社会组织面临的制度风险无法预期，社会组织也无法清晰地预判组织自身的未来发展空间。为了社会组织的生存与发展，社会组织“有限理性”地采取“双向汲取”的组织行为策略来攫取组织需要的各种资源，拓宽组织生存与发展的空间。社会组织行为策略在一定程度上可以理解为在地方政府创新基层社会治理体制机制，大力发展社会组织的制度背景下，社会组织如何通过策略性应对行为来攫取组织需要的各种资源，寻求组织的生存与发展。与传统“国家与社会”“结构约束与策略行动”等理论视角注重探讨社会组织与基层政府之间的互动关系，聚焦制度环境约束下社会组织行为自主性的研究不同，“双向汲取”概念有效整合了“社会组织—政府”“社会组织—居委会”“社会组织—社区居民”三方主体的复杂互动关系，侧重于社会组织的组织行动能力，聚焦社会组织与基层政府、社区居委会、社区居民之间的多元互动影响，强调多元制度情境下社会组织的行动策略选择及其多元化行动路径（段雪辉和李小红，2020）。

我们组织处于一种弱势地位，而且街道现在对我们基本上是一种“不使绊”模式。目前街道对我们不限制，也没有财政支持，也很少购买我们的服务。政府愿意购买就购买，不愿意购买就不购买，这很正常，对我们的影响不大。因为政府觉得我们的实力不行，怕我们干不好。政府越是看不起我们，觉得我们弱，我们更要做强自己，更要证明自己的能力。我们目前发展的主要困难是缺钱和缺人。政府对我们的财政支持不多。目前街道对我们组织的支持主要是不限制，无绊脚，这对我们来说已经很不错啦。如果街道给很多羁绊，我们好多工作都无法开展下去。我们雇不起人，所以我们在资金有限的条件下，我们怎么办呢？我们没有办法，我们只能选择在夹缝中生存，我们只能两边搭，只能“脚踩两只船”，政府的船与社会组织的船。我们只能拼命干，使劲干，干出点成绩，让政府看到我们的实力与能力，才会给我们项目做。只要有项目做，我们就能生存与发展下去。（根据G组织C老师访谈资料整理，

2016年11月)

从上述访谈资料可以看出，G组织之所以会选择“脚踏两只船”的行动策略，主要原因在于面对L街道给予G组织发展“弱激励”约束下，以及G组织面临人员、资金缺乏的发展困境。G组织通过采取“脚踩两只船”的行为策略，既要踩到政府的船，也要踩到社会组织的船，通过有效汲取政府行政性资源以及社会组织社会性资源，攫取组织需要的各种资源，拓宽组织生存与发展的空间。G组织与L街道保持一种“强关系”，使得G组织能够踩到政府的船，通过汲取L街道的体制内行政性资源，获得组织合法性身份以及组织生存与发展需要的各种资源。G组织作为一个公益性社会组织，能够踩到社会组织的船，能够有效汲取社会组织的体制外社会性资源，积极开展各种环保公益志愿者活动中，有效动员社区居民、社区党员干部积极参与到各类环保公益志愿者活动，提升G组织的专业技术能力与组织社会影响力，从而更好地提供多元化的社会公共服务与公共产品，不仅满足基层政府的行政性绩效追求，还能满足社区居民多元化的社会公共利益需求，彰显G组织的行政性与公益性的有机结合。

（三）本章小结

本章主要分析了微观制度环境约束下的社会组织的行动能力以及社会组织的行为策略。通过对S市X区L街道M社区G组织的案例研究发现，G组织的组织资源汲取能力与组织社会影响力优于组织自主性与组织专业化技术能力。在“模糊性”的宏观制度环境、碎片化的微观制度以及基层政府社会组织项目技术治理模式下，G组织的行动并不是完全受到基层政府的控制与制约，也没有获得完全的组织行为自主性，而是采取“双向汲取”的组织行为策略，通过“脚踏两只船”这样游走于“国家与社会之间”的方式寻求社会组织的发展与壮大。G组织通过与国家城市生态文明建设的社会发展政策保持一致，积极引入“国家权力符号”，借力于政府行政性资源来攫取组织需要的各种资源，提升社会组织的行动能力，拓宽社会组织的生存与发展空间。G组织作为一个公益性社区社会组织，能够借力于社会组织的社会性资源，提升社会多元化公共服务或公共产品的质量与数量，提升社区居民参与社区社会组织公益活动的积极性与主动性，拉近社区居民与社区社会组织、社区居委会与基层政府之间的关系，不仅能够提升社区居民对社区社会组织公益志愿者活动的满意度，还能提升社区居民对基层政府行政性工作的满意度，实现社区社会组织行政性与社会性的双重目标达成。

第四章

社区社会组织汲取社会性资源

资源依赖理论（Pfeffer & Salancik，1978）认为，组织为了生存与发展，不得不依赖于其他组织所拥有的资源。资源依赖理论强调组织对资源的依赖关系以及资源对组织的外部控制。“资源”原本是一个经济学术语，后来被广泛应用于自然科学与社会科学的各个领域。吉登斯（Giddens，1998）认为，“资源是行动者为完成其所做的一切事务而在其活动过程中予以运用，内嵌于社会体系的再生产过程之中。资源是权力得以实施的媒介，资源是社会再生产通过具体行为得以实现的常规性要素。”换言之，资源是行动者在互动过程中不断地再生产出来的一种使行动者能够完成某种事务的能力。资源是权力的基础，权力是对资源的支配能力。资源是要不断汲取与积聚的。资源有三种来源：（1）权力的授予；（2）市场的交换；（3）网络的汲取。

具有双重身份的G组织，首先要完成承接基层政府转移的行政事务性工作，那么G组织是如何汲取社会组织的社会性资源来完成承接基层政府转移的行政事务性工作，实现G组织行政性目标达成的呢？换言之，在微观制度环境约束下，G组织在完成基层政府行政性目标的过程中，G组织会生产出哪些不通过行为路径满足基层政府的行政性需求的呢？

表4-1 社区社会组织汲取社会性资源路径分析框架

X2 / X1	行政性任务与社会性任务的相关程度		
	高	中	低
行政性目标	路径1：双重结果包装	路径2：同时进行过程设计与结果包装	路径3：放弃包装

路径1：行政性目标导向——→同时进行“行政性+社会性”双重结果包装

路径2：行政性目标导向——→同时进行“过程设计+结果包装”

路径3：行政目标性导向——→放弃包装——→仅完成居委会的行政性目标

一、社区社会组织的行政化

中国政府与社会组织的关系并非静止不变的，而是一个动态演变的过程（范明林，2010）。政府与社会组织之间的关系既不稳定也不明确，越来越呈现出多元化与模糊性特征（李友梅，2012）。中国社会组织的成长有着与西方完全不同的制度与文化环境，在生成起点、成长路径、资源获取、结构特性、管理体系等方面与政府之间有着诸多密切联系（王建军，2007）。中国社会组织与政府之间的关系的复杂性与特殊性，主要受到中国政治文化传统、全能主义制度遗产、特殊政治社会结构、动态复杂转型过程以及西方主流价值观念等因素的影响（唐文玉，2012）。中国社会组织表现出来的“行政官僚化”发展特点主要受到中国社会组织面临的制度环境的影响。换言之，中国社会组织表现出来的“行政化”发展困境主要原因在于组织外部制度没有给予社会组织提供多元公共服务以及社会大众利益诉求的足够的公共空间。

国家对社会组织实施“分类控制”（康晓光和韩恒，2005）使得中国社会组织与政府之间带有明显的法团主义色彩（丁，1998；姜，2004；Hsu & Hasmath，2014；范明林和程金，2007；秦洪源和付建军，2013），表现为一种“依附性”关系（Lu，2009；邓宁华，2011；王诗宗和宋程成，2013；宋程成等人，2013；费迪和王诗宗，2014；张紧跟，2015），抑或一种“嵌入性”关系（刘鹏，2011；何，安德蒙，2012；林兵和陈伟，2014；管兵，2015；纪莺莺，2017；王名和张雪，2019）。“行政吸纳社会”（康晓光，2007）、“行政吸纳服务”（唐文玉，2010，2011）与“行政借道社会”（黄晓春和周黎安，2017）更好地体现了社会组织的公共服务被吸纳或“内卷”

到基层政府的行政网络结构中，导致社会组织提供“俱乐部产品”（李友梅等，2012），组织“公共服务行政化与内部治理官僚化”（朱健刚和陈安娜，2013），服务逻辑行政化、服务效果内卷化、服务行为短期化以及服务体系碎片化（龙翠红，2018），组织“公益性缺失” （陆明远，2008；文军，2012；张杰，2014），地位获得品牌化、角色扮演仪式化和制度依附下的角色固化（袁方成和邓涛，2018）。使得社会组织普遍采取以资源汲取为导向的组织发展策略，呈现出较强的“工具主义”发展特征（黄晓春，2015）。安子杰（Spires Anthony J.，2011）提出“偶发共生”概念来解释中国社会组织艰难求生的现状。社会组织经常使组织自身的业务与地方政府的政策与需求相匹配，而非与社会公众的真实需要相一致（Teets J.，2013），与基层社区治理的需求也不相匹配（向静林，2018）。

（一）基层政府的行政助手

中国社会组织的发展主要经历了“行政控制—行政治理—党建引领”的转变（王清，2019）。从基层政府与社会组织的关系来看，政府对社会组织基本上遵循“控制—规范—引导—协同”的发展逻辑（王名，2008）。如果说，在十七大之前中国政府对社会组织的态度是“宏观鼓励与微观约束”（俞可平，2006），那么随着党的十七大明确提出了“党委领导、政府负责、社会协同、公众参与、法治保障的社会管理新格局”以来，各级政府对社会组织的态度发生了明显改变。各级地方政府及其政府部门都把发挥社会组织作用当作新时期创新社会治理模式的重要举措，在地方政府职能转型的强烈诉求下，地方政府部门将一部分公共服务以购买服务等方式转交给社会组织。在“模糊发包制”的社会组织治理逻辑下，地方政府对社会组织的支持主要是通过项目化的方式来实现，由于项目制具有“增量改革”与“一事一议”特征，使得社会组织的培育发展不可能与既有的地方政府治理体制相违背，又有助于地方政府以较低制度风险来发展与培育社会组织（黄晓春，2015）。

在新的历史条件下，政府自身角色的职能转变，对社会组织也有了新的角色期待，社会组织可以作为基层政府社会治理创新的重要助手角色。社会组织是政府管理的“减肥剂”，社会组织是政府与社会的“黏合剂”（文军，2012）。社会组织的发展不仅推进了国家与社会之间的关系变革，也使得地方政府从全能政府向有限政府转变，从“怎样把居民管得住”向“怎样使居民过得好”转变（王名等，2014）。社会组织不仅作为社区居民提供居民利益诉求与利益表达的重要机会与平台，还可以接受地方政府的委托，深入社区开展社会公益工作，消解因基层社会治理议题引发的各种社会矛盾。社会组织可以成为调和社区矛盾的“润滑剂”，起到确保社区和谐与稳定的“安全阀”作用。社会组织发展有着强大的内部驱动力与外部推动力，在凝聚社区居民力量、化解社区矛盾与冲突方面有着不可替代的重要作用（王名等，2014）。相对于政府而言，社会组织接受较少既得利益者的恩惠，更易于接近服务对象，能对服务对象的需求作出灵活反应作并能站在较为客观的位置去处理社会上存在的各种不公平现象。这些使社会组织逐渐被公众接受，成为公众利益诉求与情感表达的重要载体与途径。社会组织是困难群体的“保护伞”，社会组织是社会公平的“代名词”，社会组织是社会问题的“安全阀”与“减震器”（文军，2012）。比如，2011 年 6 月，云南曲靖陆良化工公司将总量 5000 余吨的重毒化工废料铬渣非法丢放，致珠江源头南盘江附近水质遭到铬渣污染。由“自然之友”环保组织发起，并由曲靖市环保局、重庆市绿色志愿者联合会作为共同原告的云南铬渣污染索赔案引发社会的广泛关注，这是云南法院受理的首起由民间组织主导的公益诉讼，是社会公众期待社会组织有所作为的典型案例。地方政府成为社会公共服务的规划者、组织者与引导者，社会组织成为社会多元公共服务的承接者与补给者。地方政府赋予社会组织基层政府“行政助手”的角色期待，来源于基层政府在加强社会控制与社会管理过程中遇到了多元社会、流动社会和风险社会的结构性挑战（李友梅等，2014）。

问：如果政府、居委会与居民的工作出现冲突时，你们该怎么办?

答：政府、居委会和居民对我们都有不同的要求和期待，都希望我们为他们服务，遇到冲突的时候，我们肯定要先做政府的活，我们必须先做政府的事情啊，然后才能再做居委会和居民的活。我们不怕累，我们没有办法。我们不强，我们很弱。我们的活大部分都是在做政府和居委会的东西，我们的精力都被政府绊住了。我们没有办法创新的。我们没有人，只要有人，我可以让一个人专门负责街道和居委会的活，我们就有精力搞好自己的事情。街道不希望我们发展壮大，觉得现在这样就可以了，帮他们做做事情就好啦。但是我们不能这样，我们要发展，我们要成长的。（根据G组织C老师访谈资料整理，2016年11月）

从上述访谈资料可以看出，在面对基层政府、居委会、居民等多重角色期待的规范性要求下，G组织的角色认知是偏向于基层政府的，工作重心也是完成基层政府转移的行政事务性工作，是以完成承接基层政府行政事务作为社会组织的重要工作内容。换言之，具有双重身份的G组织，其角色认知与角色领悟强化了G组织作为基层政府“行政助手”的重要角色，使得G组织努力完成承接基层政府的日常行政事务性工作，实现G组织的行政性目标达成。

（二）社区社会组织的双重身份

大多数关于社会组织与居委会关系研究发现，社会组织与居委会之间是一种合作互惠的关系（赵秀梅，2008；于家琦，2010；朱健刚和陈安娜，2013；宗丽，2013；尹阿雳，2014；王义，2015）。通过对S市G组织的研究发现，作为一个S市X区L街道M社区居委会自身孵化出来的公益社会组织，G组织跟M社区居委会是“一套人马、两项工作”，即G组织与M社区居委会之间的关系是“两位一体”或“一体双翼”。G组织的核心工作人员都是X区L街道M社区的专业社工人员，G组织的理事长兼任L街道M社区居委会书记。正是由于G组织的双重身份，导致G组织的行政事务性工作比较烦琐与复杂。而且L街道对G组织的有效控制，是通过“行政吸纳”法人代表的方式来运作的。换言之，基层政府通过“行政吸纳”M社区居委会书记做G组织的理事长，可以实施对G组织的有效控制。M社区居委书记兼任G组织理事长是基层政府控制社会组织的一种有效手段。正如金耀基（1997）指出，“在‘行政吸纳政治’的过程中，政府把社会中的精英或精英集团所代表的政治力量有效地吸收到行政决策结构中，通过对社会精英或精英集团的整合赋予了统治权力以合法性，使得一个松弛的、整合的政治社会得以建立起来。”

> 我本人既是居委会的领导干部，也是组织的法人兼理事长。我们居委会成立了G组织创意工作室，我们从居委会活动室中腾出三间房间，给他们进行创作和展示。让他们利用回收的废弃物品，自行设计制作各种手提袋、围裙、遮阳帽、环保包、家庭摆饰、毛衣等美观实用的生活物品，让社区居民知道我们是如何变废为宝的。还有就是我们居委会组建G组织议事会。我们居委会有18名志愿者骨干，他们真的做了很多工作。他们帮助我们成立了很多团队，比如说，垃圾减量活动啊、“家庭一平米小菜园”啊、环保创意设计啊、花卉兴趣小组啊、调解工作室啊、社情民意联络站啊、夕阳互帮服务队啊。他们这些志愿者都是认真做事情的，他们发动周边小区的志愿者一起做活动，比如家庭阳台“家庭一平米小菜园”啊、微绿地啊、微绿墙啊、有机芽菜啊等项目、爱心编织什么的。G组织议事会构建了“调查研究、提出议题、召集讨论、形成方案、表决通过、推动执行、民主监督”的组织运作机制，先后协助居委会完成了社区文明饲养宠物宣传、社区安保警卫室设置、社区绿化护栏建设等十余项社区事务。（根据G组织S老师访谈资料整理，2016年11月）

在M社区的社会公益宣传活动中经常被人们提到的一个故事——“侧石翻修、道路拓宽”典型基层社区治理案例。

由于M社区私家车的增多，使得M社区停车难已成为M社区不争的客观事实。经常会发生私家车撞坏绿化带旁边石头的现象，这不仅了损坏M社区道路以及影响了社区绿化，而且增加了M社区居委会的社区维修支出，还会给M社区居民行走带来不少安全隐患。其次，M社区道路布局和路面宽度已经无法确保应急车辆的顺利通行。针对这些情况，G组织志愿者们在G组织议事会提出要对M社区的侧石进行翻修，并打通两处断头路，拓宽部分路面。G组织志愿者们又主动承担起发放意见征询表的工作，协助推进道路侧石翻修、路面拓宽工程的建设。在意见征询过程中，M社区居民对“7号楼旁的绿化带进行移植并将门前道路开通至主干道”的项目存在不同意见。多数M社区居民要求开通道路，有利于消防车、救护车及特种车辆的通行。也有部分社区居民担心道路开通后，影响其居住的宁静和安全，反对工程的实施。G组织议事会了解情况后，召集G组织志愿者们与居民自治小组成员一起向持有反对意见的M社区居民进行说服劝导，通过与M社区居民之间的多次沟通，得到了M社区居民的一致认可，道路工程得以顺利开展。（根据G组织资料整理而来）

通过对S市G组织参与M社区基层社会治理的调研发现，G组织的社区参与是一种较高层次的基层社区治理参与，也就是说G组织不仅仅作为环保公益活动执行者的身份出现，还参与一些社区层面的社区治理工作。G组织主动担当着社区邻里纠纷的调解人、和谐社区建设的代言人。换言之，G组织承担了基层政府行政助手的重要角色，强化了G组织与M社区居委会之间的紧密联结。正是由于G组织与M社区居委会之间的双重身份，使得M社区居委会可以汲取G组织的社会性资源，满足M社区居委会低碳社区建设的行政绩效合法性追求，实现M社区居委会行政性目标达成。

二、路径一：业绩包装与双重目标达成

自从党的十八大提出生态文明建设的战略部署以来，我国政府一直努力寻找解决环境治理问题的突破口，重点解决城市环境治理问题的薄弱环节，提出了许多新的环保生态理念与实践取向，加快推进生态文明建设进程。2016 年 12 月，习近平总书记对生态文明建设作出重要指示，明确提出，"生态文明建设是'五位一体'总体布局和'四个全面'战略布局的重要内容；要切实贯彻新发展理念，树立'绿水青山就是金山银山'的强烈意识；要深化生态文明体制改革，尽快把生态文明制度的'四梁八柱'建立起来，把生态文明建设纳入制度化、法治化轨道；要结合推进供给侧结构性改革，加快推动绿色、循环、低碳发展，形成节约资源、保护环境的生产生活方式。"

当前国家生态文明社区建设的现实要求决定了我国城市基层社区环境治理具有任务重、难度大的特点。社会组织由于发展历程较短，长期缺乏适宜的土壤和有利环境，客观上造成社会组织专业化技术能力水平欠缺，提供的社会多元公共服务有限，社会组织行动能力减弱。当前中国生态文明建设是"指标下压"型模式，其特征主要表现为：环境指标的压力型管理与动员型管理、环境指标的属地化管理与部门化管理、环境指标的下沉式管理与交易式管理。"指标下压"型模式主要受制于国家"发展主义"的理念，潜含着难以摆脱的运行张力，容易造成城市社区环境治理"需求紧迫、供给不足"的现象以及社区环境治理的实际需求与服务供给之间出现了某种"断裂"。因此，在地方政府环境治理权力下放的过程中，基层政府的社区生态文明建设需要社会组织来平衡基层政府部门在社区生态文明建设领域的有限能力。

（一）M 社区低碳社区建设案例

2014 年 4 月，M 社区"打造生态社区、共建宜居家园"生态社区项目正式启动。根据 S 市发改环资【2015】32 号文件，M 社区等

11个社区被列为S市首批低碳社区试点的创建单位。在M社区低碳社区建设的可行性报告中，建议M社区低碳社区的创建重点内容包括：(1) 积极发挥G组织团队的组织优势，进一步带动男性和出租户共同参与M社区的低碳社区建设；(2) 积极发挥M社区低碳展示和体验项目的示范效应，进一步完善低碳发展的可持续工作机制和成果推广机制。

从M社区低碳社区建设案例中可以看到，在M社区"S市低碳社区申报评选"活动中，由于M社区低碳社区建设的行政性任务与G组织城市生态社区建设的社会公益性任务高度一致，使得M社区在S市"低碳社区试点单位"的申报与评选过程中，成功地吸纳G组织环保公益社会活动相关业绩，从而申报并获得S市首批试点生态社区。

（二）汲取社会组织资源与双重目标达成

1. 汲取G组织的活动业绩

2014年，在M社区创新S市低碳社区试点实施方案的可行性分析报告中，这样写道：

M社区创建低碳社区硬件建设就包括G组织的创意工作室。M社区创建低碳社区软件建设包括：(1) G组织开展的低碳环保系列活动，包括：家庭可再生废弃物回收；废旧衣物回收再生城市资源；"家庭一平米小菜园"；家庭室内微绿地；家庭有机芽菜种植；厨余垃圾生物发酵无害化堆肥；物物交换，手手相牵——家庭闲置物品交换；利用居民捐赠编结物，为贫困地区孩子们编结爱心衣帽；(2) 强调了M社区与G组织的协同，其中包括北京万通公益基金会资金支持的"生态社区建设"项目。在总体思路中强调了依托G组织的环保公益社会活动，培育M社区居民环保生态意识，促进M社区居民良好的低碳生活理念；依托M社区居委会"六位一体"的基层社区治理模式和G组织团队骨干，探索和建立M社区

居民共同参与低碳社区发展的重要机制。(根据G组织资料整理而来)

2014年，M社区居委会申报S市低碳社区试点单位的申报材料中，这样写道：

M社区低碳社区建设创建内容主要包括：(1) 结合G组织环保志愿团队的核心骨干；(2) 依托环保公益志愿者活动，开展丰富多彩的低碳环保宣传公益活动；(3) 通过政府积极引导与G组织合作方式，评选10户“低碳环保优秀家庭”以及150户“低碳家庭”；(4) 联合L街道社区学校和G组织定期开展“物物交换”的环保公益活动；(5) 定期开展“废弃物回收”“厨余垃圾回收”等环保公益活动，持续引导M社区居民树立环保公益的低碳意识；(6) 政府倡导，联合L街道社区学校和G组织，发放可重复使用的旅行餐具，减少一次性物品利用；(7) 以G组织环保公益志愿者为主要力量，带动M社区党员、楼组长、群众组织的公益志愿者，促进“低碳生活”的环保公益志愿者活动的顺利推进。在保障措施上，强调了建立政府财政支持、社会组织协同的资金筹措方式，保障资金用于低碳社区创建。(根据G组织资料整理而来)

从上述资料中可以看到，在M社区申报S市低碳社区试点的材料以及政府的可行性分析报告中，都强调性地指出M社区居委会能够将M社区低碳社区建设任务与G组织的城市生态社区建设任务进行有机结合，使得M社区居委会能够顺利获评S市低碳社区试点单位。换言之，正是由于G组织与M社区居委会的双重身份，导致M社区居委会在生态社区申报评选过程中成功吸纳了G组织的环保公益社会活动业绩，使得M社区被评为S市首批生态社区示范社区。

2016年9月，在M社区创建S市低碳社区自评报告中写道：

2016年，M社区居委会创建S市低碳社区建设项目主要包括：厨余垃圾减量；供水水泵改造；绿色照明；充电桩安装；节约用水；宣传培训、主题实践活动六大项目。其中，关于宣传培训与主题实践活动项目主要包括："低碳环保家庭"培育及评选活动；"G组织牵手系列"低碳实践活动；G组织"俭以养德"中华文化传统系列培训。其中项目预算70万元，关于宣传培训与主题实践活动项目10万元。M社区开展了"最美之回收达人、种植能手、公益巧匠、家庭明星"评比表彰活动和"低碳环保家庭"培育评选活动。"菜园坊"网络学习平台、"家庭一平米小菜园""环保工艺制作""环保酵素制作"等培训课程，丰富了低碳社区建设的宣传培训内容和形式，促进了低碳社区建设的公众参与。我们通过连续不断的"物物交换，手手相牵"家庭闲置物品交换活动、废弃塑料回收减量活动、环保餐具和家庭有机芽菜种子及物品奖励等活动，引导居民树立垃圾分类和节约资源的意识。我们还增设了环保"酵素坊"项目，组织小区环保家庭开展餐前与餐后厨余垃圾变为"环保酵素"的制作培训。G组织联合驻地中学，以"微生态·常对话，小空间·大循环"为题，开展了基于"家庭一平米小菜园"生态教育实验项目，组织全校学生及家庭运用土壤生物活性改良的手段，观察城市社区水土生态变化，引导M社区居民与青少年群体关注家庭"微生态"环境。利用"垃圾减量回收卡"，每月回收一次清洁的利乐包等食品软硬外包装，用"数字化"管理方式来计算M社区居民家庭垃圾减量回收情况，从而减少M社区居民家庭垃圾废弃量。（根据G组织资料整理而来）

从上述资料可以看出，2016年，M社区居委会在S市低碳社区试点的自评报告中，也强化了M社区生态社区项目与G组织环保公益项目的有机结合，使得M社区居委会能够顺利推进S市低碳社区试点创建工作。M社区居委会也是通过G组织的环保公益活动成功申请到项目资金支持。正是由于G组织与M社区居委会的双重身份，M社区居委会把M社区的低碳社区建设与G组织环保公益志愿者活动有机结合，使得M社区居委会成功申请到S市低碳社区项目经费。换言之，由于G组织与M社区居委会的双重身份，使得M社区居委会在低碳社区的自评报告中成功汲取了G组织的环保公益社会活动业绩，使得M社区居委会能够顺利推进S市首批生态社区示范社区建设。

2016年11月，在S市首批低碳（试点）社区创建验收申请表中，这样写道：

> M社区低碳社区创建的相关措施包括：积极与相关公益环保组织合作共建，引导居民参与创建；加强G组织低碳志愿者团队建设；联合L街道社区学校与G组织以及M社区青少年群体，定期开展“家庭闲置物品交换”的公益活动；成立G组织行动联盟，将低碳环保的公益行动拓展到本社区18个居委；积极发挥G组织团队的组织优势，进一步带动M社区男性和出租户共同参与低碳社区建设；建立“低碳生活”及“菜园坊”网络平台及知识系统，开展低碳社区创建环保宣传活动；组织开展“低碳家庭”“低碳环保优秀家庭”评选；运营维护“垃圾减量智能平台”，进一步扩大废弃回收物品的种类，并通过“数据化”管理模式统计M社区居民家庭废物回收情况；定期开展“家庭废弃物回收”与“厨余垃圾回收”等环保公益活动。（根据G组织资料整理而来）

从上述资料可以看出，2016年，在M社区居委会创建S市低碳社区项目的创建验收报告中，就包括了G组织的环保宣传培训与主题实践活动。M社区居委会也是通过将M社区低碳社区建设任务与G组织环保公益社会活动进行了有机结合，使得M社区居委会能够顺利完成S市低碳社区试点创建工作。换言之，正是由于G组织与M社区居委会的双重身份，M社区低碳社区试点验收工作与G组织的环保公益志愿者活动业绩进行了有机结合，使得M社区居委会能够有效完成S市首批低碳社区示范社区建设。

总而言之，在M社区居委会申报、评选、推进与验收M社区低碳社区建设的活动过程中，M社区居委会能够把M社区低碳社区建设的行政性任务与G组织城市生态社区建设的社会性任务进行有机结合，使得M社区居委会能够成功获得S市首批低碳社区试点单位，实现M社区低碳社区建设的行政性目标达成。

2. 汲取G组织项目资源

2014年，在G组织与北京市万通基金会合作的城市生态社区项目建设中，项目长期目标是建立两个社区可持续工作的公益志愿者团队。其中一个就是M社区。创建内容主要包括：(1) 建立M社区可持续工作“公益志愿者服务队”，持续每月一次社区生活低价值废弃物资源集中回收工作；(2) 建立M社区集中“家庭厨房垃圾”堆肥房；(3) 建立M社区“芽菜有机种植基地”；(4) 建立M社区居民“芽菜种植指导工作室”；(5) 建立M社区生态特色楼门共6个。每个楼门80%住户参与社区垃圾减量、芽菜种植、节水、节电、环境教育大课堂活动。争取通过M社区基层社区试点，得到政府的项目支持。与万通基金会城市生态社区项目合作中，万通基金会给予G组织资金支持、项目理念支持、能力建设培训（每年两期的合作伙伴能力建设培训：包含项目管理、财务管理、素材收集、项目传播、拍照技巧等）、生态社区网络平台外出交流小额资金支持（每年4家，每家5000元），还有居委会论坛参与协助举办等。(根据G组织资料整理而来)

北京市万通基金会《项目财务管理实施细则》中明确作出了规定，“项目资金的管理和使用，必须符合国家有关财政、财务制度和本办法的规定，专款专用，任何机构和个人不得截留、挤占和挪用。”除了项目支持费用外，项目直接投入不得用于以下用途：购买电脑、桌椅等用于办公或学习用途的硬件设备；支付各种罚款、捐款、赞助、投资等各项支出；非直接产生项目产出或达到项目目标的技术设备或设施；国家规定禁止列入的其他支出（根据北京万通基金会资料整理而来）。

> 我们以前不会做项目，正是与基金会的合作，我们才学会如何做项目。基金会项目是有严格的要求的，专款专用，每一笔钱都要有明细，他们的项目也要进行项目评估，就是他们从北京过来我们领他们去现场考察。他们有项目进度表，还有资金使用账户系统，操作起来可复杂啦。（根据 G 组织 C 老师访谈资料整理，2016 年 11 月）

从上述访谈资料可以看出，北京万通基金会给予了 M 社区项目资金支持。万通基金会项目资金的专款专用有利于 M 社区的低碳社区建设，使得 M 社区居委会能够有效汲取 G 组织城市生态社区建设项目资金，培育 M 社区环保公益志愿者服务队，完成基层政府转移的低碳社区建设的行政性任务。

总而言之，M 社区在申报、推进与验收低碳社区建设的活动过程中，由于 M 社区低碳社区建设的行政性任务与 G 组织城市生态社区建设的社会公益性任务之间具有高度相关性，环保生态社区建设本身不仅符合 G 组织的环保公益社会性任务，也符合 M 社区低碳社区建设的行政性任务，使得 M 社区居委会能够有效汲取 G 组织的社会资源，包括 G 组织环保公益项目资金以及 G 组织的环保公益志愿者活动业绩，将 M 社区的低碳社区建设的行政性任务与 G 组织环保公益活动业绩进行包装，不仅实现了 M 社区居委会的行政性目标达成，获评 S 市首批试点生态社区，也使得 G 组织能够顺利推进城市生态社区环保公益项目进程，提供多元环保公共服务满足 M 社区居民多元社会利益需求，提升 G 组织环保专业技术能力与社会影响力，拓宽组织生存与发展空间，完成 G 组织城市生态社区建设的社会公益性任务，从而实现了具有双重身份的社区社会组织行政性目标与社会性目标双重目标达成。

三、路径二：活动设计+业绩包装与双重目标达成

基层党建是中国执政党在基层社会的根基，基层党建是中国城市基层社区建设与社区治理的特色内容。中国执政党发展基层党建实质就是党组织不

断向基层社会渗透以及基层党组织体系对基层政权的掌握与对基层社会的再组织。基层党组织结构“科层化”的特征，体现了党的工作原则与地区原则的复合，使得社区党组织能够在行政管理体制与公共政策执行过程中发挥积极的政治引领作用，也能充分发挥基层社区党组织维护执政党社会群众基础与政治联结的重要功能（李友梅等，2011）。基层党建影响到基层政党政权建设与社区的稳定和谐，影响到社区党群关系与政党的执政基础；影响到城市社区治理体制转型与政府社区治理水平提升。基层党组织具有丰富的组织资源与人力资源，是协调与整合基层社区资源的主要力量，能够成为基层社区发展的重要引领力量，实现基层社区资源从“弥散”状态到“整合”状态的改变。基层党建作为执政党在城市社区基层组织体系的重要纽带，能够起到凝聚社会、引领社会与整合社会的重要作用。

S市X区L街道M社区位于S市城市西南，建立于20世纪90年代，一共有3个自然社区，共有2369户家庭、6500名居民，主要以动拆迁安置居民为主，M社区规模大，基础设施比较陈旧，人员结构比较复杂，社区居民利益需求多元化。M社区党组织下设6个党支部，在册党员219名。M社区中的党员占居民之比约3.4%，党员们平均年龄64岁。M社区80%的党员成为G组织的参与者和志愿者。在G组织的墙上挂着一个非常显眼的“党员之家”布告牌，上面清晰地显示了党员的三个重要功能：政治引领、教育管理与联系服务的功能。政治引领强调的是要不断强化居民社区党组织的战斗堡垒作用，引导党员增强政治意识、大局意识、核心意识、看齐意识，团结带领群众坚定不移跟党走，领导社区居民自治组织拓展协商民主途径，发挥居民社区党组织的党建引领作用。教育管理强调的是通过“三会一课”的方式引导党员进一步加强党员党性观念，坚定政治理想信念，树立先锋模范带头作用。要不断适应新形势的变化，做好党员先进性教育管理与发展基层党员工作，加强党员行为规范的培育和教育，在社区依法守规，带头遵纪。联系服务强调的是要加强服务型党组织建设。要强化服务意识，健全服务体系，创新服务载体，构建服务格局。要积极引导党员开展互帮互学互助，不断提高服务民生、服务群众、服务党员的能力，努力实现居民社区党建工作的科学化、规范化与制度化，确保社区平安、和谐与稳定。

（一）M社区基层党建案例

M社区党组织一直被评为S市X区的先进基层党组织。2014年9月，M社区党组织获得“党员到社区、人人做公益”的志愿者活动推荐项目。M社区党组织充分调动党员群体的积极性与能动性，使得党员成为社会公益活动的重要引领人与中坚力量。随着G组织环保公益项目的拓展与深入，M社区党组织以G组织环保公益项目推广活动为平台，实现了M社区党员做环保公益的价值延伸。M社区党组织积极探索党建引领下的社区居民自治，注重发挥党组织在价值引领、组织动员、统筹协调等方面的主导作用，定期推出党员“微公益”环保系列项目，吸引M社区党员志愿者参与社区环保公益志愿者活动，实现了M社区基层党建的行政性目标，进而实现G组织承接M社区基层党建的行政性目标与G组织城市生态社区建设的公益社会性目标的双重目标达成。

从M社区基层党建案例中可以看到，M社区在完成基层政府要求的基层党建行政性任务过程中，会把两个原本相关程度不高的基层社区党建行政性任务与社会组织城市生态社区建设的社会性任务进行有机结合，通过汲取社会组织环保公益项目的社会资源，采用“党员+环保”活动设计，利用“积分兑换”激励机制，动员更多社区党员与社区居民积极参与到社会组织的环保公益志愿者活动中，不仅符合M社区居委会基层党建的行政性任务，也符合G组织环保公益社会性任务，使得M社区党组织能够得到L街道与S市X区上级政府的认可与信任，多次获得基层社区先进党组织建设殊荣。与此同时，G组织也能够通过M社区居委会党建环保公益活动，顺利推进G组织的城市生态社区建设进程，实现M社区居委会基层党建的行政性目标与G组织城市生态社区建设公益社会性目标的双重目标达成。

（二）“党建+环保”活动设计

M社区党组织充分发挥党员的先锋模范作用，调动广大社区党员群体的积极性与能动性，使得M社区党员成为G组织环保公益活动的重要引领人与中坚力量。其中，“家庭一平米小菜园”项目活动有志愿者15人，其中党员占6人。爱心编织社起初就是由两位党员志愿者发起的，他们积极带头垂范，还力推了三个普通居民做负责人。M社区党组织有效利用“主妇带动家庭、家庭带动楼组、楼组带动小区”的辐射原理，有意识地推荐社区群文团队的党员负责人担任召集人，在“家庭一平米小菜园”志愿团队召集人中有“老年读报组”的组长，在“爱心编织社”召集人中有小区老龄协会的组长，这些组长很多都是群众认可、踏实肯干的党员骨干。这些党员骨干积极为G组织发展把握方向、议定目标与讨论项目。积极参加G组织的各类社会公益活动的党员中年龄最小的57岁，年龄最大的85岁。（根据G组织S老师访谈资料整理，2016年11月）

M社区党组织加强基层社区党建，推动M社区党员积极参与社区的环保公益活动。M社区党组织开展基层党建活动的主要做法有：（1）做好“加”法，构建邻里友情。2013年，M社区党组织获得“L生态家”两期项目资金支持，新建了350平方米绿色种植体验基地，M社区居民既可以获取免费番茄、辣椒等一些有机蔬菜种子，还有社区志愿者们义务手把手地辅导如何种植。M社区党组织连续举办了两届邻里节冷餐会，吸引了近百位社区爱好种植者参与，社区居民之间相互交换种植心得、分享丰收果实。（2）做好“减”法，化解居民诉求。在M社区党组织的领导下，G组织议事会召开40余次，成功解决了M社区“机动车停放”“文明养宠”等十余项基层社区公共事务。在M社区党组织引领下，通过G组织各类公益志愿者活动的平台，M社区将基层党建工作与基层社区环境治理工作有机结合起来，党员志愿者的先锋模范作用得到有效发挥，社区环境治理力量与资源动员能力不断增强，M社区也从原来的“生人”社区走向“熟人”与“亲人”社区，“生活共同体”正

转为更加紧密相连的“情感共同体”。(根据G组织S老师访谈资料整理,2016年11月)

2016年,L街道开展的“两学一做”学习教育的实施方案中,L街道社区党校“两学一做”课程就包括G组织的“节约养德——G组织教您变废为宝”的课程。2016年,在M社区党组织党建工作月度进展情况进度表中,M社区党组织党建工作的重点与特色之一就是稳步推进M社区G组织团队的建设。M社区基层党建的重要工作内容包括:(1) G组织每周一两次的“家庭一平米小菜园”培训,学员大多数是L街道多个社区的居民;(2) 大约每周有20—30名党员群众参与M社区每周四的“清洁家园”活动;(3) 参与G组织其他的环保公益志愿者活动。(根据G组织C老师访谈资料整理,2016年11月)

2016年的基层党建联建活动中,G组织也发挥了重要的推动作用。G组织将社会组织的环保公益志愿者活动与M社区基层党建联建活动相结合,通过开展各种“党建联建”环保公益活动,走一条“环保项目化”的党员培育道路,带动社区党员干部积极参与环保公益志愿者活动,提升居民的社区参与能力和参与水平,引领社区居民自治。2016年,M社区与S市、X区、L街道等16家单位的“基层党建共建”公益活动都是基于G组织环保公益活动平台,都是由G组织来设计并完成的。(根据G组织C老师访谈资料整理,2017年3月)

2017年,G组织承接了L街道党建的“公益你我他”项目,即“助力L党员,享受公益快乐——2017年党员汇公益项目”。根据L街道提出项目发展要求,计划在2017年推进广大党员带头加入社会公益活动中,利用自我的优势继续深入开展以“节俭美德、节能环保、创意奉献”为主题的环保公益文化。“党员汇公益”项目希望能够积极倡导党员的公益服务精神，大力弘扬助人为乐的美德，努力营造“社区党员公益”的良好氛围，要以“服务社区党员发展进步，服务社区党员需要”为宗旨，不断拓展党员做环保公益的领域。2017年，G组织总共完成6个“党员汇公益”项目：(1)“新老党员手拉手，互尊互爱促和谐”项目。活动主要让L街道每个社区党支部负责人、新晋党员、预备党员量身定做一场易学易做的创意饮食、吃出健康的活动。主要活动包括营养健康食物搭配技巧学习以及绿色水饺DIY。(2)“党员家庭绿水行，美化L大家庭”的徒步活动项目。主要以贯彻党的十八大精神为指导，以敬业奉献、关爱服务为主题，以凝聚党员、凝聚群众、凝聚社会、构建和谐凌云为目标，围绕L街道地区，开展垃圾分类，寻找周边居民行为真善美的图集为主。让党员徒步清洁路上的垃圾、违章街头广告，并要选择突出个人小组进行表彰。(3)“党员引领社区公益市集活动”项目。通过“物物交换与图书漂流”的形式，召集党员将家中闲置的物品和书籍拿出来进行交换，让家中闲置的物品变废为宝。通过开展变废为宝手工制作活动、芽菜种植活动、爱心毛衣编织活动、环保酵素制作活动以及环保酵素肥皂制作活动吸引广大党员积极参与；(4)党员“爱心编织，奉献爱心”活动项目。让爱心编织社志愿者现场指导社区党员如何编织简单易学的围巾；(5)党员教师开展“蔬菜插花”活动项目；(6)母亲节年轻党员“三八红旗手”艺术拍照活动项目。(根据G组织C老师访谈资料整理，2017年11月)

从上述访谈资料可以看出，G组织具有设计与承接基层政府“党员环保公益”活动的能力水平。G组织承接基层政府的基层党建项目，会把承接L街道基层党建行政性任务与G组织环保公益活动相结合，通过设计党员“家庭一平米小菜园”、党员清洁家园、爱心编织、环保酵素学习制作、变废为宝等“党员+环保”社会公益活动，使得基层政府的基层党建行政性任务与G组织环保公益志愿者活动相结合。

我们组织承接基层政府的党建项目是有优势的，我们正好有契机，我们是低碳小区示范点，等评审完了，我们就标准了，我们是有资格的。我们一直想做党建活动。我觉得我们组织未来最大的优势就是承接基层政府的党建项目。其他环保组织肯定比不过我们的。我们的强项就是我们组织有很好的党建硬件与软件建设，我们跟街道、居委会有非常密切的联系，我们肯定能做好这个党建项目。那么如何搞党建呢？党员做公益，可以关注社会公共事务，比如环保啊、慈善啊，街道是比较喜欢的。我们来设计每两个月的环保公益活动，只要社区内的党员参与就好。我们要设计党建活动，我们要主动做这个事情。我们社区的党员要学会做环保，学会做公益。（根据G组织C老师访谈资料整理，2016年11月）

从上述访谈资料可以看出，G组织强烈渴望能够承接基层社区的党建项目，而且G组织也具有承接基层政府的社区党建项目的专业化技术能力。换言之，G组织开展各种“党建+环保”的公益志愿者活动，不仅仅能够满足基层政府要求的基层党建行政性目标，也符合G组织环保公益的社会性目标。

M社区党组织通过“党建+环保”的公益志愿者活动，动员或激励更多M社区党员参与到G组织的环保公益志愿者活动中，可以充分利用党员资源有效开展环保公益志愿者活动，拉近M社区党组织与M社区居民之间的关系，使得M社区党组织可以真实地了解到M社区居民的利益需求，使得M社区党组织逐渐得到M社区居民的认可与信任，提升M社区党组织的社会影响力和社会公信力，使得M社区党组织能够得到上级政府的认可与信任，获得基层党组织各项殊荣。换言之，M社区党组织完成基层政府转移的社区党建行政性任务过程中，通过有效汲取G组织的环保公益志愿者活动，把M

社区基层党建的行政性任务与G组织城市生态社区建设的公益社会性任务相结合，使得M社区党组织通过开展“党员做环保”的社会公益活动，积极培育与发展基层社区党员，顺利推进基层社区党员建设进程，从而实现M社区承接基层党建的行政性目标达成。

（三）汲取社会组织资源与双重目标达成

现代社会，组织之间相互依赖的程度越来越紧密，组织网络中单个组织间的边界变得模糊。林德布罗姆认为，应该考察所有政治-经济制度都使用的社会控制的要素机制，打通政治与市场、社会中政治-经济制度间的壁垒，这种要素机制是交换、权威与说服。随着市场经济体制改革的深入发展，基层党组织动员社会资源的能力主要包括提供各类服务、搭建资源交换平台以及柔性策略的运用。执政党通过建构福利渗透、培养积极分子网络的策略动员模式，使得执政党迅速渗透到复杂的城市基层社会中。基层党组织权威的来源是非强制性的，是建立在福利渗透能力基础上的。基层党组织福利供给大多数时候表现为提供资源交换平台，而不是直接生产福利。福利供给使得基层党组织获得的是一种道德支持与信任。基层党组织以非强制性的、道德支持的方式获得的社会支持与社会参与，表现出超越“工具主义”的价值关怀。因此，可以把用于交换的资源看成是一种“柔性资源”。基层党组织对“柔性资源”的获取和使用，充分体现了执政党在市场改革中的组织演化逻辑（李友梅等，2011：287-288）。

通过对S市G组织调研发现，自2015年G组织“绿色循环超市”创建以来，目前已经包括了20余种绿色循环兑换商品。主要是由爱心编织衣物、环保手工艺品、环保酵素、芽菜种植等以及企业捐赠物品为主，按照公益指导价格（1元=10零废弃积分），一年两次用卡里的积分兑换相应的物品。绿色循环超市由G组织志愿者负责运行与管理。2015年，M社区累计700余户居民使用“垃圾减量积分卡”，在超市换取环保商品1100件，聚集1000多位社区居民参与活动。G组织本着“志愿爱心无价，物有价”的原则，旨在通过“绿色循环超市”，鼓励参与垃圾减量回收的家庭，充分利用自己的家庭积分兑换物品，让志愿者的志愿精神与爱心有所回报，让参与的家庭参与精神与坚持有价值与意义，最终形成G组织志愿者队伍的志愿精神与爱心的循环利用，提升G组织志愿者参与项目自治，并带动更多的社区居民参与到G组织的志愿者队伍中来，有助于G组织志愿者队伍的可持续发展，在更大更广范围内引领社区居民的低碳、节能、资源再利用的生活意愿与社区行动，从而促成生态社区、生态街道与社区治理“三位一体”的建设。（根据G组织资料整理而来）

问：党员如何做公益，怎么做？

答：党员做公益，一定要有积分系统，我们可以设计一个针对党员群体的垃圾减量积分系统，让社区党员参与公益活动也有一定的回报。光让这些党员来参与活动，不给小礼物，没有回报，谁肯来啊？如果有了积分系统，他们就有兴趣参加。我们的小礼物还是不错的。（根据G组织C老师访谈资料整理，2016年11月）

从上述访谈资料可以看出，G组织希望能够通过建立针对社区党员群体的“垃圾减量的积分系统”，通过“积分兑换”这样一种类似市场化的激励机制，激励更多的社区党员群体积极参与到G组织的垃圾减量回收等环保公益志愿者活动中，从而更好地完成G组织承接的基层政府社区党员建设的行政性任务。

问：你们是如何帮助居委会搞党建的？

答：我们和居委会是合作关系，我们一直是合作搞活动的。现在我们帮助居委会搞活动，搞党建，都是免费的。我们搞社区党建等活动是没有钱的，街道不给钱的。搞活动是没有经费的，经费是要申请的。我们在社区开展志愿者活动，就是帮居委会一些社区党建建设活动。我们的C老师、G老师都是居委会的干部，我们的S书记还是居委会的领导。我们与居委会一起来搞社区党建建设，就是为了搞好社区环境，为了把宣传面扩大，让更多的社区跟着我们一起做环保。我们是环保理念的重要传播者，我们是公益的，我们不图钱的。（根据G组织W老师访谈资料整理而来，2017年3月）

从上述访谈资料可以看出，G组织会积极帮助M社区搞一些环保公益的基层社区党建活动，不仅仅在于推进M社区的城市生态社区建设，改善M社区的自然生态环境，提升M社区居民的自治能力与自治水平，更重要的是在于提升G组织环保公益理念的宣传与推广。

对于M社区而言，M社区积极开展党建环保公益活动，就是依托G组织开展的环保公益社会活动，充分调动M社区离退休党员、在职党员以及入党积极分子，积极参与到M社区环保公益志愿者活动中，不仅可以加深新老党员之间的交流与互动，起到凝聚党员的重要作用，还可以提升M社区广大党员群体积极实践社会公益的生活理念，通过党员先锋模范作用，实现执政党对党员群体以及基层社区生活的“再组织化”，进而实现执政党对基层社区的社会整合。执政党的社会功能决定了M社区基层党建行政性任务与G组织环保公益志愿者活动之间是可以相互融合与相互促进的。M社区党组织充分动员社区内党建资源，积极参与到G组织的环保公益志愿者活动中，可以增强M社区党员以及社区居民对M社区党组织的社会认同感与社会信任水平，逐步拉近M社区基层党组织与M社区居民之间的关系，使得有着共同利益诉求、彼此平等的M社区居民能够集聚在一起，提供集体性解决M社区环境治理的办法与措施，形成以政党组织优势为依托的“互联、互补、互通”的基层社区发展模式，从而扩大M社区党组织在社区的影响力与控制力，有利于巩固政党的执政基础。M社区党组织通过G组织“党员做环保”的社会公益志愿者活动，可以有效降低动员风险与动员成本，使得国家权力的控制方式更加隐性化和柔性化，使得M社区党组织能够多次获得S市先进基层党组织的光荣称号。

对于G组织而言，G组织通过开展各种党建环保公益活动，把M社区基层党建的行政性任务吸纳到G组织的环保公益志愿者活动中，充分动员M社区居委的党建资源，积极参与G组织的环保公益活动，使得G组织在M社区广大党员心中树立良好形象，提升G组织在M社区党员群体中的社会影响力与社会公信力。G组织承接M社区居委会“党建+环保”社会公益项目，能够有效动员到更多的党员群体以及志愿者参与G组织的环保公益活动，顺利推进G组织的环保公益志愿者活动有序开展，使得G组织的环保公益志愿者活动能够得到社区党员以及更多居民的支持与认可，使得G组织的“社会本位”价值取向得到充分体现。

总而言之，M社区在完成基层党建的行政性任务过程中，由于G组织城市生态社区建设的环保公益社会性任务与M社区基层党建的行政性任务并不具有高度相关性，M社区党组织为了能够完成基层政府要求的基层党建行政性任务，将M社区基层党建的行政性任务与G组织的环保公益社会性任务进行“党建+环保”活动设计，通过党员“环保公益化”的发展道路，把M社区党员建设与垃圾减量、变废为宝、净物回收、爱心编织等环保公益活动相结合，利用“积分兑换”这种类似市场化激励机制，动员更多社区党员与社区居民参与到基层党建的环保公益活动中。M社区将基层党建的行政性工作与G组织环保公益社会性任务进行活动设计与业绩包装，不仅可以满足M社区居委会基层党建的行政绩效追求，使得M社区党组织多次获得S市先进基层党组织的称号，还可以满足G组织环保公益的社会性需求，推动G组织环保公益活动的顺利开展，实现M社区居委会基层党建行政性目标与G组织社会公益性目标的双重目标达成。换言之，正是由于G组织与M社区居委会的双重身份，M社区居委会在完成基层党建行政性任务过程中，由于社区基层党建项目本身并不符合G组织环保公益社会性任务，M社区党组织通过汲取G组织的社会资源，将M社区基层党建行政性任务与G组织环保公益社会性进行活动设计与业绩包装，从而实现M社区居委会的基层党建的行政性目标与G组织城市生态社区建设的环保公益社会性目标的双重目标达成。

四、路径三：放弃包装与行政性目标达成

（一）社区社会组织行政性任务

在微观制度环境的制约与限制下，作为由M社区自身孵化出来的社区社

会组织，G组织是提升基层政府行政能力而存在的社会组织，而不是与基层政府对抗关系的一种潜在社会力量。G组织希望以一种政府承认的、合乎情理的方式按照基层政府赋予的价值目的来开展各项环保公益社会活动，运用“合法性”来巩固与维持组织自身的生存与发展。换言之，在政府具有强势地位的制度环境下，G组织通过承接基层政府转移的公共事务性工作，与基层政府对G组织的角色期望相一致，能够获得G组织的合法性资源，拓宽组织的生存与发展空间。G组织的角色扮演符合基层政府“行政助手”的角色期待，是G组织自觉的行动策略选择。G组织完成基层政府要求的日常行政性任务主要有三项内容：参观接待、文书写作、参与各种公益展示活动。

> 我自己也是居委会的工作人员，我们是居委会的“亲儿子”。我们跟居委会的关系很强，这是我们组织的特色。我们组织的居民动员能力很强。由于我们是双重身份，导致了我们的事情特别多，不仅居委会的事情要做，街道安排的事情也要做，社区居民的事情也要做。我们有什么办法呢？作为居委会的社工，街道层面的任务必须要完成，因为这是我们自己的本职工作啊，不完成工作，谁给发工资啊？不管是参观接待啊、写新闻稿子啊、各种展示活动啊、免费的展示活动啊，我们肯定是要尽自己的能力把事情做好。我们必须把这些事情做好，加班加点都没有关系的，经常生病了我们也要坚持的。我们的压力很大的，我们没有办法啊，不能不做啊。我们做的工作都是社区生态和谐建设，也要达到邻里关系和谐啊、家庭关系和睦啊、社区和谐啊。我们的参观接待、写稿子啊，参与各种免费的公益展示活动啊，很费时费力，经常是我们大家利用自己休息的时间来做。我们基本上是拿着街道社工的工资，做的是其他社工三到四倍的工作量。我们的任务很重，我们太忙啦，我们经常没有周末的，干不完啊，事情太多了。好多展示活动都是安排在周末和假期，你能怎么办呢？只能干啊。（根据G组织C老师访谈资料整理，2016年11月）

从上述访谈资料可以看出，G组织作为M社区孵化出来的社会组织，其主要工作人员都是M社区居委会的专业社会工作人员，导致了G组织的日常工作中要努力完成基层政府要求的参观接待、文书写作以及公益展示活动的日常行政性任务。这些日常行政性任务虽然是与生态环保相关，目的也是为了推进社区和谐建设，构建邻里和谐、家庭和睦的社区环境。但是G组织完成的参观接待等日常行政性任务与M社区居民的社会利益需求无关，G组织完成参观接待的行政性工作强化了G组织作为基层政府“行政助手”的重要职能，使得G组织承担了更多基层政府转移的公共事务性工作，提升了基层政府提供的公共服务或公共产品的服务质量与服务效率。

目前，G组织已经形成一个社会公益项目品牌，每年大概有6万人次参观。从2012年1月—2016年8月，G组织总共接待上级领导及各界人士考察交流872次。L街道给G组织带来了大量的参观、接待以及宣传，这种无形资源给予了G组织丰厚的奖项与各种潜在的社会资源。（根据G组织资料整理而来）

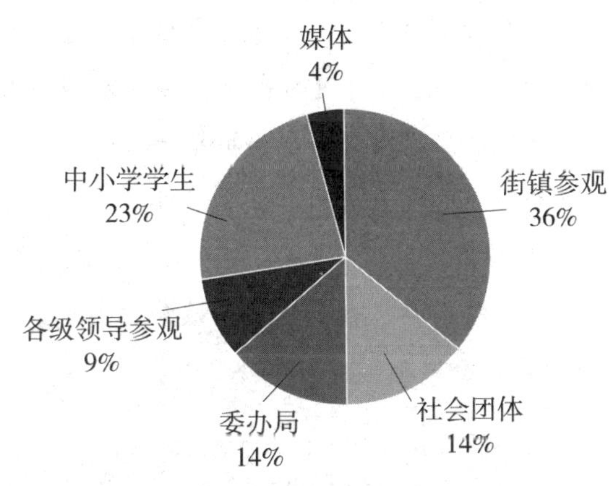

图4-1　2015年G组织参观接待情况图

2015年，G组织总共接待各项参观任务220次，其中，接待中小学生50次，上级各级领导参观20次，各级媒体20次，各种委办局30次，社会团体

30次，街镇参观80次。从图4-1中可以看到，2015年，G组织近四成的参观接待任务是来自接待街道与乡镇层面的参观任务。这意味着G组织承接的大部分参观接待的日常行政性任务都是与G组织在推动社区生态文明建设、低碳社区建设以及和谐社区建设，提升社区居民自治能力的提升的重要推动作用是分不开的，是与基层政府推动和谐社区建设的行政性任务紧密相连的。

> 现在基本上街道、区政府层面的展示活动都是免费的，经常要求我们免费去做，而且是没有任何收入的，连最起码个人的车马费都没有的。街道经常让我们去参加一些展示活动，要求我们做一个公益展示活动，要做好公益奉献。人工费没有，材料费没有，车马费也没有，我们都是自己掏腰包的，这些活动是每年每月都非常多的。政府要求我们去展示，主要是以公益的形式去捐赠，去宣传环保理念，展示给社会大众。今天我们G老师搞的芽菜展示活动就是免费的，是区政府要求我们去做的，而且在一个很偏远的地方，开车还要1个小时，来回就要2个小时。我们G老师还要利用自己中午吃饭休息的时间赶过去，下午还要赶回来。材料费、人工费都没有，也没有报销渠道的。现在政府条条框框的事情太多了，街道政府方面没有口子给报销这些费用的。每年这样的活动太多了，基本上每个月都会搞这些免费的政府公益展示活动，我们有什么办法呢？这就是我们的奉献精神，我们是要给政府作奉献的。（根据G组织W老师访谈资料整理而来，2017年3月）

从上述访谈资料可以看出，G组织承接了大量地方政府与基层政府转移的环保公益展示活动，而且这些免费的环保公益展示活动主要提倡G组织的一种社会“奉献”精神。由于G组织与M社区居委会的双重身份，使得G组织要完成基层政府转移的各种环保公益展示活动。尽管这些公益免费展示活动与社区居民的社会利益需求无关，但是这些公益展示活动却符合基层政府的行政性诉求。换言之，G组织努力完成政府转移的公益展示活动的行政性工作，强化了G组织作为基层政府行政助手的重要角色。

（二）组织承接老龄工作案例

我们现在的活很多都是在配合政府的工作，我们的角色都被政府给“绑架”了。政府希望我们干他们的活，我们能怎么办，我们就干呗。你要不干，政府可不答应的。比如前一段让我们搞的老龄的活，让我们搞夕阳红关爱活动，让我们拍拍照什么的，他们只要结果不要过程的，他们只看结果。这些本来不是该由我们干的，但是街道让我们来干，我们能有什么办法？我们只能干啊。谁让政府是“老大”呢。我们不干是不行的。那我们怎么办啊？我们只能自己加班干呗。那几天每天工作到很晚，周六周日都在加班，没有办法啊。我们很辛苦的。不过我们自己辛苦一点没有关系，只要政府能看到我们的努力，说不定以后政府就会支持我们，等我们将来困难的时候，政府说不定关键时候就会帮我们一把的。（根据G组织C老师访谈资料整理，2016年11月）

从上述访谈资料可以看出，G组织承接基层政府转移的老龄工作的行政性任务与G组织城市生态社区建设的社会性任务并不具有相关性，老龄工作的行政性任务也不满足M社区居民的社会公共利益需求，但是G组织还是努力完成基层政府转移的与G组织环保公益社会性业务不太相关的老龄工作。正是由于G组织与M社区居委会之间的双重身份，使得G组织作为基层政府的“行政助手”，努力完成基层政府转移的老龄工作，从而进一步强化了G组织与M社区居委会、L街道之间的“强关系”纽带，提升了基层政府提供的社会公共服务质量与服务水平。换言之，G组织在完成承接基层政府老龄工作的行政性任务过程中，由于老龄工作本身并不符合社会组织环保公益社会性任务，使得G组织无法把老龄工作的行政性任务与社区社会组织的城市生态建设的社会性任务相联结，导致G组织放弃对承接基层政府老龄工作的行政性任务进行活动设计与业绩包装，从而仅仅实现了社区社会组织的行政性目标达成。

（三）本章小结

G组织是一个具有行政官僚化的社区社会组织，G组织行政官僚化特征主要表现为：一是G组织社会组织的角色认知偏向于基层政府；二是G组织与M社区居委会是“两位一体”的双重身份。G组织的行政官僚化发展特征导致了G组织努力完成承接基层政府的日常行政事务性工作，努力做好参观接待、文书写作以及公益展示活动的行政事务性工作，实现社会组织的行政性目标达成。在“碎片化”的微观制度环境制约或约束下，具有双重身份的社区社会组织根据承接基层政府行政性任务与组织城市生态社区建设社会性任务的相关程度差异，采取三种不同的行为路径实现社区社会组织的行政性目标达成。M社区低碳社区建设案例表明，由于M社区低碳社区建设与G组织城市生态社区建设之间具有高度相关性，使得M社区在完成低碳社区建设的行政性任务过程中，可以有效汲取G组织的活动业绩与项目资金来实现M社区低碳社区建设，通过对G组织环保公益活动业绩包装，从而实现M社区低碳社区建设行政性目标达成。M社区基层党建案例表明，由于M社区基层党建行政性任务与G组织城市生态社区建设的社会性任务之间并不具有高度相关性，G组织通过采取“党建+环保”的活动设计，利用“积分兑换”的激励机制，鼓励更多社区党员参与到G组织的环保公益社会活动中，实现M社区基层党建行政性目标达成。G组织完成基层政府转移老龄工作案例表明，由于G组织承接老龄工作的日常行政性任务与M社区居民社会公共利益需求无关，与G组织城市生态社区建设的社会性任务也不具有相关性，老龄工作的行政性任务也找不到与G组织城市生态社区建设的有效结合点，导致G组织放弃对承接基层政府老龄工作的行政性任务进行活动设计与业绩包装，从而仅仅实现了社会组织的行政性目标达成。

第五章

社区社会组织汲取行政性资源

社会本位是社会组织的重要属性，维护社会大众的社会公共利益是社会组织的基本价值取向与行为理念。社会组织的公益性、草根性与非营利性特征，无疑是对社会组织社会本位的最好诠释。社会组织具有的“社会性”特征以及社会组织在中国特殊社会结构中的位置，使得我国社会组织承担着社会大众对社会组织美好的愿望与期待。本章主要阐述在微观制度环境的制约下，G 组织是如何汲取 M 社区居委会的行政性资源，顺利推进 G 组织环保公益的志愿者活动，实现 G 组织的社会性目标达成。换言之，在微观制度环境约束下，G 组织在完成城市生态社区建设的公益社会性任务中会生产出哪些不同的行为路径选择满足社区社会组织的社会性诉求。

表 5-1　社会组织汲取行政性资源路径分析框架

X2 / X1	社会性任务与行政性任务的相关程度		
	高	中	低
社会性目标	路径 4：结果包装	路径 5：同时进行过程设计与结果包装	路径 6：放弃包装

路径 4：社会性目标导向——→同时进行“社会性+行政性”双重结果包装

路径 5：社会性目标导向——→同时进行“过程设计+结果包装”

路径 6：社会性目标导向——→放弃包装——→仅完成社会组织的社会性目标

一、社区社会组织的社会本位

社会组织作为一个有意图、理性的行动者，必须强调组织的“社会性”或者“社会的”特质（肖瑛，2006）。“社会性”与“草根性”是紧密相连的两个概念，“草根性”不仅指涉的是“与精英分子相对的市井小民组成的底层社会”；也指涉的是“与西方文明相对的地域性传统文化”，还指涉的是“相对于官方的民间文化”以及“文化较少的原始生命力”。“草根性”是具有冲击僵硬文化秩序的“解构性”活力（转引自李友梅，2008）。草根的含义，包括群众的、基层的、乡村的、基础的、根本的几个含义。草根化也包含着平民化、大众化的含义（转引自李友梅，2008）。“民间社会”就强调的是从集体视角出发的社会组织方式，是深深植根于人类的群体生活中（李友梅等，2008）。社会组织是保障社会大众社会权利的平台，是政府建设社会保障制度的支持力量，推动着中国社会的发育（李友梅等，2008）。

社会组织的活跃，一方面成为社会发育的标志，另一方面也不断促进社会的进一步发育。社会组织力量的动员成为现代中国社会大众利益表达的重要特征。社会组织的公益行动更多的是寻求或反对某些特定社会变迁的“体制外”政治活动，或者是一种非政治行动，这种行动甚至还有建设性的一面（李友梅，2006），在于保障社会大众的日常生活空间。

（一）社区社会组织与居民的关系

从社区居民与社会组织的关系来看，社区居民对社会组织的态度经历了从不了解、不认同到有所期待的重要转变。当代中国社会正处于快速转型时期，同时也处于社会矛盾与冲突的凸显期。由于经济的快速发展，人口的快速流动，社会发展的非均衡化，导致了现实社会中存在各种社会不公平和不公正现象以及各种“仇富”“仇官”的社会愤怒心态，不少困难群体笼罩着生存危机感与生活绝望感，处于各种社会焦虑、不安与不满的情绪当中。当社会大众自身或周围人遭遇合法权益受损等社会不公现象时，社会大众自然会有强烈的利益诉求与情感表达的意愿，社会大众有意识地寻求社会组织力量的援助，体现了中国公民权利意识的不断觉醒。社会组织能够以不同的方式和行动来表达着社会大众的诉求与意愿，展示对社会大众的关爱和责任。社会组织与社会大众之间的“强关系”纽带构成了社会组织的本体性价值取向。通过对S市G组织的调研发现，G组织处于一种较强“社会性”的组织发展状态：M社区居民积极参与G组织的环保公益志愿者活动，M社区居民对G组织的环保公益志愿者活动的满意程度较高。G组织项目品牌具有良好的社会效应。G组织始终坚持走公益性的社会组织发展道路，从而彰显了G组织的草根性和公益性。

（二）社区居民参与

1. 社区参与

居民参与主要是指社区居民通过参与社会组织公益志愿者活动来实现制度化、组织化的社会参与。由于社会组织具有非营利性、民间性与公益性等特征，使得社会组织能够站在较为客观的立场来处理社会公共事务问题，能逐渐被社会大众接受与认可，成为社会大众进行利益诉求与情感表达的重要载体或途径。作为社会参与载体与纽带的社会组织，是作为主体利益代言人和社会服务提供者而进行各种活动的（康保锐，2009）。然而社会组织也会出现“搭便车”和“为私利严重掠夺资源”的投机心态（俞可平，2002），社会组织架通了政府与社会大众之间的桥梁与纽带，增进了人与人之间的社会交往，提升了社会大众参与公共事务的参与能力和参与水平。居民积极参与社区公共事务，关注社区公共利益，对于缓解社区矛盾与冲突，建设和谐社区与文明社区具有非常重要的现实意义。

然而，斯科契波和菲欧瑞娜对“公民参与是美好的”浪漫主义逻辑提出了质疑。他们研究认为，公民参与越多不等于社会福利就越好。参与活动的积极分子只是一种“极端的声音”（Skocpol & Fiorina，1999）。居民参与是一种出于国家治理需要的自上而下的制度安排，居民社区参与具有很强的国家动员色彩（杨敏，2005），“公共精神”匮乏导致我国居民社会参与是一种“强市场下的弱参与”（陈福平，2009），我国居民社区参与带有很强的动员性与强制性（段雪辉，2016）。社区居民从“私人”走向“公民”的过程，即“社区人”的转变过程，其实是一个公民培育的过程，也是社区“公民性”的培育过程。“公民性”强调的是社区居民的志愿参与精神、基于社区利益基础上的权利意识以及公共领域的交流与沟通（朱健刚，2010），只有那些与社区居民社会利益需求紧密相关的社会公益志愿者活动才能够激发社区居民参与的积极性与主动性（Seligson，1999）。影响公民参与的重要机制在于参与的公共性、过程性和再生产性。参与性质和参与过程不仅取决于个人所拥有的社会资源及其行动能力，还受到国家权力和政策导向的制约（杨敏，2007），我国社区居民参与不足除了制度供给不足、体制架构存在缺陷外，社会心理、共识缺失以及管理的技术化也是阻滞居民社区参与的重要原因（李友梅等，2012）。

通过对M社区居民参与G组织垃圾减量等环保公益活动情况的调研发现，M社区居民的垃圾减量回收活动在整个G组织行动联盟中的参与程度最高。截至2015年，M社区已经有近860余户的社区居民办理了“积分兑换卡”，参与垃圾减量回收活动的人群比例为36%。M社区居民参与过G组织环保公益活动的比例达到70%。（根据G组织资料整理而来）

通过对两家G组织联盟小分队的居民参与环保公益活动的研究发现，其他社区居民垃圾减量回收活动的参与情况并不乐观。

自从G组织成立以来，我一直有参加过他们组织的环保公益活动，与组织领导也有过接触，但参与的仅仅是一次次的环保知识培训或环保志愿者活动，并没有反映过社区环境治理问题。参与者主要是一群退休的老年人，主要通过“积分兑换”来吸引社区老年人来参与，年轻人参与少。（根据M社区居民A女士访谈资料整理，2016年10月）

社区居民参与主要是退休人员，组织的“绿色账户”报酬太低，对居民没有太多的吸引力。可以积分兑换的垃圾，必须是清洁的、可以再利用的，保证“不臭”是最基本的工作，这对不少社区

居民来说是有困难的。(根据S市某环保组织理事长T先生访谈资料整理,2016年10月)

我们小区是从2015年5月加入组织行动联盟的,我们主要开展他们的垃圾减量回收活动。目前我们小区有居民1009户,有137户居民办理了“积分卡”,参与人数并不多。每次活动大约有30~40人参与,参与人群主要是退休的老年群体。垃圾减量回收在我们小区开展困难很大,他们只回收净化后的可以再利用的利乐包之类的东西,我们小区居民这一块的东西并不多,导致了我们小区居民的参与情况不容乐观。(根据L街道W女士访谈资料整理,2016年11月)

从上述访谈资料中可以看到,相比于其他G组织行动联盟小分队的社区居民参与情况,M社区居民参与G组织垃圾减量等环保公益活动比例较高,但是社区参与人群以老年退休群体为主,年轻人参与程度不高。G组织的居民参与是一种较低层次的社区参与。

2. 网络参与

互联网由于具有超时空性、虚拟性以及数字信息化等显著特征,使得社会大众有了超越现实社会交往规范并放松禁忌压力的机会与空间,“自我”有了更多利益表达与情感宣泄的空间,空间不再是社会大众利益表达与利益诉求的屏障。互联网的发展与应用,使得传统社会具有了某种“脱域”(dis-embedment)能力,即超越地域与空间的限制,形成了“陌生人组成的熟人社会”(李友梅等,2008b:18)。互联网已经成为社会大众获取与交流知识信息的重要渠道与平台。网络参与的匿名性为网民的情感宣泄与利益表达提供了安全感,网络表达是个人在互联网空间通过各种言语或非言语的方式表达自己的情感、态度、价值倾向的网络社会行为,网络表达体现了公民实现自我的价值需求、情感释放的心理需要与公民意识的觉醒。社会组织缺乏社会有效动员的渠道与手段,利用互联网平台成为社会组织主要的工作方式。

通过互联网这样一个信息交流的平台或空间，有助于社会组织集聚资源并克服某些政治限制（Yang，2005），有助于塑造居民参与文化，建构居民的集体认同，有助于社会组织话语得以进入公共领域来影响社会舆论，并与国家的某些制度安排形成社会互动。互联网提供给社会组织的重要信息资源，增强了组织行动能力并推动组织的发展（Yang，2005；曾繁旭，2007；郁庆治，2008；Xie，2011；邹东升和包倩宇，2015）。

我们有自己的网站和微信公众号，我们一直想做好微盟，扩大我们的影响力。我们现在是找居委会的一个青年在做，他给我们负责网盘、公众微信号、各大地方的推送工作。他有他自己的工作，他只是负责帮忙，他不够专业。我们希望可以把这个微盟做好，让更多的人关注我们。而且网络平台作为一个资源库，各种信息与知识可以分享与交流，居民的主观幸福感和生活满意度也能够得到提升。我们目前也尝试做做微商，不仅可以赚点小资金，还可以让更多的人了解我们，了解我们的环保公益产品。（根据 G 组织 C 老师访谈资料整理，2016 年 11 月）

从上述访谈资料中可以看到，G 组织希望可以借助互联网等新兴媒体宣传与推广 G 组织的环保公益价值理念与环保公益产品，提升 G 组织的社会影响力与社会公信力。换言之，互联网等新兴媒体的运用，俨然成为 G 组织重要的行为选择。

（三）社区公共服务满意度

"城市社区，使人类生活得更美好"，一直是人们追求的生活目标。城市社区发展应该用生活满意度、主观幸福感来反映居民的主观感受。满意度在理论上至少包括认知与情感两个部分。社会组织的公共服务满意度不仅可以直观全面反映社会组织提供的公共服务质量与服务水平，也反映了城市社会生活水平的发展与进步。社区公共服务满意度可以成为城市社区社会矛盾与冲突的晴雨表。

2013年，一项关于M社区居民垃圾减量回收活动满意度的调研发现，27%（N=269）的M社区居民对G组织的垃圾减量回收活动表示满意。通过对M社区随意走访的5个社区居民访谈中发现一个有趣的现象：当问到“您对G组织开展的环保公益活动是否满意”这个问题时，老年人对G组织提供的公共服务的满意度较高，中年人和年轻人对公共服务的满意度偏低。老年人认为，社区活动开展得比较好，是因为M社区居委会工作做得好。正是由于G组织与M社区居委会的双重身份，可能是造成M社区居民对M社区居委会与G组织的满意度之间存在“交叉”现象的重要原因。

> 由于我们社区加入行动联盟的时间较晚，开展垃圾减量回收活动只有1年多时间，居民的认知需要一段时间，社区居民的参与程度和满意程度并不高。（根据L街道L社区X书记访谈资料整理，2016年11月）

通过对参与垃圾减量回收活动的X区L街道L社区调研发现，L社区的垃圾减量回收活动的居民参与并不高，社区居民对垃圾减量回收活动满意程度也不高。

> 我们居委会购买他们组织的这个绿色楼道项目开展得很好，受到我们社区居民的好评，我们居委会也计划拿这个项目申报我们街道的特色项目，如果申请到特色项目，我们后期的维护就更加重要，我们街道会考察我们项目的后续进展情况。我们更希望能跟他们组织保持项目的持续性与长期性合作。（根据J区S街道X社区W主任访谈资料整理，2016年11月）

通过对一家购买G组织的公共服务的S市J区S街道X社区的调研发现，该小区在2016年购买了G组织的“幸福绿社”项目，主要是通过16个楼道的“楼道墙面微绿改造”来达到凝聚居民、提升社区自治能力的积极作用。G组织开展的环保公益活动还深受J区S街道X社区居民的喜爱，能够得到X社区居民的认可与信任。

二、社区社会组织的公共性

（一）公共性及其再生产

公共性（publicity）指的是人们建立各种公共领域并参与其中的努力，囊括了寻求创造公共生活的所有活动。在这些活动中，人们表达自己的坚定信念，寻求在共同生活问题上达成共识。公共性是以个人主义为基础但又超越功利性的个人主义（李友梅等，2012），它注重个人参与公共生活的能力，提倡现代契约精神以及公共道德与公共责任（肖瑛，2014b）。作为目的和价值取向的“公共性”指的是特定空间范围内的人们的共同利益和价值；从参与者角度看，“公共性”指的是人们从私人领域中走出来，就公共性问题开展讨论和行动；从参与程序角度看，“公共性”指程序的公开、公平与公正；从精神角度看，“公共性”指个体基于理性与符合理性的法律而批判性地参与公共活动，维护公共利益和价值取向的公民精神（李友梅等，2012）。李明伍（1997）提出了公共性的三要素：成员范围、享受利益—承担义务的契机、成员的价值判断，并将公共性划分为多元性公共性、权威主义型公共性、权力主义型公共性与权限主义型公共性。高鹏程（2009）区分了基于对象的公共性、基于环境的公共性和基于结果的公共性。公共性具有普遍性、不确定性与意识交互性特征。公共性有四个主要特征：参与、多样性、说服与共性（Everett，1997）。哈奎（Haque，2001）提出了公共性的5个具体化标准与测量：（1）公私清晰程度；（2）公共服务的受惠范围；（3）社会组织的角色作用；（4）公共责任；（5）公众信任。公共性是现代社会激发公民参与、培育公平正义价值、提升社会自我协调能力的基础。公共性是促成社会联结的重要机制与纽带，对抵御市场经济下的个体工具主义的扩张，超越狭隘的个人主义而关注公共生活，塑造国家与社会良性互动关系具有重要意义。没有公共性的产生与生产，基层社会治理新格局建设就成为“无源之水”。

在西方思想史中，公共性思想最早可以追溯到古希腊的哲学家柏拉图和亚里士多德。在古典的公共性思想中，公共性在建制上可以理解为城邦政治共同体，在伦理上可以理解为“公众的善”或“共同善”。公共性是与个人和家庭相对而存在的，是与共同体完全合一的，公共性的本质是政治，公共性完全通过政治共同体及其所追求的共同善来呈现（肖瑛，2016）。卢梭提出了多个表达“公共性”的概念，如“普遍意志”（general will）、“共同意志”（common will）、“公共利益”（public interests）、“共同利益”（common interests）、“公共福祉”（public felicity）、“共同福祉”（common felicity）、“公共意见”（public opinion）等，并设置一套复杂的政治制度来推动公共性的形成。卢梭的公共性强调的是一种借公众之名行强制性之实的观念共同体（肖瑛，2016）。康德的启蒙学说是公共性凸显的起点，标志资产阶级公共领域理论的成熟（哈贝马斯，1999）。康德认为，公共性是唯一能够保证政治与道德同一性的原则。“公共性”同“公民”是一致的，只有基于公共立法，公民之间的自由、平等和独立的法律属性才能得到确立和保护（康德，2010：324），私人只有在公共性即公众中才能获得主体性、理性与自我反思能力，才能用自己的理性从事批判。然而，康德把公众当作反思的监督者与参照系，强调用自己的理性思考，康德的公共性强调的是个人理性的公开运用（肖瑛，2016）。阿伦特指出，人的积极生活有三种形态，即劳动、工作与行动，行动最终演变成为政治（阿伦特，2009）。阿伦特的“政治”一方面在创造着个人主义，推动个人自身的显现和价值实现，另一方面又在创造着公共性或者公共领域（阿伦特，2009）。

使公共性进入寻常政治生活领域的是哈贝马斯。哈贝马斯认为，成熟的资产阶级公共领域永远都是建立在组成公众的私人具有的双重角色，即作为物主与人的虚构统一性基础之上的（哈贝马斯，1999）。哈贝马斯主张通过建构交往理性来重建公共性。哈贝马斯认为，只有在运用“批判理性”进行“对话”的过程中形成的“生活世界”，才能实现真正的公共性。卢曼（Luhmann，1984）认为，凡是正确按照法律程序制定的决策都具有正当性，也具有公共性。与哈贝马斯和卢曼不同，罗尔斯（Rawls，2011）所强调的“作为公平的正义”与公共性的内涵基本上是一致的，罗尔斯提出了“差别原理”和“价值等级理论”分别纠正或克服功利主义和直觉主义带来的社会不平等，提出了自由平等、机会均等的重要原则。罗尔斯的公共性是以个人主义为基础，其所达成的是普遍的正义规范而非特殊的情感和价值原则（肖瑛，2016），是以社会成员的共识作为公共性的必要条件（李明伍，1997）。与罗尔斯研究不同，桑德尔（Sandel，1998）认为“善优于权利”，“善”是扎根于特定共同体中的“共善”，特定共同体及其内在的共同善与主体间性都是公共性生长不可规避的温床。桑德尔主要解决特殊共同体是如何走向普遍的公共性的（肖瑛，2016）。

“公共性”作为一种社会性范畴可以追溯到托克维尔。托克维尔强调志愿结社对推动西方民主政治的重要意义。涂尔干的“社会团结”克服了法人团体天然拥有的托克维尔所谓的“集体个人主义”，或者黑格尔的“特殊公共利益”，法人团体既可以成为现代个人主义的道德载体，也可以成为处理现代个人与民族国家之间各种连带关系的中介（肖自强等，2001），公共性除了包括理性和利益之外，更多强调的是情感与道德（肖瑛，2008）。滕尼斯（1999）指出，社团作为共同体，社会成员往往具有较为频繁的社会互动、较为亲密与较高的信任关系并在此基础上形成相互依赖。从某种程度上看，社团（共同体）即代表了一种人们的理想生活。鲍曼将人类共同体区分为想象的共同体和实际存在的共同体。实际存在的共同体使得人在获得确定性和失去自由之间不断徘徊（鲍曼，2003），社会共同体集中体现了个体自由和集体生活之间的矛盾与统一。

现代社会的公共性的重心已经悄然从共同体转向个人主义，抽象化的公共性必须通过共同体重建才得以释放其社会团结之功效（肖瑛，2016）。决定一个共同体是否具有生命力的关键，不在于是否有相关法律制度保障，而在于维持共同体的“公共性”或“公共人”的存在。只有每个人都弥散着“公共人”的气息，每个人的思想观念、行为取向、目标追求无时无刻不受着“公共意识”的指引，一个真正的共同体才能形成。个体只有在一个共同体中才能追寻其存在的意义与价值，是他人与共同体决定了“我是谁”。共同体中的每个人，只有做到“老吾老以及人之老，幼吾幼以及人之幼”，“人不独亲其亲、不独子其子”，社会共同体才能存在价值与意义。公共性不仅彰显了人性道德中“真善美”的一面，也是现代社会每个公民应尽的义务。

我国传统社会的公共性生产基本上是沿着“政治集权→宗法社会→自然经济”的逻辑路线推进的。中国传统社会高度封闭性、排斥性的集体主义文化传统，强化了高度集权和统一的“政治—社会—经济”结构，巩固了“公共领域”内在皇权操纵下所产生的“代表型”公共性的垄断地位（高红，2011）。改革开放以来，随着市场经济体制改革的纵深发展，我国经济、政治、文化生活方面都发生了明显改变。在工业化、市场化以及信息化等多重逻辑的共同作用下，当代中国社会已经并且将长期处于“复杂社会”的环境之中，即由不同发展阶段、不同利益群体各自建构的社会空间，以及在此基础上不同关系层次所建构的行动过程。这些组成部分之间的关系是动态的，是对立和斗争，也是对话、协商和渗透，是均衡和协调，也是不平衡、矛盾和悖论，正是这些要素之间错综复杂的关系形塑出一个“复杂社会”的现实构造（李友梅等，2008）。在“复杂社会”中，公共性经历了从“垄断”向“扩散”的转变，一元公共性向多元公共性转变。经济发展的差异性以及收入不平等所造成的社会阶层分化，以及公民利益表达与公共事务参与能力的非均衡性，导致我国的公共性不能完全反映广大公众的公共需求。政府在经济社会领域的绝对主导地位，强化了社会对政府的依附性和附属性，导致了公共性生产缺乏自下而上的自觉与动力。公共性生产的制度结构比较单一，缺乏与社会大众现实需求相适应的灵活性与多样性。实现集体主义价值观的传统儒家文化向以强调个性、自由、民主、宽容、创新为核心的现代文化转变还需要很长的历史过程（李友梅，2015）。市场化的转型使得公共性发生偏离或扭曲，突出表现为：公私界限的侵蚀、社会经济角色的伸缩、服务受惠范围的萎缩、公共责任的退化以及公共信任水平的滑落（Haque，2001）。

“公共性生产”不仅能减轻国家的财政负担，而且比国家能提供更有效率的公共产品或服务，其结果不仅是公民对共同体构建与照料更感兴趣，而且提升了公民对国家的信任程度（海贝勒和舒耕德，2009）。信任是维持共同体的重要机制。信任是社会整合、公民参与以及有活力民主制度的核心要素，而信任则产生于共同体的公共责任认同（孔繁斌，2012）。公共性的复苏或回归要从国家、社会和公民三个层面展开：国家层面上，要凸显公共性，重构国家共同体认同；社会层面上，培植公民领域，重构国家与社会关系；公民层面上，培育公共精神，构建公平公正的公共秩序（吴文勤，2010）。因此，凸显公共性是新时期加强社会主义和谐社会建设的应有之义和本质要求。民主、理性、公平、正义成为新时期公共性的重要意蕴。新公共性催生新的公共领域，不仅要实现独立、原子化的个人向社会公众的转变，即实现个体由“经济人”到“公共人”的转变，还需要公民积极表达其利益需求并积极参与社会公共事务，培育公民社会所必需的参与意识、权利意识、责任意识、义务意识等公共精神。

（二）社会组织的公共性

基层社会治理与社会建设的核心就是要凝聚社区公共性，并发掘整合基层社会秩序的重要机制与纽带。基层社会治理在某种程度上离不开社会组织的重要纽带作用，而不同利益主体对社会组织发展的角色认知与预期，深刻地影响了社会组织的角色功能定位。新时期社会组织建设领域，依据社会组织的领域和作用方式而呈现出三个不同的研究层面：治理与秩序建构的主体、社会自组织以及组织社会的实践过程。社会组织不仅是参与社会治理及建构社会秩序的重要组织主体，一个理性工具主义、理念价值主义与策略性等特征综合的行动主体，社会组织还具有变动性，关系联结也更具有临时性和复杂性，但其反映了社会关系建构和变动的实践过程（李友梅等，2016）。社会组织公共性主要回答社会组织的功能塑造与角色发挥问题，强调社会组织开展的社会公益活动与社会大众、社会共同体（集体）之间的紧密程度，强调社会组织作为社会大众利益代言人与社会公共服务提供者而进行各种公益志愿者活动。

社会组织的公共性，指的是社会组织所开展的公益活动与公众、共同体（集体）之间的关联程度。即社会组织在公共空间中角色与功能的塑造与发挥问题，公共性是社会组织最重要特征，也是社会组织重要的伦理价值取向。社会组织在公共空间中的角色与功能主要体现在两个方面：一是公共利益表达；二是公共服务提供。“公共性”关注的是社会组织的功能问题，即社会组织的公益行动具有多大社会贡献（唐文玉，2011）。梳理既有社会组织公共性研究发现，大多数社会组织公共性研究分散在国家与社会组织的关系、社会组织发展困境及其影响因素、社会组织行为策略研究当中。大多数学者经验研究表明，公共性或公共精神对社会组织功能发挥、社会组织运行以及社会组织行为具有重要影响（陈剩勇，马斌，2004；Kenneth，et al.，2010；唐文玉，2011；李友梅等，2012、2016；吴新叶，2013；肖瑛，2014b；黄晓春，2015；纪莺莺，2016）。

“公共性”虽然可能会以特定群体利益的面目出现，其实质却是对更大的公共性的牺牲和对真实的利己主义的遮蔽（李友梅等，2012）。费孝通指出，“差序格局”是中国社会行为的基本逻辑。然而“差序格局”的复兴放大了“利己主义”的效应，挤压了“个人主义”的发展空间（肖瑛，2014b）。差序格局对社会组织的切割与削弱，表现为从具体的社会组织构成的“差序式”结构到社会组织区域性分割，再到整体上社会组织类型的自我娱乐型高于社会责任型的结构特征。差序格局成为阻碍社会组织公共性培育与提升的重要社会文化心理基础（肖瑛，2014b）。社会组织公共性的缺失，即社会组织脱离与社会大众紧密联系发展轨迹的组织行为。社会组织行为与组织目标的偏离，强调的就是社会组织在组织外部制度环境制约下的组织公共性偏离与公共精神的缺失。与偏离或缺失相对应的概念主要有：回归与复归，指涉的是对既有组织偏离公共性的克服，回归初始的历史状态。社会组织公共性的缺失本质上强调的是社会组织与社会公众之间的一种离散型的关系。社会组织公共性的弱化与缺失不利于社会组织的健康发展。正是由于社会组织具有公共性，社会组织才能够在促成社会团结、建构社会和谐秩序方面发挥重要作用。在有中国特色的公共性培育与建构过程中，社会组织要充分发挥其基层社会治理主体的重要作用，就必须明确自身的组织角色功能定位，加强社会组织与社会大众的关系与联结的形成，从而实现社会组织的历史使命与价值目标。

通过对S市G组织的调研发现，G组织的核心工作人员都是L街道M社区的社区专业社工人员，G组织的理事长兼任L街道M社区居委会书记，G组织的活动目标、资金来源、运作方式、人员构成等方面都带有明显的行政官僚化特征，使得G组织更多地表现为基层政府的“行政助手”角色。正如萨拉蒙（2002）指出，社会组织发展隐藏三大隐患：官僚化、仰人鼻息与失去独立。G组织的体制内运作取向，使得G组织既不具有“公民社会”的功能，也缺失了“法团主义”的诉求。G组织将社会组织的大量精力投入维持与基层政府、社区居委会、社区居民之间的合作伙伴的互惠性活动中，使得G组织互益性倾向逐渐增强。换言之，G组织与基层政府、社区居委会与社区居民之间的“利益契合”使得G组织与基层政府、社区居委会、社区居民的合作一定程度上具有“后台交易、前台公益”的公益外形化特质。G组织在公益款项、筹资运作、项目管理上引入市场机制，通过利用市场化机制来解决社会组织面临的发展困境，G组织披着“公共性”的外衣，追求社会组织利益最大化的行为，使得G组织提供的社会公共服务是一种“俱乐部的互益性产品”。尽管G组织提供的环保公共服务的规模在扩大，但是G组织的环保公益服务并没有惠及社会公众，仅仅服务于某一特定人群或群体，难以满足社区居民多元化的环保公共服务需求。

三、路径四：业绩包装与双重目标达成

（一）社会组织获评环保类奖项案例

G组织自2012年成立以来，先后获得十余个社会组织奖项。其中有关环保类奖项的有六项：（1）S市X区环境教育基地；（2）S市X区“百万家庭低碳行、垃圾分类要先行”实施项目先进集体；（3）中共中央宣传部“节约之星”称号；（4）第四届“光荣与力量——感动S市年度十大人物”荣誉称号；（5）S市环境教育示范基地；（6）福特汽车环保奖。G组织在参与环保奖项的评选活动

中，成功汲取M社区居委会的生态社区建设的相关活动业绩进行结果包装，申报并获得G组织的社会组织环保奖项，从而实现G组织社会性目标与行政性目标的双重目标达成。

从G组织成功获取社会组织环保公益奖项案例中可以看到，G组织在参与申报社会组织环保奖项的评选活动中，由于G组织城市生态建设的公益社会性任务与M社区低碳社区建设的行政性任务具有高度相关性，使得G组织在参与社会组织环保奖项的申报与评选过程中，可以成功吸纳M社区低碳社区建设活动业绩进行结果包装，从而实现G组织城市生态社区建设环保公益社会性目标与M社区低碳社区建设行政性目标的双重目标达成。

（二）汲取居委会资源与双重目标达成

1. 政府类环保奖项获评

2014年6月23日，中央宣传部在中国网络电视台向全社会公开发布G组织等十位“节约之星”。G组织在获评中宣部“节约之星”称号的表扬辞中这样写道：

G组织在日常生活中树立节约意识，养成节约美德，普及节约知识技术，培育崇尚节约文化，倡导健康文明生活方式，为国家节约能源资源。G组织自2012年成立以来，始终弘扬勤俭节约、生态环保的绿色理念，把G组织的绿色环保宣传与“家庭可再生废弃物回收”环保公益活动推向“常态化”与“专业化”，并积极开展了一系列环保公益志愿者活动。G组织从开展的绿色环保宣传和“可再生家庭废弃物回收”公益活动，到精心打造“家庭一平米小菜园”“家庭微绿地”“爱心编织社”等环保公益品牌和M社区G组织议事会社区自治组织，生动诠释了当代城市社区居民强烈的社区归属感与社会责任感，全面展示了当代城市社区居民崭新的精神面貌和时代风采。（根据G组织资料整理而来）

2014年9月21日，G组织获评S市“感动S市十大人物”，在表扬事迹中这样写道：

> S市X区L街道M社区存在这样一支以宣传推广绿色健康低碳环保活动为主的居民志愿者团队，积极发动M社区居民参与垃圾分类和减量回收活动。自成立三年来，仅在M社区就回收20多吨饮料盒、塑料袋，并制作成各种环保生活用具后再送回小区供居民日常使用。定期回收的生活垃圾被加工制作成了日用品和工艺品，再以积分兑换的方式回馈给居民，并由此把居民凝聚起来，参与M社区自治管理，使得M社区从“垃圾村”变为“花园村”。低碳环保公益活动激发了M社区居民参与社区活动的热情，纷纷参与M社区的自治管理。（根据G组织资料整理而来）

从G组织获评“节约之星”政府类环保奖项案例可以看到，G组织之所以能够获得政府类环保奖项，主要原因在于G组织推动M社区生态社区建设，构建了和谐与稳定的城市基层社区，即G组织在M社区基层社会治理中发挥了重要的推动作用。换言之，G组织能够获得政府类社会组织环保奖项主要原因在于G组织开展内容丰富的环保公益社会活动，积极参与M社区的环境治理，提升了M社区居民自治能力与自治水平，全面推进M社区和谐社区建设。G组织在M社区开展的各项环保公益志愿者活动，满足了M社区居民的社会利益需求与个人自身价值追求，提升了M社区居民参与社区治理的积极性与主动性，提升了M社区居民自治能力与自治水平，提升了M社区和谐社区建设，实现G组织的社会本位价值目标。换言之，正是由于G组织与M社区居委会的双重身份，使得G组织的环保公益志愿者活动能够在M社区深入开展下去，能够得到M社区居民的信任与认可，推动M社区生态文明和谐建设，获得“节约之星”等社会组织环保类奖项，从而实现G组织的社会性目标达成。

2. 企业类环保奖项获评

为倡导环境保护，鼓励环保领域的实践探索者和环保领域内先锋环保公益组织，同时作为福特汽车公司《企业社会责任总体规划》的重要内容之一，福特汽车公司设立了“福特汽车环保奖”奖项。该环保奖项是世界上规模最大的企业类环保奖项评比活动之一。该环保奖项活动的宗旨在于“鼓励社会大众积极参与城市生态环境与自然生态资源的维持与保护的环保公益活动”。2000 年，“福特汽车环保奖”第一次进驻中国，成为目前中国规模最大的企业类环保奖项评选活动。“福特汽车环保奖”一直深受广大热爱环保公益事业的组织或个人的热情拥护与积极参与，更是得到了政府有关部门、环保公益社会组织与新闻媒体的关注与肯定。2010 年，“福特汽车环保奖”开展了一系列的“节能减排、低碳生活”的环保公益志愿者活动，该系列活动宗旨在于“关注那些为保护自然生态环境与自然生态资源，以及积极消除碳足迹、推广低碳理念的组织与个人，奖励他们在推广节能减排、发展循环经济、低碳生活方面所作出的努力尝试和提出的各种创新性解决方案，以及那些对提升本地区城市自然生态环境质量与城市社区可持续发展作出积极贡献的有影响力的环保公益项目”。2015 年，G 组织“全面推进社区和谐”项目荣获“福特汽车环保奖”——“社区实践三等奖”，并被授予项目资助款人民币 5 万元整。项目周期是从 2016 年 1 月到 2016 年 9 月。

在 G 组织成功获得“福特汽车环保奖”的项目资助协议中，这样写道：

> G 组织原有的工作方式是以 50 岁以上的关心环保的妇女为核心的工作团队和力量，通过创新不同的工作方式有步骤地引导更多的党员、居民参与环保、慈善等公益活动，同时带动整个 M 社区的社区环境改善。G 组织通过在 M 社区的不同维度上继续创新环保、低碳、慈善工作方式的宣传、推广和实践模式，同时将这些理念推广到更多的 L 街道的周边地区。G 组织运用集群效应，联合 L 街道内的其他 17 个社区同时开展绿色、环保、慈善活动，通过扎实的工作和有吸引力的活动影响居民的参与和互动，从而营造更大的社会影

响力，进而获取更大的社会效益，主要包括居民关注和参与以及更多的党群领导的支持。G组织充分利用G组织在基层，主要是M社区和L街道层面的影响力和公信力，从L街道出发，辐射更多的居委会和其他街道参与G组织联合行动。（根据G组织资料整理而来）

从G组织获评“福特汽车环保奖”案例中可以看到，G组织能够获取福特汽车环保奖，主要原因在于G组织在M社区开展的各项环保公益社会性活动、G组织行动联盟小分队积极参与M社区基层社区环境治理、推动M社区生态文明的和谐社区建设。换言之，G组织在M社区开展的各种环保公益志愿者活动，全面推进了M社区和谐社区建设进程从而获得企业颁发的环保类奖项，实现G组织社会本位的价值目标。

问：你们是如何成功申报并获得社会组织的环保奖项的？

答：我们所获得的环保奖项都是由街道推荐的，是我们自行申请的，都与我们全面推进社区低碳生活、推动社区全面和谐有关。我们是低碳社区示范点，我们确实在推进社区环保生态方面做了很多实事。我们所取得的荣誉与成绩都是靠我们实战做出来的，我们不是虚的，我们是认认真真地做环保公益的事情。我们很公益的，我们能获得奖项跟我们做的实事是分不开的。我们确实改善了社区自然生态环境，推动了社区居民自治，提升了社区居民的环保生态的低碳生活理念，推动了社区的城市低碳社区建设。（根据G组织C老师访谈资料整理，2017年3月）

从上述访谈资料可以看到，G组织能够获取社会组织的诸多环保类奖项，主要与G组织推进社区和谐建设，开展各项环保公益志愿者活动有关。换言之，正是由于G组织与M社区居委会的双重身份，使得G组织能够有效汲取M社区低碳社区建设的相关活动业绩进行业绩包装，成功申报获得社会组织环保奖项，实现G组织城市生态社区建设的环保公益社会性目标与M社区低碳社区建设行政性目标的共同达成。

G组织获得社会组织环保奖项的案例表明，G组织所获得的环保奖项本身不仅符合G组织城市生态社区建设的公益社会性目标，也符合M社区低碳社区建设的行政性目标。G组织作为一个具有双重身份的社区社会组织，在参与社会组织环保奖项的申报与评选过程中，由于G组织城市生态社区建设的社会性任务与M社区低碳社区建设的行政性任务之间具有高度相关性，使得G组织能够有效汲取M社区居委会的行政资源，主要指涉的是M社区低碳社区建设的活动业绩，通过把M社区居委会低碳社区建设业绩与G组织城市生态社区建设的环保公益活动业绩进行包装，从而成功申报并获得社会组织环保奖项，实现具有双重身份的社区社会组织社会性目标与行政性目标的双重目标达成。

四、路径五：活动设计+业绩包装与双重目标达成

“V基金会”（Vantone Foundation）是北京市一家非公募基金会，是一家“独立运作的企业基金会”。北京市万通基金会的业务主管单位是北京市科协。北京市万通基金会由F先生发起，由北京市万通投资控股股份有限公司、北京市万通地产股份有限公司共同成立。2009年，北京万通基金会经过理事会战略规划，确立城市生态工作领域，理事会把工作重点放在城市社区，这与万通集团做房地产行业密切相关。北京市万通基金会不为企业服务，基金会开展生态社区项目都不在万通楼盘的城市社区。北京市万通基金会的组织宗旨是“致力于环保、节能、教育、社会扶贫等公益领域的交流、宣传、研究、资助及相关公益事业，以诚信、透明、效率、民主为基木原则，接受政府及公众的监督，推动环境保护，节能减排，促进人与自然和谐相处”。北京万通基金会的核心业务在于全面推动中国城市生态社区建设。自万通基金会从2008年4月成立以来，基金会希望能够立足于城市基层社区，通过理论分析、社区实验、环保理念传播与社区能力建设等项目资助策略，探索出一套切实可行的、可复制推广的城市生态社区发展与建设模式，

使北京市万通基金会成为推动中国城市生态社区发展与社区建设的积极力量。

（一）城市生态社区建设案例

G组织是北京市万通基金会在S市的唯一合作伙伴。2014年4月23日，万通主旋绿——生态社区项目，首次亮相S市。由北京市万通公益基金会支持、G组织实施的“打造生态社区共建宜居家园——万通主旋绿之M社区生态社区建设项目”，在S市X区L街道M社区正式启动。整个项目（一期）从2014年4月开始到2015年9月结束。项目预算：204758元。生态社区项目（一期）主要以X区L街道M社区以及MN社区为试点社区，开展宣传、推广绿色健康、低碳环保活动，将M社区和MN社区打造成为绿色生态环保的示范社区，以及建立M社区和MN社区G组织团队，开展居民自组织能力建设以及提升居民的环保意识。然而G组织在完成基金会两个基地孵化的基础上，G组织完成了承接L街道“G组织行动联盟小分队”建设的行政性任务，从而实现G组织环保公益的社会性目标与M社区居委会“G组织行动联盟建设”行政性目标的双重目标达成。

从G组织城市生态社区建设案例中可以看到，在G组织面临组织公共志愿者资源不足的条件下，G组织主要汲取M社区以及周边社区居民组织“G组织行动联盟”来完成城市生态社区建设的社会公益性任务。在G组织完成城市生态社区建设要求的M社区和MN社区两个基地孵化的社会性任务过程中，G组织完成了“G组织行动联盟13个小分队”建设的行政性任务，从而实现了万通基金会城市生态社区建设的社会公益性任务与承接“G组织行动联盟小分队”建设的行政性任务的双重目标达成。

（二）“课程+项目+团队”的项目化运作

开展“万通主旋绿之S市M社区生态社区建设项目”的目的就是要将S

市X区L街道M社区中社区居民已经孕育的积极性变成真正的环保公益志愿者行动。万通基金会的S市M社区城市生态社区建设项目内容包括：(1) 通过提升M社区居民环保生态意识，促进M社区居民养成环保生活理念；(2) 改善M社区生态环境，提升M社区的生态环保服务功能；(3) 建立M社区城市生态公益活动的可持续发展机制；(4) 建立有效生态环保项目成果推广机制，在具备群众基础的M社区开展环保生态社区建设。万通基金会S市M社区生态社区项目将组织开展“社区居民环保生态教育讲堂”，组建“M社区环保公益志愿者团队”，定期开展“可再生废物回收”“厨余垃圾回收再利用”和“有机芽菜种植”等环保公益活动，努力提升M社区居民的环保低碳意识，提升M社区居民绿色环保生活理念。在开展各类环保生态公益活动的基础上，还要评选“绿色生态特色楼道”，为M社区居民树立开展低碳生活、绿色生活，建设低碳生态社区的模板。在硬件建设方面，城市生态建设项目努力打造300平方米的“家庭有机芽菜种植”试验基地以及建设“雨水回收再利用”装置（根据万通基金会资料整理而来）。

问：基金会城市生态社区项目为什么选择与S市G组织合作？

答：我们基金会在与他们组织合作之前，主要在B市、T市、C市、H市几个城市开展项目，并没有S市的项目点，我们秘书长有计划扩展S市的生态项目点。我们的一个合作伙伴北京市乐知多教育咨询有限公司（NGO）的L老师曾经是他们的一个理事，通过L老师我们认识了G组织，然后我们实地走访沟通，发现他们的社区基础还是比较扎实的，他们有一定的社区环保实践经验，而且他们具有一定的影响力，口碑还是不错的，所以我们选择与他们进行项目合作。他们是我们基金会生态社区项目的传播者，可以扩大我们基金会的影响力，他们也是我们基金会生态社区项目执行经验的分享者，能够帮助举办居委会论坛等大型会议。他们是我们基金会生态社区项目的合作者与践行者，是我们基金会良好的项目合作伙伴。（根据万通基金会项目经理T经理访谈资料整理，2017年2月）

从上述访谈资料可以看出，万通基金会城市社区生态项目对改善城市社区生态环境，提升社区居民的生态环境意识，推动城市绿色生态社区建设具有非常重要的意义。万通基金会之所以选择与S市G组织合作，主要取决于两个条件：一是G组织与万通基金会之间是否有“强关系”；二是G组织的组织专业技术能力。正是由于G组织与M社区居委会之间的紧密联结，使得G组织成为具有一个良好基层社区实践基础的环保公益性社会组织，能够成为万通基金会生态社区建设项目的重要项目合作伙伴。

我们组织既可以称之为环保组织，也可以称之为居民自治组织。我们组织是以环保为切入点，通过项目化运作方式，与居委会共同进行培育，产生各个环保公益项目团队。我们组织实行的是“开发一门课程、引进一个项目、积极培育一个志愿者团队”的项目化运作模式。我们组织环保公益项目运行得好坏，主要取决于三个条件：人、财与物。人如何培育？要通过项目来培育。项目如何培育？要通过课程。如何开发一种课程？主要通过环境大讲堂，我们通过与社区学校联合开展十四节环保公益课程，主要内容是环境污染、水污染等课程，让更多的社区居民了解环境保护的重要性。如何做项目？我们组织主要通过两种方式来体现：减量与增绿。如何减量？主要是通过变废为宝的方式，主要有三种方式：塑料垃圾减量，废旧衣物减量以及厨余垃圾减量。如何增绿？主要包括三种方式：楼道墙面绿化、水培和土培方式。如何建团队？主要包括制度、场地、领袖、培训大纲以及外出展示活动。（根据G组织C老师访谈资料整理，2016年11月）

从上述访谈资料可以看出，G组织主要采取“开发课程+引进项目+培育团队”的项目化的运作模式。该项目化运作模式能够提升社区居民参与环保公益活动的积极性与主动性，能够有序推动社区生态文明建设，彰显G组织的公益性与非营利性。

问：贵基金会与G组织的项目运作情况怎么样？今后还会继续合作吗？

答：我们基金会从2014年与他们组织开始合作，双方已经合作了3年的时间了。第一期的项目合作效果非常好，我们都很满意。在第二期的项目运作当中，G组织的执行能力还是较强的，并且能调动多方资源共同参与社区建设。通过三年的项目合作，我们对G组织的生态社区项目非常满意。在项目合作中，我们之间的合作基本上无任何困难，进展非常的顺利。通过合作，我们双方都有成长，他们学会并掌握了如何做项目、项目如何管理、项目如何进行数字化的管理。G组织对我们基金会生态社区项目的传播、对周边社区的辐射、对政府的影响都很大。组织的项目执行经验为我们基金会其他合作伙伴提供了借鉴和学习的机会。以后我们是否还继续与G组织合作，主要看他们的自我筹款能力，如果他们的筹款能力很强，能调动起大批的政府资源或其他资源，不再需要我们的资源时，我们基金会可能就不会继续支持。（根据万通基金会项目经理T经理访谈资料整理，2017年2月）

从上述访谈资料可以看出，G组织的城市生态社区项目运作情况比较良好。G组织在推动M社区居民以及周边其他社区居民积极参与垃圾分类减量回收、“家庭一平米小菜园”等环保公益活动，改善城市社区生态居住环境，提升社区居民自治能力，推动基层社区有效治理方面起到重要的推动作用。万通基金会对G组织的城市生态社区项目运作表示非常满意，合作双方在项目运作过程中达成一个“双赢互惠”的关系。G组织是否继续与万通基金会合作主要取决于G组织的资源汲取能力与G组织的专业化技术能力。

（三）“赋权+增能”的居民动员模式

社区居民从“私人”走向“社区人”的转变过程，其实是一个社会组织的培育过程，也是社区“公民性”的培育过程。“公民性”强调的是社区居民的志愿参与精神，基于社区利益基础上的权利意识以及公共领域的交流与沟通（朱健刚，2010）。只有社区居民的广泛参与，才能形塑现代社区居民应有的社区归属感和社区认同感，才能使得社区居民真正成为社区的主人翁与社区发展的重要力量。激发居民有效的社区参与，就要组织开展各项社会公益活动。所谓“活动取向”，实际上就是为居民的社区参与提供一个宽阔的参与平台和参与契机，把孤立而缺乏联系的原子化个体联结成为一个真正意义上的社会共同体（田毅鹏，2015）。对于任何一个社会组织而言，社会组织想到社区深入开展社会公益志愿者活动，没有居委会的有力配合，社会组织的公益志愿者活动就无法顺利开展下去。如果社会组织能够把组织的社会公益活动目标与居委会的工作目标有机结合在一起，保持与居委会之间的“强关系”，社会组织的公益志愿者活动就能得到居委会的认可，社会组织的公益活动就能在社区深入开展下去，就能融入社区居民的生活当中，能够获得居民的信任与认可，从而有利于社会组织提升组织的专业技术能力，提升组织提供的多元公共服务的质量与服务水平，提升组织的社会影响力与社会公信力。社会组织由于具有民间性、公益性与非营利性，能站在较为客观的立场上处理与居民的关系，其开展的社会公益活动也比较容易迎合社区居民的需求，那么社会组织又要如何动员社区居民积极参与社会公益活动?

通过对S市G组织的调研发现，G组织主要是依靠M社区居委会的力量动员M社区居民积极参与G组织环保公益志愿者活动。那么，M社区居委会又是如何动员社区居民参与G组织的环保公益志愿者活动的呢? M社区居委会主要通过两种方式来动员居民参与：赋权与增能。赋权指的是赋予权力，即培养群众领袖，给予群众领袖权力，让群众领袖来管理与动员楼组的居民积极参与社区活动。增能指的是增加才能。主要通过一个项目或一门课程来增加组织领袖的才能。有了权力又有了才能，群众领袖才能管好一个团队。(根据G组织资料整理而来)

对于我们组织来说，我们一定要借力发展，借各种力量来发展我们。我们很弱，我们跟学校的关系不行，中小幼还好一些，跟高校不行，跟媒体的关系也不行，跟企业的关系更不行。但是我们跟街道的关系不错，跟居委会的关系很强，政府和街道是我们的强项，是我们组织的特色，我们的居民动员能力很强。目前街道对辖区内的每个居委会都有自治经费支持，觉得自己社区能有什么好的项目，可以自行去街道申报，是有经费支持的。居委会对我们的环保生态项目还是比较支持的，居委会每年会给我们 1 万元的资金支持，这对居委会来说已经是不少的数目啦。我们居委会现在实行的是块长负责制，块长都是居委会干部，有的是党员，有的不是党员。我们居委共有 10 个块长，每个块长负责 10 个楼组，块长根据每个楼组愿意走出来参与社区活动居民的实际情况，从中选择一个居民做楼长，然后再由每个楼组长动员楼组的居民参与社会活动。我们所有的环保公益活动都让群众领袖参与，让他们可以在环保公益活动中找到自身存在的价值，才能促使他们走出来参与环保公益活动。动员关键在于培训，在于增能。对于这些退休的阿姨和妈妈们，如果不给她们培训，给她们增能，怎么能够动员居民出来？只有增能，只有补短板，才能提升居民的能力，才能使得居民找到价值存在，才能让居民走出来参与活动。如果不提升居民的能力，光让她们走出家庭，干不了事情，起不到自治作用，那这是不行的。只有增加才能，让居民在参与活动中寻找到价值感，才能成为很好的志愿者与参与者。那怎么动员？我们项目多，让她们参与不同的项目，喜欢上什么课就上什么课，喜欢参与什么活动就参与什么活动。（根据 G 组织 C 老师访谈资料整理，2016 年 11 月）

从上述访谈资料可以看出，G 组织作为一个社会公益组织，在组织公共资源匮乏的发展环境下，G 组织能够“借力”，尤其是借助 M 社区居委会的行政性资源，动员更多 M 社区党员与社区居民积极参与 G 组织的环保公益志愿者活动。G 组织主要通过“赋权”与“增能”的居民动员模式，借助 M

社区居委会很多具有党员身份的“块长”，积极调动“楼组长”，动员M社区居民参与G组织的环保公益志愿者活动。M社区居委会对G组织的环保生态建设项目资金支持，使得G组织能够汲取M社区居委会项目资金开展各项环保公益志愿者活动。正是由于G组织与M社区居委会之间的双重身份，使得G组织能够有效汲取M社区居委会的行政性资源，主要包括党员资源、行政资源与资金支持，积极调动M社区党员以及M社区居民积极参与到G组织的环保公益社会活动中，顺利完成G组织的城市生态社区建设项目。

G组织通过“赋权+增能”的居民动员模式，激励更多M社区居民参与到G组织的环保公益志愿者活动中，充分汲取M社区居委会的行政资源有效开展环保公益志愿者活动，拉近G组织与M社区居民之间的紧密联结关系，使得G组织可以真实地了解到M社区居民的社会利益需求，从而能够设计出更多能够满足M社区居民多元化社会需求的环保公益社会活动，使得G组织逐渐得到M社区居民的认可与信任，能够获得更多公共志愿者资源，提升G组织的社会影响力与社会公信力，拓宽组织的生存与发展空间。如果缺少M社区居民的大力支持，G组织将无法顺利开展各项环保公益志愿者活动，无法满足G组织对组织公共志愿者资源攫取的利益需求。G组织通过动员M社区居民积极参与M社区基层社会治理活动，向M社区居民推崇健康环保的生活理念与生活方式，提升M社区居民积极参与社区公益志愿者活动的积极性与主动性，提升M社区居民的社区归属感与生活满意度，提升M社区居民社区自治能力与自治水平，改善M社区自然生态环境，从而实现G组织城市生态社区建设的环保公益社会性任务与M社区低碳社区建设行政性任务的双重目标达成。G组织城市生态社区建设本质上与M社区构建生态文明和谐社区，提升社区居民自治能力与自治水平，加强低碳社区建设的行政性目标相一致。换言之，G组织与M社区居委会之间的“利益契合”，使得M社区居委会愿意积极调动M社区居民参与G组织的环保公益志愿者活动，实现M社区低碳社区建设行政性任务以及G组织城市生态社区建设社会性任务的双重目标达成。

（四）G组织行动联盟

奥利弗（Oliver，1990）认为，组织联盟指的是一个组织在一定的环境条件下，与其他一个或多个组织之间形成的持续的交易、互动与联系。组织的外部环境和任务类型对组织联盟合作关系具有重要影响。一个组织作出与另一个组织建立合作关系的决策取决于一系列权变性因素，主要包括必要性、互惠性、均衡性、有效性、稳定性以及合法性等。伊根（Egan，1995）提出了组织联盟的三要素：（1）对组织资源的承诺；（2）可接受的共同目标；（3）共同承担来自环境压力的风险。伊根进一步提出了“内在增值”的概念，强调组织联盟的作用不仅在于投入后得到的产出，而且在于创造新的价值。组织联盟的增值在于通过组织的专业化来降低交易成本，以及提高联盟的合法性与权力。组织之间的差异性与类似性程度越高，组织之间的联盟合作关系越容易紧张，需要上级政府部门投入更大的精力来协调与促成组织联盟（Majchrzak，et al.，2007）。组织差异性使得获取组织资源成为可能，组织类似性使得组织能够扩大自身的核心竞争能力（Robinson & Bies，2012）。

梳理既有社会组织联盟研究发现，大多数社会组织联盟研究集中探讨社会组织与政府之间的组织联盟以及社会组织与企业之间的组织联盟。关于社会组织之间的横向联盟研究兴趣点主要集中探讨社会组织联盟的功能与作用、社会组织联盟的外部影响因素以及社会组织联盟的动力机制等方面。关于社会组织联盟功能研究，大多数学者的研究强调社会组织联盟的积极功能。社会组织联盟可以提供组织活动信息、提供信息交流的渠道、可以赢得其他重要参与者的支持，而且社会组织之间的互动联系有助于核心组织取得合法地位（Pfeffer & Salancik，1978）。莫顿（Morton，2005）研究指出，由环保组织、企业、媒体、国际环保组织共同建构的环保组织联盟对环保组织功能发挥以及环保组织运行具有重要影响。麦迪娜（Medina，2010）研究发现，环保组织联盟是提升环保组织影响政府公共环境保护决策能力的重要因素。高丙中（2006）以涂尔干的“有机团结”概念为理解框架，考察了社会组织内部横向联系对转型时期社会组织的发展具有积极意义。晋军和何江穗

（2008）研究认为，在反对怒江水坝建设运动中，环保组织联盟的突出作用表现在环保组织联盟的制度化合作对大众的有效动员与再组织化。徐宇珊（2008）研究指出，草根环保组织从过去的单打独斗向组织联盟合作转变已经成为环保组织发展的一个趋势，环保组织联盟主要呈现为一种“网状结构”的横向合作。童志峰（2009）通过反怒江水坝运动案例分析指出，环保组织联盟以及环保组织与媒体、公众之间的联盟对保护中国自然生态环境具有重要作用。邹东升和包倩宇（2015）研究发现，环保组织与媒体的紧密型联盟，以及环保组织之间的松散型联盟是扩大环保组织政策影响力的重要因素。

党的十八大以来，组织外部制度环境的进一步优化为社会组织发展提供了重要机遇。然而资源匮乏、行动能力不足成为制约社会组织发展的重要难题。要解决社会组织的发展困境，单靠政府的支持是不够的，最直接有效的办法是结成组织联盟，通过与其他社会组织建立更加广泛的值得信赖的联盟关系来弥补社会组织发展的困境。社会组织联盟为社会组织公益活动提供了信息交流的渠道，可以促进社会组织之间的交流与合作，共享组织信息并分享组织经验，可以整合社会组织内外资源，提升社会组织自身的行为能力与核心竞争能力，使得社会组织能够获得较高的政治影响力与社会公信力。

当前我国城市基层社区治理结构决定了我国城市基层社区治理困难重重。一直以来国家占主导地位的城市社区治理模式，无法满足社区居民多元化社会利益诉求，造成了城市社区基层社会治理领域“需求紧迫、供给不足”的现象。由于社会公益组织发展历程较短，组织专业化能力不足，资金匮乏，组织行动能力较弱，导致了社会公益组织角色功能发挥有限，城市社区基层社会治理的多元社会需求与服务供给之间出现了“断裂”。社会分化与社会分工的形成，使得不同行为主体之间的合作成为可能。组织合作有四个明显优势：（1）合作是为了达到各方利益最大化，降低交易成本，提高工作效率和效果；（2）合作可以利用双方或多方资源，实现资源交换与共享；（3）合作可以增加合作各方的影响力；（4）合作可以促进相互学习，合作使得组织的整体能力增加，能更好地传递服务以回应社会多元需求（乔东平和高克祥，2015）。

通过对S市G组织调研发现，G组织有一个环保公益志愿者行动联盟——“G组织行动联盟”。在M社区G组织行动小分队的基础上，L街道18个居委会的绿色环保小分队组成了“G组织行动联盟”。目前，G组织行动联盟中志愿者人数超过260多名，其中党员90多人。“G组织行动联盟”在联合开展环保宣传、环保教育，推动社区居民积极参与垃圾分类减量回收等环保公益活动方面起到了重要作用。截至2015年10月，G组织行动联盟18个分队领袖已经培育产生，总共有4395户居民领取了垃圾减量“零废弃卡”。11个居委建造了“家庭一平米小菜园”，8个分队成立了“爱心编织社”。（根据G组织资料整理而来）

> 对我们组织来说，我们一定要借力发展。我们是很弱的，政府是看不上我们的，我们一定要走规模化的发展道路，有了规模，有了联盟行动网络，我们才有行动的主体性。当初我们社区已经有了小分队，为什么要组建行动联盟，一方面是周围其他小区想复制，另一方面我们居委会自己也遇到了困难，居民参与情况不好，所以希望组建“环保组织行动联盟”，把周边更多的社区居民带动起来，让他们走出家庭，积极参与到社会公益活动中。环保组织行动联盟在推动社区居民自治方面起到了重要作用，提升了居民的社区凝聚力与社区归属感。（根据G组织Y老师访谈资料整理，2016年10月）

从上述访谈资料可以看出，G组织已经重视到组织行动联盟的重要性，希望能够通过建立“G组织行动联盟”，充分动员周边社区居民积极参与垃圾分类减量回收等环保公益活动，推动社区居民自治。G组织通过组建组织行动联盟，通过走“规模化”发展道路，不断提升G组织汲取公共志愿者资源的能力，提升G组织提供的社会公共服务的质量与服务水平，更好地满足社区居民多元化的社会公共利益需求。换言之，G组织通过组织行动联盟调动更多社区居民参与垃圾减量回收等环保公益性活动，参加各种环保知识培训，丰富了居民的社区文化生活，提升了社区居民的生活幸福感与社区满意度。

> 我们小区之所以参与“组织行动联盟”，因为他们居委会做得挺好的，我们居委会想跟他们居委会学习，现在居委会都在提倡如何做好居民自治工作。那么要如何提升社区居民的社区自治能力？如何有效动员社区居民积极参与社区公益活动，我们居委会想借鉴他们社区的发展模式，把退休老人凝聚起来，通过让他们参与垃圾减量回收等环保公益活动，提升我们社区居民的自治能力。我们居委会通过组建“巧手主妇公益社”，动员社区退休老年人积极参与社区公共事务。目前，公益社有骨干10人，全都是退休老年人员。（L街道L社区X主任访谈资料整理，2016年11月）

从上述访谈资料可以看出，L街道L社区希望加入G组织行动联盟小分队，能够把社区居民有效地动员起来，推动社区居民自治，提升社区的和谐社区建设，提升社区居民的生活幸福感与主观满意度。

G组织联盟分队建设项目方案

G组织根据L街道提出的社区发展要求，计划以“G组织——共建L生态家”为主题，加强“G组织联盟分队”建设及共建生态家园的绿色环保系列活动。总目标是提升社区居民环境保护意识，培养环境保护体系的构架与社区居民的自治能力。通过扩大和推广环境保护项目的范围，吸引更多社区居民参与L街道的环境保护意识的提升。通过G组织核心志愿者团队的建立和培训搭建L街道环境保护体系，有助于基层社会治理水平和管理创新。G组织团队和志愿者带动更多的环保公益志愿者活动，产生更多的社区自治项目。（根据G组织资料整理而来）

问：G组织行动联盟小分队是如何建设的？

答：组织行动联盟小分队的建设与我们居委会S书记有重要的关系。S书记就是我们的领头羊，S书记带动社区居民积极参与行动联盟小分队建设，这给予了社区、家庭很好的氛围，带动了邻里和谐与家庭和睦。街道要求小分队建设，居民不参与等于没有小分队。居民不拿工资的，那么居民他们为什么要做呢？因为居民看到了街道在做，社区的领头羊在做，居民觉得这是对自己有好处的，居民就会走出家庭，参与到环保小分队建设中来。联盟小分队不仅仅做垃圾减量，还包括"家庭一平米小菜园"啊、芽菜种植啊、环保酵素啊、爱心编织啊等活动。这些活动都是由社区居民的志愿者来管理，不用我们管理的。比如隔壁的组织议事会，也是社区居民自己管理的，每天安排志愿者来值班，每个小分队只负责本小区的环保公益活动，做得更多的是能够让社区居民自治。联合行动体现在全面推动和谐社区建设。联合活动就是要让社区居民参与我们的环保公益志愿者活动，基本上是我们组织把他们培训出来，告诉他们应该做什么、怎么做，然后他们在自己的社区自己搞建设，比如搞垃圾减量回收活动啊、"家庭一平米小菜园"种植啊、芽菜种植啊，没有条件的社区可以搞家庭"一平米阳台"啊。他们都是借鉴了我们组织很多的经验，我们组织是传播这种环保理念的，我们组织开展的活动就是居民自治的一些活动，是由一些居民自发组织的活动。我们组织给予他们的是参考意见，让他们吸收我们的理念就好。我们是传播者，传播的是环保理念，让他们接受我们的理念，参与到社区环保公益活动中，参与到社区自治中。目前我们组织的垃圾减量已经成熟化了，因此很多周边社区都跟我们学习垃圾减量回收。(根据G组织W老师访谈资料整理而来，2017年3月)

从上述访谈资料可以看出，G组织联盟分队建设与L街道的行政性要求、M社区居委会的领袖作用、G组织的环保理念以及居民社区参与是分不开的。G组织行动联盟分队建设的重要目的在于推广生态环保理念，推动社区和谐建设，提升社区居民自治能力与自治水平。

（五）过程设计与双重目标达成

在G组织与北京市万通基金会合作的城市社区生态项目（一期）中，是以M社区和MN社区为试点社区，将M社区和MN社区打造成为绿色生态环保的示范社区。第二期是从2015年底到2017年3月，城市生态社区基地孵化建设已经延伸辐射到4个社区。（根据G组织资料整理而来）

> 问：为什么当时会选择M社区和MN社区作为试点社区？
>
> 答：主要是因为我们G组织本身就出身于M社区，而且M社区做得还是很好的。之所以会选择MN社区，因为他们社区跟我们社区的关系不错，MN社区在社区建设与居民自治方面做得还是不错的，所以由我们G组织推荐，最终选择了M社区和MN社区作为城市生态社区建设一期项目的试点社区。（根据G组织G老师访谈资料整理，2016年11月）

从上述访谈资料可以看出，M社区和MN社区之所以能够成为万通基金会城市生态社区建设项目（一期）的试点社区，主要出于G组织自身的行为选择，但是和M社区与MN社区在城市社区治理、社区建设与居民自治方面作出的努力与探索是分不开的。

G组织在城市生态社区项目（一期）总结报告中这样写道：

> 万通基金会城市生态社区项目（一期）通过环保宣传、绿色种植、厨余垃圾再利用、废旧物品手工制作、垃圾减量回收、雨水回收再利用、生态楼道建设等活动搭建了M社区和MN社区两个社区居民参与社区建设的平台，同时加强两个社区居民自组织的建设和培育，不仅促进了社区资源循环再利用，同时也提高了社区居民的生态意识和行为。一期项目从整体上与项目发展目标保持一致，大

部分完成或超额完成项目指标，其中生态楼道的建设、废旧物品制作成艺术品、雨水回收系统、“家庭一平米小菜园”、社区自组织的建设和培育都很有特色与示范效应。M社区获批为S市首批低碳社区试点以及S市环境教育基地的荣誉。一期项目的总体效果改善社区生态环境，增强了社区居民的环境意识与生态技术，增强了社区居民参与社区公共事务的意识与能力，增强了生态社区项目的社区影响力。（根据G组织资料整理而来）

从上述访谈资料可以看出，在北京万通城市生态社会建设项目一期的总结报告中，都是围绕M社区和MN社区的生态社区建设所取得的成效，主要阐述了M社区与MN社区两个社区在改善社区治理环境，提升社区居民环保意识与环保理念，推动生态和谐社区建设所作出的积极贡献。

G组织在城市生态社区项目（二期）的阶段性总结报告中写道：

万通主旋绿之城市生态社区建设项目（二期）在S市X区L街道H社区、S社区、MY社区，Z区Y社区开展了1年的生态社区实践，共计开展44次培训及实践活动，4500多人次参与，影响了7700人次。项目（二期）着重社区环保宣传和社区动员，同时结合垃圾减量回收、厨余堆肥、酵素工坊、芽苗菜种植、社区自组织的手工制作等活动平台建设。开展28期生态环境教育大课堂，举办“芽菜种植与养生”课堂4次、动员1000户家庭开展芽菜种植，并发放芽菜种植盘1200份，大概产出5760斤的芽苗菜；分别在MY社区、H社区建立小菜园。一年来产出8640升厨余堆肥，共产出酵素原液2868克，制作5391块酵素肥皂。4个社区垃圾减量达到2683.71千克，参与家庭累计2030户。目前编制了《一平米菜园》《社区治理启示录》等两本出版物，形成了4个有特色的社区社会治理的实践。（根据G组织资料整理而来）

从上述访谈资料可以看出，在北京万通基金会城市生态社会建设项目（二期）的阶段性报告中，都是围绕H社区、S社区、MY社区，Z区Y社区的城市生态社区建设所取得阶段性成果，主要阐述了H社区等4个社区在改善社区治理环境，提升居民自治水平，推动生态和谐社区建设所作出的阶段性努力。

北京万通基金会项目要求我们组织不能只做一个社区，必须孵化到周边其他社区，他们的意思是第一期项目建设孵化两个周边的社区，第二期孵化四个社区。但是我们不能这样做，一年只做两个社区，效果太慢了。而且我们也要照顾到周边小区的情况，我们不能给这家不给那家，社区要和谐，社区要发展，那怎么办？只能大家一起做，所以我们组织就慢慢发展成了目前的18个小分队组织的G组织行动联盟。那要怎么建设呢？我要想办法啊，我不能只做这两三家啊。我们组织要发展，必须要有规模化，我们组织只能省吃俭用，节省下来一部分项目资金以备其他用处。我们组织没有钱，我们就这么一点钱，能够发展到现在的样子，我们很不容易的。（根据G组织C老师访谈资料整理，2016年11月）

从上述访谈资料可以看出，北京市万通基金会（一期）项目给予了M社区和MN社区基地孵化建设的公益项目资金支持，希望可以培育M社区和MN社区公益志愿者服务队，使得M社区和MN社区能够汲取G组织环保公益项目资金，去完成M社区和MN社区的环保公益志愿者团队建设。城市生态社区项目二期又延伸拓展到其他4个社区。然而G组织在北京市万通公益项目实施与运作过程中，通过技术性地调整或变通G组织的城市生态社区建设项目资金，顺利完成G组织承接的“G组织联盟小分队”建设的行政性任务。换言之，G组织为了能够顺利完成基层政府转移的“G组织联盟小分队”建设的行政性任务，通过对G组织城市生态社区公益项目资金进行调整或变通，顺利完成2014年G组织行动联盟13个小分队的建设，完成承接基层政府行动联盟小分队建设的行政性目标，实现承接基层政府G组织行动联盟建设的行政性目标达成。

> 问：城市生态社区项目是否有项目评估与监督？怎么评估与监管？
>
> 答：目前，我们基金会的城市生态社区项目评估主要是他们G组织的自我评估，会在项目设计中设计进去。我们一般是每5年进行一次整理性的项目评估，主要是邀请相关专家，走访项目孵化社区，走访他们组织进行评估。上一次对他们的合作项目评估是2013年。关于我们基金会的项目监管，一个就是根据项目进展报告，比如他们递交的进展报告啊、活动进展报告啊、开支进展报告啊、活动照片或文件，还有项目通信啊。一个就我们进行项目点的社区走访、居民访谈与他们G组织走访。目前我们基金会的项目监督的规章制度主要依据的是《项目付款实施细则》《项目财务管理实施细则》以及《项目资助与合作协议》，并没有专门的项目评估与监管制度。（根据万通基金会项目T经理访谈资料整理，2017年2月）

从上述访谈资料可以看出，北京万通基金会的城市生态社区建设项目实施与运作，并没有专门针对城市生态社区建设的项目评估与项目监管制度，而是根据G组织提供的项目进展报告进行监管与评估。正是由于城市生态社区建设项目监管的相关法律规章制度的不完善，导致了G组织能够有效汲取北京万通基金会的项目资源完成承接基层政府“G组织行动联盟建设”的行政性任务。换言之，北京万通基金会城市生态社区建设项目监管的缺位或法律法规的不健全，使得具有双重身份的G组织获取了完成“G组织联盟小分队”建设的行政性任务的“自由空间”，能够实现承接基层政府“G组织联盟小分队”建设的行政性目标达成。

G组织城市生态社区建设案例表明，G组织在完成城市生态社区建设的社会公益性任务过程中，由于G组织公共志愿者资源不足，使得G组织为了能够顺利完成城市生态社区建设的环保公益社会性任务，通过有效汲取M社区居委会的行政性资源，采取“课程+项目+团队”的项目化运作模式、“赋权+增能”居民动员模式以及“绿色超市积分兑换”方式，动员更多M社区居民以及周边社区居民积极参与到G组织垃圾减量回收等环保公益志愿者活动中，有效推动G组织城市社区生态项目的顺利完成，实现G组织的社会公益性目标。然而在G组织城市生态社区建设的基地孵化过程中，为了实现基层政府转移的“绿主妇行动联盟小分队”建设的行政性任务，G组织通过对城市生态社区项目资金进行技术性变通与调整，完成承接基层政府的“G组织行动小分队”建设，实现M社区居委会承接基层政府的社区发展与建设的行政性目标，实现G组织社会公益性目标与M社区居委会行政性目标的双重目标达成。换言之，正是由于M社区居委会与G组织的双重身份，使得G组织在完成城市生态社区建设过程中，能够汲取M社区居委会的行政性资源，完成G组织生态社区建设的社会公益性任务。然而由于“G组织联盟小分队建设”的行政性任务并不完全符合G组织城市生态社区建设的社会公益性任务，G组织通过对城市生态社区建设项目运作过程进行活动设计与业绩包装，从而实现G组织城市生态社区建设的社会性目标与承接基层政府“G组织行动联盟小分队”建设行政性目标的双重目标达成。

五、路径六：放弃包装与社会性目标达成

（一）社会组织环保公益实践

我们组织所运作的项目不完全都是环保项目，而是以环保项目为抓手，做得更多的是居民自治团体的产生以及居民精神面貌的提升。我们组织的项目都与环保有联系，但不都是环保公益的项目。目前，我们组织主要运作的有八大项目：垃圾减量项目（塑料垃圾减量）、手工制作项目（变废为宝）、废旧衣服回收项目（可再生资源回收）、爱心慈善编织友善项目、“家庭一平米小菜园”项目、芽菜种植项目、厨余垃圾减量项目以及环保酵素坊项目。我们组织特

草根，只有做公益性的事情，才能得到政府、居民的认可，我们组织才能发展下去，才能推动生态文明建设。我们的团队与其他社区的团队不一样的地方在于我们组织具有环保性、公益性与公益慈善力量。我们组织团队关注社会公共事务，我们团队是公益性社会团队。我们团队做了很多环保公益宣传活动，推进了小区环境治理，推动了人们精神面貌的改进。我们组织是具有正能量的。社区居民积极参与我们组织的公益活动，个人精神面貌就会提升，家庭就会和谐，邻里关系就会和睦，楼道变得更亮洁，社区生态文明建设就会更好。（根据 G 组织 C 老师访谈资料整理，2016 年 11 月）

从上述访谈资料可以看出，G 组织作为一个以“环保”为抓手的社会组织，坚持走一条公益性的社会组织发展道路，不仅组建了具有环保公益性的志愿者团队，开展了内容丰富的环保公益志愿者活动，而且 G 组织在推动社区居民积极参与垃圾分类减量回收、“家庭一平米小菜园”、爱心编织等环保公益志愿者活动，改善社区居住环境，提升社区居民自治能力与自治水平，推动生态文明社区建设以及基层社区社会治理方面具有重要作用。

我们组织的大多数工作基本上都是围绕社区环保开展的。比如，减少社区生活垃圾，减少厨余垃圾的环保公益社会活动，所有的社会公益活动都得到社区居民积极响应，而且我们开展的环保公益活动是能够给社区居民带来益处的社会活动，是付出辛苦劳动，得到了社区居民认可的社会活动。我们也经常开展那些没有政府资金支持的社会活动。政府有条条框框的，政府不可能对每个项目都支持的，我们没有按照这些条条框框做，我们也要做那些居民有需求，需要我们组织来完成的社会公益活动，我们开展的很多社会公益活动是靠不上政府的。（根据 G 组织 W 老师访谈资料整理而来，2017 年 3 月）

从上述访谈资料可以看出，G组织作为M社区自身孵化出来的社会组织，开展了很多得到社区居民喜爱与认同的环保公益志愿者活动。尽管G组织开展的很多环保公益志愿者活动并没有得到政府的项目资金支持，但G组织还是坚持走公益性的发展道路，积极开展与M社区居民现实利益需求相关的环保公益志愿者活动，从而彰显G组织的公益性、民间性与草根性。

居委会干部也给社区居民讲道理，但是没有我们志愿者讲得这么顺利。我们都是老百姓，我们把情况和老百姓讲，他们觉得对的，就同意了。所以我们每个月12日就召开G组织议事会，把居民的问题拿出来商量，社区居民很乐意把问题和我们讲，我们也就帮他们解决，于是G组织议事会就成立了。我们G组织议事会，就是为老百姓讲话的，我们跟社区居民都比较熟悉，有什么问题，我们组织沟通要比居委会好，矛盾基本上都可以解决。（根据G组织志愿者L先生访谈资料整理，2016年11月）

从上述访谈资料可以看出，相对于M社区居委会而言，由于G组织的公益性、民间性与非营利特征，使得G组织能够贴近社区居民，能够及时地提取与反映居民的现实民生需求，能得到M社区居民的认可与接受。换言之，G组织开展的环保公益社会活动，能够激发社区居民参与社区公益志愿者活动的积极性与主动性。

问：你们是如何提取或反映社区居民的社会需求的？

答：我们和居委会是双重身份，我们跟居委会的关系太紧密了，我们的双重身份使得我们跟居民很亲近。即使我们平常不开展公益活动，居民也会主动来找你，如有财产、纠纷什么问题的，遇到问题都会来找你。比如，前一段有些居民会过来问，种蔬菜太慢了，有没有短一点、快一点的。跟他们很无意地聊天，就知道他们的需求。一定要做一个有心人。由于我们是双重身份，我们跟社区

> 居民之间的沟通是零障碍。我们能很好地提炼他们的需求，我们能够很好地借力发展。我们很容易在居委会开展活动。我们也要经常试验活动，让居民来体验，看看他们的反应。我们也不知道居民他们的需求，只能让他们来参观和体验。现在社区居民参与街道开展的各项公益活动、街道的活动都是有小礼品的，或发钱，还有很多福利的。居民不参与的，他们的活动质量不好，他们搞台账，搞任务，拍拍照完事。我们组织的活动不是这样，虽然我们的活动基本上没有礼品，我们主要是体验式的，但是居民喜欢参与我们的活动，因为我们比街道知道他们需要什么，我们能够清楚居民喜欢什么类型的活动。（根据G组织C老师访谈资料整理，2016年11月）

从上述访谈资料可以看出，G组织是从M社区居委会孵化出来的社会组织，与M社区居委会具有非常密切的关系。正是由于G组织与M社区居委会的双重身份，使得G组织与M社区居民之间的联结，有效反映或提炼出M社区居民的现实社会性需求。相对于基层政府而言，G组织作为一个公益性社会组织，其开展的环保公益社会活动更能得到M社区居民的认可与信任，M社区居民参与社区公益活动的积极性与主动性也比较高。换言之，G组织能够有效借助M社区居委会的行政性资源，充分调动M社区居民积极参与G组织环保公益活动的积极性与主动性，推动社区居民积极参与社区公共生活，提升G组织的专业技术能力与组织社会影响力，从而提升社会组织的公益性、草根性与非营利性。

（二）“爱心编织社”之毛衣编织案例

随着G组织生态环保活动的开展，G组织的社会公益活动已不仅仅局限于环保公益行动，G组织也经常开展用回收净化过的毛线编织“爱心衣帽”赠送给空巢老年人与偏远山区的未成年人的关爱活动。2013年1月30日，G组织之“爱心编织社”正式成立。G组织“爱心编织社”的前身是M社区G组织之“编织聊吧”。自“爱心编织社”成立以来，每年都为M社区的独居老人们开展爱心编织活动，并在春节前向M社区80岁以上独居老人赠送自己亲手编织的毛衣、围巾等过冬御寒衣物，向老人们传递爱心。截至2015年，“爱心编织社”总共编织了200多套“爱心衣帽”送到了小区高龄独居老人手上，同时“爱心编织社”也为困难地区的孩子们编织御寒毛衣。G组织旗下的“爱心编织社”总共向广西、西藏、贵州、安徽等地的希望小学捐赠“爱心衣帽”3000多件，志愿者人数达到200多人。目前“爱心编织社”的主要骨干都为M社区G组织党员与M社区志愿者。2014年9月，G组织爱心编织公益活动被列为S市“党员到社区、人人做公益”志愿行动推荐项目。(根据G组织资料整理而来)

在我们爱心编织社里面，有很多的妈妈们每天都在编织爱心毛衣，她们只要有空就在那里编织，编织了那么多毛衣，基本上没有任何费用的，没要一分钱。编织的毛衣等全部给一些困难灾区、困难地区送温暖。她们去西藏、四川送温暖的一切费用，包括车费、吃、住、行都是自己掏钱的。这个项目本身是一个非常好的项目。爱心编织本身就是奉献爱心，是一个居民自发的志愿者团体，达到了居民自治的目的，是一个很好的自治项目。然而政府对这个项目的支持是很少的。我们希望这个项目能够得到政府大力的支持，至少要给予这些妈妈们一些材料费吧。好多送温暖的毛衣等都不一定是变废为宝的回收箱里面弄出来的，很多都是她们自己购买材料编织手套、围巾什么的。这些志愿者们也需要一定的流动资金啊，比如去灾区的往返路费、座谈会费用、材料费以及活动谈心的茶水费。如果能够给予她们一定的经费支持，她们是可以做得更好的，可以更好地推动社区和谐建设。我们组织对她们的支持也是鼓励她们做好做大。我们组织也没有钱支持她们，我们也要去跟政府申请的，政府不会什么活动什么项目都批准的。我们真心希望政府每年能够投入一定的资金支持爱心编织社的建设中。爱心编织社是一个好的项目，已经成型啦，已经服务大众回馈社会，希望爱心编织社能够长期发展下去。爱心编织社是我们的一个很好的项目，居委会也支持我们搞这种公益慈善活动，但是我们需要的是资金支持。居委会也有自己的事情在做，他们也要管理社区的活动，维持社区治安与社区和谐，也要搞社区内部建设，居委会的资金支持主要用于这些方面，他们不可能对我们所有的活动都支持的。他们居委会自己也要生存，很多社区居民他们自己也是需要服务的。（根据G组织W老师访谈资料整理而来，2017年3月）

从上述访谈资料可以看出，“爱心编织社”的爱心编织活动作为G组织的一个环保公益慈善项目，“爱心编织社”的日常运行与管理都是依靠M社区的志愿者自身的力量。L街道和M社区居委会对“爱心编织社”项目资金支持很少，G组织由于组织自身的资金匮乏，使得G组织对“爱心编织社”的支持更多的是一种“精神”鼓励而非“物质”激励。G组织希望“爱心编织社”的爱心编织公益活动能够得到基层政府的大力支持，使得爱心编织这一公益慈善项目可以长期稳定地开展下去。

（三）“匠心社”之手工制作案例

“匠心社”不是一个社会组织，而是一个自发的自治团体。“匠心社”前身是“手工达人编织社”。目前“匠心社”有7位手工达人，其中包括利乐包编织达人、绒线编织达人、易拉罐编织达人、旧衣改造达人、美食健康达人等。“匠心社”活动的目的在于能够通过这些手工制作达人，带动社区里面更多喜欢手工制作的居民能够成为社区的能工巧匠，可以带动更多的职业女性、家庭主妇、全职太太、年轻人能够走出家庭、进入社区，能够推动和谐社区建设。

“匠心社”的设想已经有好几年，但是真正的操作应该是2016年的事情。我们想通过“匠心社”把更多的能工巧匠吸引到社区建设与社区服务中，能够给予这些居民一些发挥自己亮点的地方，使得这些居民能够跟社区接轨，跟社会接轨，达到居民自治。“匠心社”是要挖掘社区的能工巧匠，创建社区的一个特殊文化。这些能工巧匠都是普通人，但是她们的手工制作工艺是非常强大的，希望可以有更多的人能够学到这门技术。现在有很多社区居民想学香包制作，我们就想把社区居民组织起来让他们能够学习香包制作，有了这门技术可以让社区居民到自己所在社区创建自己的自治项目，带动周边更多的社区居民参与学习手工制作。这就是一个很好的居民自治项目，希望能够达到社区和谐、邻里关爱的社会公益性目的。我们一直在做“匠心社”的手工制作活动，“匠心社”以前一直处于一种比较散乱的发展状态，做的基本上都是“变废为宝”的公益活动，主要是让社区居民看到能工巧匠的手工制作产品。我们想把“匠心社”孵化成一个正规项目来运作，让那些喜欢做手工的能工巧匠的发光点或发亮点能够带动并影响周围更多社区居民，让周围更多的社区居民参与到手工制作公益活动中。我们希望能够把这个项目做活，能够长期开展下去，而不是空谈。空谈没有意义，不能搞一次活动就结束，最好可以长期开展下去。街道和居委会都知道我们组织在做这个“匠心社”，我们组织一直在运作这个匠心社项目，不过一直没有得到政府的经费支持，目前就是等街道的经费支持。我们已经把这个“匠心社”项目报到街道了，不知道街道能否审批下来。我觉得今年应该能够通过这个项目。即使没有批下来，我们也不算白干，我们做的就是环保宣传与建设，就是要推动社区和谐、社区居民自治。（根据G组织W老师访谈资料整理而来，2017年3月）

从上述访谈资料可以看出，G组织一直在设计与孵化“匠心社”的手工制作公益志愿者活动项目，希望“匠心社”能够成为G组织的环保公益项目长期开展下去。即使“匠心社”项目最后没有能够得到基层政府的审批与项目资金支持，“匠心社”社会公益志愿者活动还是G组织实践社会组织环保公益性的一次积极努力与探索。

(四) 公益实践与社会性目标达成

> 我们组织有很多摇篮期的公益项目。这些项目有很多都批不下来，因为现在项目要求越来越多，要求也很高，内容要求必须丰富。比如，有些居民想搞实验室，我们也搞不起实验室的，我们请不起专家，我们也不可能这么做，我们也不懂，这些项目是没有办法成立的。我们组织这样的项目有很多。现在项目运作必须要有资金支持，没有资金支持，很多项目就会被掐死在摇篮里。我们组织有很多项目，比如“厨余垃圾”啊、“环保酵素”啊，都是非常受社区居民喜欢的项目。这些项目也没有经费支持，都是社区居民自发志愿参与的。比如环保酵素的制作，很多居民会把自己家里面的生活垃圾材料拿过来制作酵素。制作肯定要产生费用，辅料费、瓶子都是需要费用的。志愿者的津贴是没有的，但材料是有费用的，这些项目都没有稳定的长期支持。我们组织很多项目都是要志愿者自己来做，但这是我们组织必须做的事情。尽管我们组织的项目很多已经成熟化了，但是项目都没有长期的项目支持。需要我们组织自己去找资金支持，最起码要保障项目的长期稳定运作、社会公益活动的顺利推进。（根据 G 组织 W 老师访谈资料整理而来，2017 年 3 月）

从上述访谈资料可以看出，G 组织的很多环保公益项目大多是靠 M 社区居民志愿者的社会力量来支持，并没有得到基层政府长期稳定的项目资金支持。由于缺乏长期稳定的资金支持，使得很多与 M 社区居民现实利益需求相关、深受 M 社区居民喜欢的环保公益项目无法实施，导致 G 组织无法对组织的环保公益项目形成长期稳定的发展预期与规划。但是这些环保公益活动却是 G 组织始终坚持做的社会公益性实践。换言之，由于 G 组织很多环保公益活动无法纳入基层政府的行政权力网络结构中，得不到基层政府的项目资金支持，使得 G 组织很多环保公益项目无法满足基层政府的行政绩效追求，导致 G 组织放弃对“匠心社”环保公益项目的活动设计与业绩包装，仅仅实现了社会组织的社会性目标达成。

> 我们处于公益组织的学徒时期，我们必须要有试验田来锻炼我们的实战能力。给我5万元的项目，我们还想做成7万元的项目呢，贴一点钱也好，主要是想把我们组织的品牌打出来。我们一直都在做亏本的买卖，我们做的很多事情都是没有钱的。我们组织没有钱，没有专业化人员，那就只能投入精力。只有吃苦耐劳，只有肯付出，我们组织的品牌才能出来。我们组织要向政府展现我们的能力。不做是不行的，不做就要被淘汰。我们这样做为了赚我们的口碑，赚我们的能力，赚我们的实践经验。我们只有这样做才能得到社区居民和社会大众的认可。只有我们强大了，政府才会睬你。弱国无外交就是这样。（根据G组织C老师访谈资料整理，2016年11月）

从上述访谈资料可以看到，G组织作为一个公益性社会组织，希望能够通过开展各种环保公益志愿者活动来提升G组织的社会影响力与环保专业化技术能力。目前，G组织很多环保公益项目都是短期性项目，但是G组织往往把短期环保公益项目视为满足M社区居民社会多元利益需求，提升组织环保专业技术能力与水平的一次积极探索与实践。如果短期环保公益项目对G组织提升组织专业技术能力有益，对提升组织社会影响力和社会公信力有益，那么社会组织就会积极实践环保公益项目，实现社会组织公益性的社会本位价值目标。

G组织作为由M社区自身孵化出来的社会组织，具有民间性、非营利性与公益性的特征，使得G组织愿意并积极参与到那些与M社区居民社会多元化利益需求紧密相关的环保公益社会志愿者活动中。“爱心编织社之爱心编织活动”“匠心社之手工制作活动”就是与M社区居民社会利益需求高度相关的环保公益社会活动，然而这些与M社区居民需求紧密相关的爱心编织、手工制作的环保公益社会活动无法满足基层政府行政绩效的合法性追求，使得爱心编织活动、手工制作活动这一类环保公益活动无法纳入基层政府行政权力网络结构中，导致这些与M社区居民利益需求相关的环保公益项目无法得到基层政府的项目资金支持，使得G组织无法对爱心编织、手工制作等这类环保公益活动进行活动设计或业绩包装，导致G组织仅仅实现社会组织的社会性目标达成。换言之，具有双重身份的G组织在完成符合社区居民利益需求的环保公益社会活动过程中，由于爱心编织、手工制作等这一类环保公益社会活动并不满足基层政府对行政绩效的合法性追求，使得这类环保公益项目无法获取基层政府的项目资金支持，导致社会组织放弃对"爱心编织""手工制作"这一类环保公益性活动的活动设计与业绩包装，仅仅实现了社会组织社会公益性目标达成。

（五）本章小结

"社会性"是社会组织存在与发展的本体性价值体现。"社会性"强调的是社会组织承担着更多的服务社会、服务居民的历史使命与价值目标。G组织是一个具有较强公益性的社区社会组织，G组织的公益性特征主要体现在：M社区居民积极参与G组织环保公益志愿者活动；M社区居民对G组织的社会公共服务满意度较高；G组织的项目品牌具有较高的社会效应；G组织始终坚持走公益性的发展道路。公共性作为社会组织的本质属性，社会组织要在基层社会治理中充分发挥社会协同作用必须注重社会组织的公共性培育。在微观制度环境制约或约束下，具有双重身份的G组织会根据城市生态社区建设的环保公益社会性任务与社会组织承接基层政府行政性任务的相关程度差异，采取三种不同的行为路径来实现G组织的社会性目标达成。G组织成功获得社会组织环保奖项的案例表明，由于G组织生态社区建设与M社区低碳社区建设之间具有高度相关性，使得G组织通过对M社区低碳社区建设活动业绩进行包装，从而成功获得社会组织环保奖项。G组织城市生态建设案例表明，G组织通过有效汲取M社区居委会的行政资源，通过"赋权+增能"的居民动员方式，激励更多的M社区党员与M社区居民积极参与到垃圾减量回收等环保公益志愿者活动中，有效推动了G组织城市生态社区建设进程。由于G组织基地孵化的社会性任务与G组织承接基层政府的"G组织行动联盟小分队”行政性任务之间并不具有高度相关性，使得G组织通过对生态社区建设项目过程进行活动设计与业绩包装，从而实现G组织生态社区建设社会性目标与“G组织行动联盟小分队”行政性目标的双重目标达成。G组织“爱心编织”“手工制作”环保公益活动案例表明，尽管“爱心编织”“手工制作”的环保公益性任务与M社区居民的社会利益需求紧密相关，但是这些环保公益项目由于无法纳入基层政府的行政权力网络结构中，使得那些与M社区居民社会需求相关的环保公益项目无法得到基层政府的资金支持，导致G组织放弃对“爱心编织”“手工制作”等这类环保公益社会志愿活动进行活动设计与业绩包装，从而仅仅实现了G组织的社会性目标达成。

第六章

社区社会组织未来发展

一、社区社会组织的发展特征

正如G组织C老师多次强调指出，“在社会公益性的发展道路上，不管我们G组织做了多少，至少我们G组织在行动，至少我们G组织在努力地行动。”

（一）社区社会组织双向汲取行为策略

中国社会组织“爆炸式”增长，离不开国家宏观社会组织发展政策以及基层社会治理策略的制度演变，更离不开地方政府发展社会组织的实践探索与制度创新，由此导致中国社会组织行为特征与行为策略更多地是由组织外部制度环境来塑造。既有社会组织行为策略研究一直存在着社会组织与法团主义之争、结构研究与行为研究的论争，正是在社会组织行为策略研究的不断论争中，学者们逐渐意识到需要关注影响社会组织发展的制度根源以及外部制度环境约束下的社会组织行动策略。既有社会组织行为策略研究，大多数研究关注社会组织在“模糊性”的宏观制度环境与“碎片化”的微观制度环境下是如何与基层政府进行有序互动，如何策略性地攫取组织所需要的各种资源。既有社会组织行为策略研究已经勾勒出“碎片化”的微观制度环境下，社会组织应对组织外部制度环境的不同策略性组织行为，并在此基础上进一步探讨影响社会组织功能发挥、组织运作与组织发展的重要影响机制。

结构取向的社会组织行为策略研究认为，社会组织行为策略主要受到制度、资源、关系网络以及政治机会结构等外部环境因素的约束影响。社会组织通过遵从与适应组织外部制度环境，通过与基层政府保持一种较强的依附关系，能够有效汲取组织需要的各种资源，获得组织的生存与发展空间。与结构取向的社会组织行为策略研究不同，行动取向的社会组织行为策略研究认为，社会组织的行为策略在一定程度上可以理解为在地方政府创新基层社会治理体制，大力发展社会组织的制度背景下，社会组织是如何通过策略性应对行为来汲取组织需要的各种资源，寻求组织的生存与发展。

组织制度分析认为，组织既要适应组织外部制度环境的要求，也要试图改变与塑造有利于组织发展的制度环境。在外部制度环境的约束下，社会组织通过与国家统治意识形态、社会组织发展政策法规以及地方政府发展社会组织的目标保持一致，积极认同与支持“制度化的神话”来获得组织合法性资源。然而，社会组织自身生存发展的社会性目标与基层政府发展社会组织的行政性目标之间相互矛盾，导致社会组织既要保持组织结构的合法性，同时也要促使组织能够灵活地运用各种行为策略来满足组织各种现实性的利益需求，使得社会组织的组织结构、组织活动与基层政府保持一种松散的“耦合”联结（Meyer & Rowan，1977）。社会组织的组织结构与组织活动分离的制度根源在于社会组织资源汲取的社会性需求与基层政府社会治理的行政性需求之间的持久张力，社会组织通过基层政府与社会组织之间的“去边界化”（黄晓星和杨杰，2015），可以实现社会组织的良性运行与健康发展。

通过对S市X区L街道M社区自身孵化出来的G组织研究发现，在“模糊性”的宏观制度环境与“碎片化”的微观制度环境以及社会组织项目制技术治理的约束下，G组织既要保持对制度规则的遵从与依赖，降低社会组织风险与保持社会组织的稳定健康发展，同时为了解决组织面临的人员不足、资金缺乏、环保专业技术能力不强的发展困境，G组织采取“双向汲取”行为策略汲取组织需要的各种资源，拓宽组织的生存与发展空间。由于G组织与M社区居委会的双重身份，使得G组织可以在M社区居委会的行政性资源与G组织的社会性资源之间实现资源自由互换与汲取，通过自由游走于“国家与社会之间”的行为策略来实现社会组织行政性目标与社会性目标的共同达成。G组织与L街道之间较强的依附关系，使得G组织获得了开展环保公益活动的组织自主性，尽管这种组织自主性表现为“依附性自主”。拥有较强组织资源汲取能力与组织社会影响力的G组织通过汲取基层政府体制内的行政性资源，可以获取组织所需要的合法性身份以及各种资源，提升社会组织社会影响力与社会公信力，拓宽社会组织的生存与发展空间。G组织还能够有效汲取体制外的社会性资源，积极推动M社区的低碳社区、生态社区与和谐社区建设，顺利完成承接基层政府转移的各项行政性事务工作，使得具有双重身份的G组织能够实现社会组织城市生态社区建设的社会性目标与基层政府低碳社区建设行政性目标的双重目标达成。

“双向汲取”这一概念的提出，不仅可以清晰地展现基层政府社区治理的最新变化，即基层政府的工作重心已经下移并延伸到基层社区，同时也形象地捕捉到社区社会组织作为城市社区多元协同治理的主体，其参与社区治理体制机制创新所作出的积极努力，而且在这样一个“双向汲取”的复杂互动过程中，社会组织的行政性目标与社会性目标都可以实现，而非一种“此消彼长”的对立关系。而且更为重要的是，“双向汲取”这一概念更加符合现实情况中社区社会组织的日常生活运作逻辑，能够很好地阐释复杂微观制度环境下社会组织的多元化行动路径（段雪辉和李小红，2020）。

（二）社区社会组织的多元化行动路径

社会组织行动策略研究主要关注社会组织在复杂外部环境结构制约下的组织行为能动性，聚焦探讨社会组织在外部环境结构制约下是如何建构组织的行为策略。然而既有社会组织“结构约束—策略行动”行为策略分析框架无法深刻揭示社会组织行为策略的实质内涵，也没有很好地厘清社会组织不同行动策略背后的约束条件与影响机制。换言之，既有“结构约束—策略行动”的分析框架没有考虑到复杂结构条件下的社会组织多元化行动路径。本书并未跳出“结构约束—策略行动”社会组织行为策略的二元分析框架，而是将组织行动者两个重要的影响变量“行动目标”和“行动任务”整合到“结构约束—策略行动”的分析框架中，尝试性地提出了“结构约束—策略行动—行动目标—行动任务”的分析框架，并构建社会组织行为策略的类型学分类，从而可以更好地解释影响社会组织行为策略的重要影响机制。

通过对S市G组织研究发现，G组织“双向汲取”行为策略主要受到社会组织接受任务的目标来源以及任务相关性程度的影响。正是由于G组织接受来源于基层政府的行政性任务以及来自社会组织的社会性任务的不同，以及社会组织行政性任务与社会性任务之间的相关性程度的差异程度，导致了G组织“双向汲取”行为策略呈现出制度结构约束下六种不同的社会组织行为路径。因此，本书的重要结论在于，看似铁板一块的组织制度结构也可能生产出社会组织多元化的策略性行为路径。

通过对G组织研究发现，G组织并没有陷入“行政官僚化”或“草根边缘化”的发展困境，G组织通过采取“双向汲取”行为策略，可以实现社会组织行政性目标与社会性目标的共同达成。具有双重身份的G组织在承接基层政府转移的行政性任务过程中，会根据社会组织行政性任务与社会性任务相关程度的差异水平，通过三种不同的组织行为路径，汲取社会组织的社会性资源实现社会组织的行政性目标达成。在任务相关性程度较高的低碳社区建设案例中，G组织通过对社会组织环保公益活动业绩包装，实现了社会组织的双重目标达成。在任务相关性程度不高的基层党建案例中，G组织通过对社会组织环保公益活动的过程设计与业绩包装，实现社会组织的双重目标达成。在任务相关性程度较低的老龄工作案例中，G组织放弃对承接基层政府老龄工作的行政性任务进行活动设计与业绩包装，仅仅实现社会组织行政性目标达成。

具有双重身份的G组织在完成社会组织生态文明社区建设的社会性任务过程中，会根据社会组织社会性任务与行政性任务相关程度的差异，采用三种不同的组织行为路径，通过汲取M社区居委会的行政性资源实现社会组织公益社会性目标达成。在任务相关性程度较高的社会组织环保奖项获评案例中，G 组织通过对 M 社区低碳社区活动业绩包装，实现 G 组织的双重目标达成。在任务相关性程度不高的城市生态社区项目案例中，G 组织通过对“G 组织行动小分队建设”的过程设计与业绩包装，实现社会组织的双重目标达成。在任务相关性程度较低的“爱心编织”与“手工制作”的社会公益项目案例中，G 组织放弃对“爱心编织”“手工制作”这类环保公益项目的过程设计与业绩包装，从而仅仅实现社会组织的社会性目标达成。

（三）社区社会组织的合法性

组织制度分析认为，社会组织的组织行为与组织形式都是由制度结构来塑造，制度赋予了身份，塑造了人们的思维习惯；制度塑造了社会群体的记忆与遗忘的功能；制度对事物加以分门别类。组织合法性机制是诱使或迫使组织采纳在外部环境中具有合法性的组织结构或做法的一种制度力量（周雪光，2003）。组织合法性有三个机制：强迫性机制、模仿机制与社会规范机制（迪玛吉奥和鲍威尔，1983）。组织之间的相互依赖关系、组织目标的模糊导致了组织趋同。组织趋同强调组织行为的功利性与工具性，强调组织趋同是比较符合组织自身利益的，是组织有限理性选择的结果。

社会组织不仅为了汲取组织所需要的各种资源而展开竞争，同时也为了获取组织的合法性身份展开角逐。组织合法性强调的是一种建立在社会认可基础上的权威关系。组织合法性的基础既可以是法律秩序，也可以是一定的社会价值或共同体沿袭的先例。组织合法性的汲取有利于社会组织的生存与发展，尽管它不一定有技术或经济效益的意义。在中国当前“强国家-弱社会”的结构情境下，获得地方政府的行政合法性对社会组织的生存与发展尤为重要。相对于政府权威的行政性认可而言，社会组织的社会合法性被降低到一个次要地位。社会组织的行政合法性与社会合法性是一种相互促进、相辅相成的关系。如果社会组织没有行政合法性，那么社会组织就无法生存或发展下去，也就无法获取组织社会合法性；如果社会组织不具有社会合法性，社会组织提供多元社会公共服务，满足社区居民多元社会性需求的社会公益性目标就无法实现。

通过对G组织研究发现，G组织具有行政合法性和社会合法性。G组织通过与国家城市生态文明建设的发展理念与发展目标保持高度一致，通过主动或自觉地引入“国家行政权力符号”，严格按照国家城市生态文明建设的发展需求积极开展环保生态公益活动，使得G组织的环保公益活动得到了各级政府的高度肯定与赞许，获得多项基层政府颁发的奖项与荣誉。G组织生态环保的健康生活理念，比较符合地方政府城市基层社会治理的发展理念与发展目标，G组织提倡的社区和谐与社区自治理念，也比较容易获得社区居民的认同与接受，使得G组织具有了社会合法性。正是由于G组织具有的组织合法性，使得社区居民以及基层政府官员普遍相信，G组织正在按照他们各自所期望看到的方式在运作。

通过对G组织研究发现，G组织具有“亦官亦民”的组织结构，G组织主要依赖于体制内外资源，通过官方与民间渠道汲取组织所需要的各种资源。由于G组织行为受到政府行政官僚机制与社会组织社会自治机制的支配与约束，使得G组织必须同时满足社会大众与基层政府的双重利益需求，导致G组织的主要活动领域集中在社会与政府共同认可与接受的“交叉地带”。由于G组织具有双重身份，使得G组织一方面能够借助组织行政合法性，通过汲取基层政府体制内行政资源，满足社会组织自身发展的社会利益需求；另一方面G组织能够借助组织社会合法性，通过汲取社会组织体制外社会资源，积极深入到社区开展环保公益志愿者活动，不仅满足了基层政府的行政绩效追求，也满足了社区居民多元化的社会诉求，从而实现G组织的双重目标达成。

（四）社区社会组织的去行政化

组织制度分析认为，社会组织的发展更多地受到组织外部环境的制约影响。社会组织发展的政策法规、社会组织的管理体制以及地方政府发展社会组织的“技术治理”逻辑导致中国社会组织与基层政府之间呈现出一种“工具主义”关系（李友梅等，2012、2014；黄晓春，2015；纪莺莺，2016），即社会组织通过依附于基层政府，承担更多基层政府转移的行政事务性工作，可以工具性地获取社会组织所需要的各种资源，拓宽组织的生存与发展空间。中国社会组织与基层政府之间的强依附关系导致社会组织独立性与自主性缺失、组织活力不足、组织效率低下，社会组织具有明显“行政化”色彩。社会组织的行政化特征是中国社会组织发展的重要困境之一，是中国社会组织发展过程中的一种历史现象，具有较强的过渡性与暂时性。

社会组织的本质属性是社会组织的公益性、民间性与非营利性。社会性强调社会组织与社会大众之间的紧密联结。然而大多数学者的经验研究发现，中国社会组织大多数陷入“行政官僚化”的组织发展困境中。社会组织的“行政化”导致了社会组织的公益性缺失、独立性丧失、自主性不足，以及社会组织提供的公共服务“内卷化”。社会组织的“去行政化”，强调社会组织的“内源型”发展，聚焦探讨社会组织的独立性与自主性发展程度，主张破除政府主导的社会组织一元发展格局，推行政社分开，创新社会组织管理体制，激发社会组织活力，强调政府为社会力量让渡足够的公共空间以及公民精神对社会组织发展的重要促进意义。然而，社会组织的“去行政化”并不等于社会组织发展无须基层政府的大力支持。社会组织提升组织“社会性”并非规避基层政府的行政性力量，而是谨防基层政府“行政化”色彩对社会组织“社会性”的侵蚀与替代。

通过对G组织的研究发现，G组织是S市X区L街道M社区居委会自身孵化出来的社区社会组织。G组织与M社区居委会的关系是“一套人马、两项工作”。G组织不仅得到S市X区L街道、M社区居民以及相关部门的大力支持，而且G组织还被纳入L街道行政管理体制，由M社区居委会直接进行管理，同时也接受L街道的指导。G组织的组织运作方式、组织人员构成带有明显的行政官僚化特征。L街道以及M社区的行政性资源成为G组织生存与发展的重要依托。L街道在给予G组织发展“弱激励”的同时也逐步强化了社会组织纵向秩序的合法性建构，使得G组织成为基层政府重要的行政助手，导致了G组织努力完成承接基层政府转移的行政事务性工作，获得基层政府的认可与信任，实现基层政府的行政性目标达成。G组织的角色认知也是偏向于基层政府。G组织的“角色错位”主要与G组织自身的组织行动能力、社会组织发展的外部制度环境有关。

二、社区社会组织的发展方向

（一）社会组织公共性再生产

人类社会从现代向后现代的快速转型，使得人类社会关系纽带也发生着重要变化，作为其载体的社会组织及其运作形态也自然发生了重要转变。社会组织与形态的转变集中体现为社会组织作为社会关系纽带和社会秩序的中介，并由此将多样化的社会联结勾连而形成社会秩序。新时期社会组织建设领域依据社会组织的领域和作用方式而呈现出三个不同的研究层面：治理与秩序建构的主体、社会自组织以及组织社会的实践过程。社会组织不仅是参与社会治理及建构社会秩序的重要组织主体，社会组织还是一个理性工具主义、理念价值主义与策略性等特征综合的行动主体，社会组织还具有变动性，关系联结也更具有临时性和复杂性，但其反映了社会关系建构和变动的实践过程（李友梅，2015）。作为社会联结纽带的社会组织，其社会协同主体地位的发挥离不开社会组织公共性的重新建构与再生产。社会组织公共性再生产的关键在于社会组织能否积极参与社会公共生活，在社会横向合作机制建构中发挥其应有的主体作用。西方发达国家公民志愿者组织的历史进程，实质上就是一个现代意义的公共性不断再生产的过程。社会组织的公共性再生产，实质上推动社会组织可以超越狭隘的个人主义，投身于社会公共领域，与基层政府形成有序互动，可以推进社会组织的健康发展（黄晓春和张东苏，2015）。通过对G组织研究发现，G组织是一个没有主体性地位、公共性不足的社会公益组织。G组织也清楚地意识到组织主体性缺失的发展困境，也渴望能够获取组织的主体性地位，提升社会组织与基层政府之间的民主协商与沟通合作能力。

在既有组织外部制度环境制约下，国家对社会组织的“赋权”（empower）是社会组织公共性生产的重要支持条件。因为社会组织的公共性生产本质上是一种权力关系的改革与重建（李友梅，2006）。不经历这种赋权即权力关系的调整，“总体性控制模式”的现状就不可能改变，社会组织的公共性就不可能完全培育出来。因此，国家通过制定与实施社会组织公共性生产的公共政策，明确社会组织的权力边界，为社会大众利益诉求与表达创造有利条件，从而拓展社会组织公共性的发育空间。社会组织公共性的生产不仅有赖于国家制度的“国家赋权”，而且还有赖于社会大众对社会组织的“社会赋权”。因为社会大众对社会组织的“社会赋权”，能够提升社会组织的“社会合法性”，能够凸显社会组织理性协商、公共舆论形成以及集体意识建构的社会组织公共性特征。社会组织的社会本位价值取向，决定了社会组织通过提供多元社会公共服务，满足社会大众多元社会利益需求，获得政府与社会大众的认可与信任，才能推动城市生态文明社区建设。要不断完善社会组织的“把关”机制，增强社会组织的行政合法性与社会合法性。通过在理性协商、平等对话的基础上建立并完善社区治理多元主体利益协调与表达机制，加强社会组织与基层政府、社区居民、社区居委会等多元主体的对话与交流，从而获得基层社区治理多元行动主体的信任与支持（段雪辉和李小红，2020）。

公共性的构建和培育不仅是刚性的制度构建，还是社会的集体心理与情感塑造过程。重塑社会“共识”对于社会组织公共性生产具有重要意义。然而社会共识不能完全独立地发挥稳定且持久的作用，需要社会的一些基础性结构作为支撑，主要涉及社会利益结构的合理配置、经济与社会增长模式的相互匹配以及核心价值观的再生产等。社会组织公共性的生产不仅有赖于国家制度的确认，而且还需要经历社会认知层面的“制度化”（Zucker，1983）历程。由于制度化涉及人类的认知形成（Meyer & Rowan，1977），因此可以对人们的行为动机与偏好产生重要影响（黄晓春和张东苏，2015）。因此，在有中国特色的公共性培育与建构过程中，社会组织要充分发挥其基层社会治理协同主体的重要作用，就必须明确自身的角色功能定位，加强与基层政府、社区居委会和社区居民之间的强联结，从而实现社会组织的历史使命与价值目标。

因此，当社会组织依托项目嵌入到基层社会治理中，原有基层社区治理格局被打破，围绕社会组织项目制运作中的权力关系与资源汲取，基层政府、社会组织与居委会、社区居民之间的关系发生着微妙的变化。那么社会组织依托项目制嵌入到基层社会治理当中，社会组织的项目制究竟对基层社会治理产生了什么效果，对社会组织的本身产生了哪些复杂的影响？如何促使基层政府与社会大众真正赋予社会组织权力？基层政府要如何协调由于社区社会组织主体性地位提升而形成对基层政府的制约与抗衡力量？社会大众又要如何平衡由于社区社会组织主体性地位提升而形成对社会大众的约束力量？这都是未来值得深入研究的重要问题。

（二）社会组织的枢纽型管理

单纯依靠政府行政体制改革来实现社会组织项目化技术治理超越比较困难。因为目前中国政府“条块”分割、“职责同构”的组织构架特征难以实现跨组织体系整合。优化社会组织项目化技术治理模式的可能路径就在于积极发挥政党组织的协同能力以及推动基层政府向下负责（黄晓春和稽欣，2016）。社会组织枢纽型管理是党建引领社会组织发展的新模式。北京、上海等地都在积极探索社会组织枢纽型管理模式，实现党组织在社会组织的建设与影响。枢纽型社会组织指的是对同类别、同性质、同领域社会组织进行联系、服务和管理的联合型组织。枢纽型社会组织由北京市社会建设工作领导小组认定，负责在本领域社会组织中贯彻执行党的路线方针政策，开展党的工作，在业务上发挥引领聚合的作用，在日常服务管理上发挥平台作用，负责提供日常服务管理，促进本领域社会组织健康有序发展。枢纽型社会组织的政策意图在于借助枢纽型社会组织的整合和联结作用，大力向社会组织购买服务，通过枢纽型社会组织的建设，探索和推动社会组织登记管理体制改革（李友梅等，2016）。枢纽型社会组织有利于社会组织之间的公共资源得以集中共享，有利于对资源进行合理规划和有效配置，避免重复投入与建设。枢纽型社会组织是社会组织成员组织重要的资源共享平台和信息互动平台。枢纽型社会组织实质上是社会组织的再组织。枢纽型社会组织在组织建立、组织结构以及组织运行方面具有典型的国家法团主义特征。

2008年以来，北京市正式推行社会组织枢纽型管理体制。北京市逐步构建起以人民团体为骨干的“枢纽型”社会组织工作体系，将社会组织按照其工作性质和业务类型，纳入新的管理体制，由“枢纽型”社会组织负责进行日常管理和服务，从而形成所谓的分类管理、分级负责的社会组织管理模式（孙兰英等，2013）。2009年，北京市社会建设工作领导小组正式认定了首批10家市级枢纽型社会组织，标志着北京市社会组织与原有的行政管理部门的关系从主管主办关系逐步过渡到行业指导关系。在枢纽型社会组织管理体系下，北京市在政策上适当加大向社会组织购买服务的力度与资源投入。北京市政府部门向社会组织购买服务主要采用“政府主导、枢纽型社会组织统一运行”的模式（李友梅等，2016）。2007年，上海市静安区成立了静安区社会组织联合会，创建了“1+5+X”的枢纽型社会组织管理模式。上海市静安区社会组织联合会充分发挥枢纽型社会组织的桥梁和纽带作用，坚持党建引领社会组织建设，提升新社会组织党建工作的有效性，坚持以章程为行动准则，大力培育发展社会组织和领军人物，加强以公信力为核心的能力建设，坚持搭建服务平台，承接服务项目，倾听反映诉求，推动政府购买服务，惠及百姓民生，在维护社会稳定、建设和谐家园方面发挥了重要作用。上海市静安区社会组织联合会区域化党建和枢纽型社会组织管理模式创新，对党社关系、政策枢纽、参政议政、典型塑造与制度建设方面具有普遍意义（李友梅等，2016）。

2016年，S市X区L街道G组织根据L街道提出的要求，计划以“L生态家”为主题，将“G组织联盟”分队建设及共建生态家园的绿色环保系列活动由目前的18个居民区推广至20个居民区。该项目总目标是环境保护意识的提升、环境保护体系的构架和居民区自治能力的培养。项目分目标是在20个居民区开展一系列绿色环保活动，激发社区居民群众参与建设凌云生态家园的积极性，普及绿色环保的理念和方式，为S市政府“百万家庭低碳行垃圾减量要先行”等环保工作作出贡献。然而，G组织行动联盟设计方案中，并没有针对联盟行动的组织管理与组织运行保障。因此，如何确保社会组织联盟行动的有效运行？如何发挥枢纽型社会组织的重要纽带枢纽作用？如何实现社会组织的枢纽型管理？这是值得深入研究的重要问题。

（三）社会组织项目治理的超越

社会组织项目化技术治理是基层政府行政职能转移、创新基层社会治理的重要方式，是基层政府与社会组织构建新型合作伙伴关系的重要途径。现阶段，社会组织的项目化运作更多是出于基层政府行政绩效的利益追求，而不是出于社会大众多元化社会利益诉求，更多关注社会组织作为基层政府行政助手的角色功能发挥，而不注重社会组织主体性地位的提升。社会组织项目化技术治理是一种“总体性控制机制”，与宏观政策模糊性、政策执行中控制权“碎片化”以及自下而上社会压力不足等因素密切相关，主要强调风险控制、事本主义以及工具主义的行为逻辑（黄晓春和稽欣，2016）。社会组织项目化技术治理的“管家型”模式（王向民，2014），表面上光鲜，但存有隐患：社会组织分化与结构失衡，组织独立性与自主性缺失，组织提供低质量与低效率的社会公共服务。正如詹姆斯·斯科特所言，“人类社会工程之所以会失败，原因在于大量社会工程的产生是出于国家的视角而非社会的视角。”

通过对G组织研究发现，具有双重身份的G组织，主要依靠北京万通基金会城市生态社区建设项目资源来运作。由于北京万通基金会城市生态建设项目与基层政府低碳社区、文明社区与和谐社区建设的行政性任务高度一致，使得G组织不仅能够汲取基层政府的行政性资源推进城市生态社区建设进程，还能够汲取G组织的社会性资源实现M社区居委会对低碳社区、和谐社区、生态文明社区建设，满足基层政府对行政绩效合法性的利益追求。然而并不是所有的G组织环保公益项目都能被有效吸纳入基层政府的行政权力网络结构中，很多类似“爱心编织”“匠心制作”环保公益项目无法得到基层政府项目支持，导致这一类深受社区居民喜爱的环保公益项目无法得到长期稳定的发展，使得G组织提供的多元化公共服务更多体现了基层政府的行政性需求而非社区居民的社会性需求。

社会组织项目化运作的好坏程度，主要取决于社会组织的专业技术能力以及基层政府与社会组织的关系强度。通过对G组织研究发现，G组织与L街道、M社区居委会之间具有较强的联结关系，使得G组织具有承接政府基层党建项目的能力与优势。然而，G组织环保专业技术能力不强，G组织较少承接到基层政府的社会公益项目，使得G组织面临的制度风险无法预期，或者制度风险认知低估化，导致G组织“有限理性”地培育与发展那些与地方政府基层社会治理目标相关的环保公益项目。G组织项目化运作的“工具主义”发展特征，导致很多类似“家庭一平米小菜园”“一平米阳台”等环保公益项目长期处于一种低水平重复建设。

完善社会组织的项目制运作，要强化政府购买社会组织服务中的社会参与机制，要加强上下级之间的协同联动机制，要完善政府购买社会组织服务公开透明的信息机制（黄晓春，2017）。通过对G组织的研究发现，G组织公益活动的参与人群主要以中老年退休人群为主，年轻人参与比例和参与程度并不高。那么，社会组织如何动员更多社区年轻居民积极参与社区公益活动？社会组织如何提升专业技术能力，提供高质量的社会公共服务满足社区居民多元化的社会利益需求？社会组织如何在公益实践探索出适合组织自身发展项目化运作模式？这些都是值得进一步深入研究的重要问题。

（四）研究不足

本书存在很多不足和值得进一步探讨的地方。

首先，本书所选择的对象是S市X区L街道M社区自身孵化的一家社区社会组织——G组织。不同城市、城市不同区域、区域内不同街道，其社会组织发展情况不尽相同，导致社会组织行动策略与制度供给也存在一定差异。因此，关于S市G组织得出的结论具有一定局限性。然而，由于中国基层政府内部存在“职能同构”现象，使得从一个基层社区层面观察到微观制度环境下的社区社会组织行为策略，一定程度上也能够反映出其他社区社会组织的行为特征。

其次，G组织发展不仅受到“碎片化”的微观制度环境影响，而且还受到“模糊性”的社会组织宏观制度环境的影响。关于宏观制度环境因素对G组织行为策略的影响分析，本书主要是根据L街道与G组织自身的角色认知与行为理解进行分析与预判。由于笔者收集资料能力的限制，并没有对S市以及S市X区这一层级相关政府部门进行访谈，从而导致关于基层政府与社区社会组织之间复杂的互动关系分析略显不足。因此，关于社区社会组织“双向汲取”行动策略的有效性以及社区社会组织复杂的生活实践逻辑，还需要未来进一步的深入研究。

最后，本书提出了社区社会组织“双向汲取”的组织行动策略，并尝试建构了“结构约束—策略行动—行动目标—行动任务”的社会组织多元化行动路径的分析框架。该分析框架为社会组织的行为策略研究提供了一个新的视角，但是该分析框架是否可以应用到其他社区社会组织的行为策略研究中，还需要未来进一步的深入研究。

参考文献

[1] Antlov, H., Brinkerhoff, D. W, Rapp, E. 2010. "Civil Society Capacity Building for Democratic Reform: Experience and Lessons from Indonesia." Voluntas, 21 (3): 417-439.

[2] Arya, B. and Lin, Z. 2007. "Understanding Collaboration Outcomes From an Extended Resource-Based View Perspective: The Roles of Organizational Characteristics, Partner Attributes, and Network Structures." *Journal of Management*, 33 (5): 697-723.

[3] Ashman, D. 2001. " Strengthening North-South Partnerships For Sustainable Development." *Nonprofit and Voluntary Sector Quarterly*, 30 (1): 74-98.

[4] Austin, J. E. 2000. "Strategic collaboration between nonprofits and businesses." *Nonprofit and Voluntary Sector Quarterly*, 29: 69-97.

[5] Berger, I., Cunningham, P., & Drumwright, M. 2004. "Social Alliances: Company - Nonprofit Collaboration." *California Management Review*, 47 (1): 58 -90.

[6] Brettell, Anna. 2000. "Environment Non-Government Organizations in the People's Republic of China: Innocents in a Co-opted Environmental Movement?" *The Journal of Pacific Asia*, (6): 27-56.

[7] Brinkerhoff, J. M. 2002, "Government-Nonprofit Partnership: A Defining Framework." *Public Administration and Development*, 22 (1): 19 - 30.

[8] Britton, R. 2011. "Earthquakes and Civil Society: A Comparative

Study of the Response of China's Nongovernment Organizations to the Wenchuan Earthquake." *China Information* 25 (1): 83-104.

[9] Campos, N. F., Khan, F. U., and Tessendorf, J. E. 2004. "From Substitution to Complementarity: Some Econometric Evidence on the Evolving NGO-State Relationship inPakistan." *The Journal of Developing Areas*, 37 (2): 49-72.

[10] Chaves, M., Stephens, L. and Galaskiewicz, J. 2004. "Does Government Funding Suppress Nonprofits' Political Activity." *American Sociology Review*, 69 (2): 292-316.

[11] Child, John. 1972. "Organizational Structure, Environment and Performance : the Role of Strategic Choice." *Sociology*, 6 (1): 1-22.

[12] Chin, J. J. 2009. "The Limits and Potential of Nonprofit Organization in Participatory Planning: A Case Study of the New York HIV Planning Council." *Journal of Urban Affairs*, 31 (4): 431 - 460.

[13] Cho, S., and Gillespie, D. F. 2006. "A Conceptual Exploring the Dynamics of Government - Nonprofit Service Delivery." *Nonprofit and Voluntary Sector Quarterly*, 35 (3): 493-509.

[14] Cooper, Caroline M. 2006. "This is Our Way in the Civil Society of Environmental NGOs in South-West China." *Government and Opposition*, 41 (1): 109-136.

[15] Coston, J. M. 1998. "A Model and Typology of Government-NGO Relationships." *Nonprofit and Voluntary Sector Quarterly*, 27 (3): 358-382.

[16] Dalton, R. J., Recchia, S. and Rohrschneider, R. 2003. "The Environmental Movement and the Modes of Political Action." *Comparative Political Studies*, 36 (7): 743-771.

[17] Deng, Guosheng. and Kennedy, Scott. 2010. "Big Business and Industry Association Lobbying in China: the Paradox of Contrasting Styles." *The China Journal*, 63 (1): 101-125.

[18] Dickson, Bruce J. 2000. "Cooperation and Corporatism in China: The

Logic of Party Adaptation." *Political Science Quarterly*, 115 (4): 517-540.

[19] Dimaggio, Paul J. 1988. "Interest and agency in institutional theory." In *Institutional Patterns and Organizations: Culture and Environment*, edit by Lynne G. Zucker (p. 21). Cambridge, MA: Ballinger.

[20] Dimaggio, Paul J., and Anheier, Helmut K. 1990. "The Sociology of Nonprofit Organizations and sectors." *Annual Review of Sociology*, (16): 137-159.

[21] Dimaggio, Paul J., and Powell, Walter W. 1983. "The Iron Cage Revisited Institutional Isomorphism and Collective Rationality in Organizational Fields." *American Sociological Review*, 48: 147-160.

[22] Ding, Y. 1998. "Corporatism and Civil Society in China: An Overview of the Debate in Recent Years." *China Information*, 12 (4): 44-67.

[23] Economy, Elizabeth. 2005. "The River Runs Black: The Environmental Challenge to China's Future." *Global Environmental Politics*, 5 (1): 138-141.

[24] Egan, C. 1995. "Creating Organizational Advantage." Oxford: Butterworth Heinemann.

[25] Eisinger, P. K. 1973. "The Conditions of Protest Behavior in American cities." *The American Political Science Review*, 67 (1): 11-28.

[26] Evans, Peters B. 1996. "Government Actions, Social Capital and Development: Reviewing the Evidence on Synergy." *World Development*, 24 (6): 1119-1132.

[27] Forsyth, T. 1999. "Environmental Activism and the Construction of Risk: Implications for NGO Alliances." *Journal of International Development*, 11 (5): 687-700.

[28] Foster, Kenneth. 2002. "Embedded within State Agencies: Business Association in Yantai." *China Journal* , 47 (1): 41-65.

[29] Foster, M. K. and Meinhard, A. G. 2002. "A Regression Model Explaining Predisposition to Collaborate." *Nonprofit and Voluntary Sector Quarterly*,

31 (4): 549-564.

[30] Frolic, B. M. 1997. "State-Led Civil Society." In Brook, T., and Frolic, B. M. (eds.) *Civil Society in China*, M. E. Sharpe, Inc,

[31] Gamson, William A. & Meyer, David S. 1996. "Framing Political Opportunity." Doug McAdam, John D. McCarthy & Mayer N. Zald. *Comparative Perspectives on Social Movements*. Cambridge: Cambridge University Press.

[32] Ganz, Marshall. 2000. "Resources and Resourcefulness: Strategic Capacity in the Unionization of California Agriculture, 1959-1966." *American Journal of Sociology*, 105 (4): 1003-1062.

[33] Gidron, B., Kramer, P., & Salamon, L. M. 1992. *Government and Third-Sector Emerging Relationships in Welfare State*. San Francisco, Josser-Bass Publishers.

[34] Glickman, N. J., and Servon, L. J. 2003. "By the Numbers: Measuring Community Development Corporations Capacity." Journal of Planning Education and Research, 22 (3) : 240 - 256.

[35] Gray, Garry C., and Silbey, Susan S. 2014. "Governing Inside the Organization: Interpreting Regulation and Compliance." *American Journal of Sociology*, 120 (1): 96-145.

[36] Guo, Chao and Muhittin, Acar. 2005. "Understanding Collaboration Among Nonprofit Organizations: Combining Resource Dependency, Institutional, and Network Perspectives." *Nonprofit and Voluntary Sector Quarterly*, (3): 340-361.

[37] Hall, D. 1999. "Privatization, Multinational and Corruption." *Development in Practice*, 5: 1-31.

[38] Hall, P. A., and Soskice, D. 2003. "Varieties of capitalism and institutional change: a response to three critics." *Comparative European Politics*, 1 (2): 241-250.

[39] Hall, R. H. and Tolbert, P. S. 1991. *Organizations: Structure, Process and Outcomes*. New York: Jersey Prentice Hall.

[40] Haque, M. S. 2001. "The Diminishing Publicness of Public Service under the Current Mode of Governance." *Public Administration Review*, 61 (1): 65-82.

[41] Hasmath, R., and Hsu, J. 2014. "Isomorphic Pressures, Epistemic Communities and State-NGO Collaboration in China." *The China Quarterly*, 220: 936-954.

[42] He, Baogang. 2003. "The Making of a Nascent Civil Society in China." In Schak, David C. & Wayne, Hudson (eds), *Civil Society in Asia*, Burlington, VT: Ashgate.

[43] Ho, Peter. 2001. "Greening Without Conflict: Environmentalism, NGOs, and Civil Society in China." *Development and Change*, 32 (5): 893-921.

[44] Ho, Peter. 2007. "Embedded Activism and Political Change in Semi-Authoritarian Context." China Information, 27 (2): 187-188.

[45] Hsu, J., and Hasmath, R. 2014. "The Local Corporatist State and NGO Relations in China." *Journal of Contemporary China*, 23 (87): 516-534.

[46] Jean, C. Oi. 1995. "The Role of the Local State in China's Transitional Economy." *The China Quarterly*, 144 (12): 1132-1149.

[47] Jiang, Ru. 2004. *Environment NGOs in China: the Interplay of State Control, Agency Interests and NGO Strategies*. Stanford University.

[48] Jiang, Ru. and Ortolano, Leonard. 2009. "Development of Citizen-organized Environmental NGOs in China." *Voluntas*, 20 (2): 141-168.

[49] Johnson, Erica, and Parkash, Aseem. 2007. "NGO Research Program: A Collective Action Perspective." *Policy Sciences*, 40 (3): 221-240.

[50] Jonhanson, J. E. 2001. "The Balance of Corporate Social Capital." In *Social Capital of Organizations*, Shaul M. Gabbay & Roger Th. A. J. Leenders, (ed). Elsevier Science Ltd.

[51] Kenneth, Andrews T., Ganz, Marshall, Baggetta, Matthew, Han, Hahrie, and Chaeyoon, Lim. 2010. "Leadership, Membership, and Voice: Civic

Associations That Work." *American Journal of Sociology*, 115（4）: 1191–1242.

[52] Kitschelt, Herbert. 1986. "Political opportunity structure and Political protest: Anti–Nuclear Movements in Four Democracies." *British Journal of Political Science*, 16（1）: 71–96.

[53] Knup, Elizabeth. 1997. "Environmental NGOs in China: an Overview." *China Environment Series*,（1）: 9–15.

[54] Kramer, R. M. 1994. "Voluntary Agencies and the Contract Culture: Dream or Nightmare." *Social Service Review*, 68（1）: 33–60.

[55] Kriesi, Hanspeter, Koopmans, Ruud, Duyvendak, Jan W., and Marco G. Giugni. 1995. *The Politics of New Social Movements in Western Europe: A Comparative Analysis*. Minneapolis: University of Minnesota Press.

[56] Kuhnle, Stein and Selle, Per 1992. *Government and Voluntary Organization: Relational Perspective*. Aldershot, Hans, England: Brookfield, VtAshgate.

[57] Lieberthal, K. G., and Oksenberg, 1988. *Policy Making in China: Leaders, Structure, and Processes*. Boston: Princeton University Press.

[58] Lieberthal, Kenneth G. and Lampton, David, M. 1992. Bureaucracy, Politics and Decision – Making in Post – Mao China. Berkeley: University of California Press.

[59] Lin, Nan. 1999. "Building A Network Theory of Social Capital." *Connections*, 22（1）: 28–51.

[60] Lin, Teh–chang, and Lin, Jean–Yen chun. 2007. "The Environmental Civil Society and the Transformation of State–Society Relations in China: Building a Tri–level Analytical Framework." *Pacific Focus*, 22（2）: 113–139.

[61] Lin, The–chang. 2007. "Environmental NGOs and the Anti–Dam Movements in China: A social Movement with Chinese Characteristics." *Issues & Studies*, 43（4）: 149–184.

[62] Lindenberg, M. 2001. "Reaching Beyond the Family: New Nongovernmental Organization Alliances for Global Poverty Alleviation and Emergency Re-

sponse." *Nonprofit and Voluntary Sector* , 30 (3): 603-615.

[63] Lu, Yiyi. 2009. *Non-Government Organization in China: The Rise of Dependent Autonomy*. New York: Routledge.

[64] Ma, Qiusha. 2002. "Defining Chinese Non-governmental Organizations." *International Journal of Voluntary and Nonprofit Organizations*, 13 (2): 113-130.

[65] Macy, M. W. and Willer, R. 2002, "From Factors to Actors: Computational Sociology and Agent-Based Modeling." *Annual Review of Sociology*, 28 (1): 143-166.

[66] Majchrzak, A., Jarvenpaa, S. L., Hollingshead, A. B. 2007. "Coordinating Expertise among Emergent Groups Responding to Disasters." *Organization Science*, 18 (1): 147-161.

[67] McAdam, D. 1982. *Political Process and the Development of Black Insurgency*, 1930-1970, Chicago: The University of Chicago Press.

[68] Medina, L. K. 2010. "When Government Targets 'the state': Transnational NGO Government and the State in Belize." *Political and Legal Anthropology Review*, 33 (2): 245-263.

[69] Meyer, D. and Minhoff, D. 2004. "Conceptualizing Political Opportunity." *Social Forces*, (4): 1457-1492.

[70] Meyer, J. W. and Rowan, B. 1977. "Institutionalized Organizations: Formal Structure as Myth and Ceremony." American Journal of Sociology, 83 (2): 340-363.

[71] Migdal, Joel S., Kohli, Atul. and Shue, Vivienne. 1994. (eds.), *State Power and Social Forces: Domination and Transformation in the Third World*, New York: Cambridge University Press.

[72] Miles, R. H., & Perreault, W. D. 1976. "Organizational Role Conflict: its antecedents and consequences." *Organizational Behavior and Human Performance*, 17 (1): 19-44.

[73] Miller, C. 2004. *Producing Welfare: A Modern Agenda*. New York:

Palgrave Macmillan.

[74] Morton, Katherine. 2005. "The Emergence of NGOs in China and Their Transnational Linkages: Implications for Domestic Reform." *Australian Journal of International Affairs*, 59 (4): 519-532.

[75] Nahapiet, Janine. and Ghoshal, Sumantra. 1998. "Social capital, Intellectual capital and the organizational advantage." *Academy of Management Review*, 23 (2): 242-266.

[76] Najam, Adil. 2000. "The Four-C's of Third Sector-Government Relation: Co-operation, Confrontation, Complementary and co-optation." *Non-Profit Management & Leadship*, 10 (4): 375-396.

[77] Nevitt, Christopher Earle. 1996. "Private Business Associations in China: Evidence of Civil Society and Local State Power." *The China Journal*, 36: 25-43.

[78] O' Brien, Kevin J. and Li, Lianjiang. 1999. "Selective Policy Implementation in Rural China." *Comparative Politics*, 31 (2): 167-186.

[79] Oliver, C. 1990. "Determinants of Inter-organizational relationships: Integration and Future Direction." *Academy of Management Review*, 15 (2): 241-265.

[80] Oliver, C. 1991. "Strategic Responses to Institutional Processes." *Academy of Management Review*, 16 (1): 145-179.

[81] Osa, M. and Corduneanu-Huci, C. 2003. "Running Uphill: Political Opportunity in Non-democracies." *Comparative Sociology*, 4 (2): 605-629.

[82] Pappas, Alceste T. 1996. *Reengineering Your Nonprofit Organization: A Guide to Strategic Transformation*. New York: John Wiley & Sons, 26-27.

[83] Pearson, Margaret. 1997. *China's New Business Elite: the Political Consequences of Economic Reform* . Berkley and Los Angeles, California: University of California Press.

[84] Pei, Minxin. 1998. "Chinese Civil Associations: An Empirical Analy-

sis." *Modern China*, 24 (3): 285-318.

[85] Pfeffer, J. and Salancik, G. R. 1978. *The External Control of Organizations: A Resource Dependence Perspective*. New York: Harper and Row.

[86] Putnam, Robert. 1993. *Making Democracy Work: Civic Traditions in Modern Italy*. Princeton, New Jersey: Princeton University Press.

[87] Rao, Hayagreeva, Morrill, Calvin, and Zald, Mayer N. 2000. "Power Plays: How Social Movements and Collective Action Create New Organizational Forms." *Research in Organizational Behavior*, 22: 239-282.

[88] Riley, Dylan, and Fernάndez, Juan J. 2014. "Beyond Strong and Weak: Rethinking Post - dictatorship Civil Societies." *American Journal of Sociology*, 120 (2): 432 - 503.

[89] Robinson, S. E. and Bies, A. 2012. "Structured to Partner: School District Collaboration with Nonprofit Organizations in Disaster Response." *Risk, Hazards & Crisis in Public Policy*, 5 (1): 77-95.

[90] Roelofs, J. 2007. "Foundations and Collaboration." *Critical Sociology*, 33 (3): 479-504.

[91] Saich, Tony. 2000. "Negotiating the State: The Development of Social Organizations in China." *The China Quarterly*, 161: 124-141.

[92] Saidel, J. R. 1991. "Resource Interdependence: the Relationship between State Agencies and Nonprofit Organizations." *Public Administration Review*, 51 (6) : 543-553.

[93] Schneiberg, M, King, M., and Smith, T. 2008. "Social Movements and Organizational Form: Cooperative Alternatives to Corporations in the American Insurance, Dairy, and Grain Industries." *American Sociological Review*, 73 (4) : 635-667.

[94] Schofer, Evan. and Longhofer, Wesley. 2011. "The Structural Sources of Association." *American Journal of Sociology*, 117 (2): 539-585.

[95] Schwartz, Jonathan. 2004. "Environmental NGOs in China: Roles and

Limits." *Pacific Affairs*, 77 (1): 28-49.

[96] Seligson, Amber L. 1999. "Civic Association and Democratic Participation in Central America A Test of the Putnam Thesis." *Comparative Political Studies*, 32 (3): 342-262.

[97] Shaffer, M. B. 2000. "Coalition Work among Environmental Groups who Participates?" In *Research in Social Movements, Conflicts and Change*. Emerald Group Publishing Limited.

[98] Shawn, Shieh, and Deng, Guosheng. 2011. "An Emerging Civil Society: The Impact of the 2008 Sichuan Earthquake on Grass-roots Associations in China." *The China Journal*, 65: 181 - 194.

[99] Skocpol, Theda, and Fiorina, Morris P. 1999. "Making Sense of the Civic Engagement Debate." *Civic Engagement in American Democracy*. New York: Russell Sage Foundation.

[100] Snavely, K., and Tracy, M. B. 2000. "Collaboration among Rural Nonprofit Organizations." *Nonprofit Management and Leadership*, 11 (2): 145-165.

[101] Spires, Antony J. 2011. "Contingent Symbiosis and Civil Society in an Authoritarian State: Understanding the survival of China's Grassroots NGOs." *American Journal of Sociology*, 117 (1): 1-45.

[102] Spires, A., Tao, L. and Chan, K. 2014. "Societal Support for China's Grass-roots NGO: Evidence from Yunnan, Guangdong and Beijing." *The China Journal*, 71: 65-90.

[103] Stinchcombe, A. L. 1965. "Social Structure and Organizations." In *Handbook of Organization* ed. March, J. G. Chicago: Rand McNally.

[104] Sun, Yanfei, and Zhao, Dingxin. 2007. "Multifaceted State and Fragmented Society: The Dynamics of the Environmental Movement in China." in Yang (ed.) *Discontented Miracle: Growth, Conflicts and Institutional Adaption in China*, Hackensack, NJ: World Scientific Publishing.

[105] Teets, Jessica. 2013. "Let Many Civil Societies Bloom: The Rise of

Consultative Authoritarianism in China." *The China Quarterly*, 213: 1-20.

[106] Turner, Jennifer. 2004. "Small Government, Big and Green Society: Emerging Partnerships to Solve China' s Environmental Problems." *Harvard Asia Quarterly*, 8 (2): 4-13.

[107] Unger, Jonathan, and Chan, Anita. 1995. "China, Corporatism, and the East Asian Model." *The Australian Journal of Chinese Affairs*, 33: 29-53.

[108] Weber, K., Rao, H. and Thomas, L. G. 2009. "From Streets to Suites: How the Anti-Biotech Movement Affected German Pharmaceutical Firms." *American Sociological Review*, 74 (1): 106-127.

[109] White, Gordon. 1993, "Prospects for civil Society in China: A case study of Xiaoshan City." *The Australian Journal of Chinese Affairs*, 29: 63-87

[110] White, Gordon, Howell, Jude, and Shang, Xiaoyuan. 1996. *In Search of Civil Society: Market Reform and Social Change in Contemporary China.* Oxford: Clarendon Press.

[111] Wu, Fengshi. 2003. "Environmental GONGO Autonomy: Unintended Consequences of State Strategies in China." *The Good Society*, 12 (1): 35-45.

[112] Wu, Fengshi. 2005. *Double - mobilization: Transnational Advocacy Networks for China's Environment and Public Health.* Unpublished Dissertation, University of Maryland.

[113] Xie, L. 2011. "China' s Environmental Activism in the Age of Globalization." *Asia Politics & Policy*, 3 (2): 207-224.

[114] Yang, Guobin. 2003. "The Internet and Civil Society in China: A Preliminary Assessment." *Journal of Contemporary China*, 12 (36): 453-475.

[115] Yang, Guobin. 2005. "Environmental NGOs and Institutional Dynamics in China." China Quarterly, 181: 46-66.

[116] Yep, Ray. 2000. "The Limitations of Corporatism for Understanding Reforming China: An Empirical Analysis in a Rural County." *Journal of Contemporary China*, 9: 547-566.

[117] Young, Dennis R. 2000. "Alternative Models of Government-Nonprofit Sector Relations: Theoretical and International Perspectives." *Nonprofit and Voluntary Sector Quarterly*, 29 (1): 149-172.

[118] Zukin, S. and Dimaggio, P. 1990, *Structure of Capital: the Social Organization of Economy*. Cambridge: Cambridge University Press.

[119] 安建增. 社会自主性与NGO的生成——基于中国NGO的历史发展轨迹的分析 [J]. 学会, 2010 (7): 3-10.

[120] 边燕杰. 城市居民社会资本的来源及作用: 网络观点与调查发现 [J]. 中国社会科学, 2004 (3): 136-146.

[121] 沃尔特·W. 鲍威尔, 保罗·J. 迪马吉奥. 组织分析的新制度主义 [M]. 上海: 上海人民出版社, 2008.

[122] 让·布隆代尔, 毛里其奥·科塔. 政党与政府 [M]. 史志钦、高静宇, 等, 译, 北京: 北京大学出版社, 2006.

[123] 陈福平. 强市场中的"弱参与": 一个公民社会的考察路径 [J]. 社会学研究, 2009 (3): 89-111.

[124] 陈家建. 法团主义与当代中国社会 [J]. 社会学研究, 2010 (2): 30-43.

[125] 陈剩勇, 马斌. 温州的民间商会: 自主治理的制度分析——温州服装商会的典型研究 [J]. 管理世界, 2004 (12): 31-49.

[126] 陈天祥, 徐于琳. 游走于国家与社会之间: 草根志愿组织的行动策略 [J], 中山大学学报 (社会科学版), 2011 (1): 155-168.

[127] 陈为雷. 从关系研究到行动策略研究——近年来我国非营利组织研究述评 [J]. 社会学研究, 2013 (1): 228-240.

[128] 陈为雷. 政府和非营利组织项目运作机制、策略和逻辑——对政府购买社会工作服务项目的社会学分析 [J]. 公共管理学报, 2014 (3): 93-105.

[129] 陈艳莹, 夏一平. 社会网络与市场中介组织行为异化——中国省份面板数据的实证研究 [J]. 中国工业经济, 2011 (11): 148-157.

[130] 陈尧，马梦妤. 项目制政府购买的逻辑：诱致性社会组织的“内卷化”[J]. 上海交通大学学报（哲学社会科学版），2019（8）：108-119.

[131] 崔开云. 当下西方国家政府与非政府组织关系研究述评[J]. 江淮论坛，2010（6）：38-44.

[132] 崔月琴，李远. “双重脱嵌”：外源型草根NGO本土关系构建风险——以东北L草根环保组织为个案的研究[J]. 学习与探索，2015（9）：19-24.

[133] 崔正，王勇，魏中龙. 政府购买服务与社会组织发展的互动关系研究[J]. 中国行政管理，2012（8）：48-51.

[134] 邓国胜. 中国志愿服务发展的模式[J]. 社会科学研究，2002（3）：108-110.

[135] 邓莉雅，王金红. 中国NGO生存与发展的制约因素——以广东番禺打工族文书处理服务部为例[J]. 社会学研究，2004（2）：89-97.

[136] 邓宁华. “寄居蟹的艺术”：体制内社会组织的环境适应策略——对天津市两个省级组织的个案研究[J]. 公共管理学报，2011（7）：91-101.

[137] 邓锁. 双重制度逻辑与非营利组织的运行：一个新制度主义视角的解释[J]. 华东理工大学学报（社会科学版），2005（6）：28-31.

[138] 邓燕华，阮横俯. 农村银色力量何以可能？——以浙江老年协会为例[J]. 社会学研究，2008（6）：131-154，245.

[139] 邓正来. 市民社会理论的研究[M]. 北京：中国政法大学出版社，2002.

[140] 段雪辉. 政府信任与政治参与研究[J]. 中共福建省委党校学报，2016（3）：161-168.

[141] 段雪辉，李小红. 双向汲取：社区社会组织的行动路径分析[J]. 求实，2020，（3）：57-68.

[142] 范明林. 非政府组织与政府的互动关系——基于法团主义和市民社会视角的比较个案研究[J]. 社会学研究，2010（3）：159-176.

[143] 范明林，程金. 核心组织的架空：强政府下社团运作分析——对

H市Y社团的个案研究［J］. 社会，2007（5）：114-133.

［144］方勇. 柔性控制：政府主导型社区基金会的项目制运行逻辑［J］. 社会主义研究，2018（4）：98-109.

［145］费迪，王诗宗. 中国社会组织独立性与自主性的关系探究：基于浙江的经验［J］. 中共浙江省委党校学报，2014（1）：18-26.

［146］费显政. 组织与环境的关系——不同学派述评与比较［J］. 国外社会科学，2006（3）：15-21.

［147］傅大友，芮国强. 地方政府制度创新的动因分析［J］. 江海学刊，2003（4）：92-98.

［148］付建军，高奇琦. 政府职能转型与社会组织培育：政治嵌入与个案经验的双重路径［J］. 理论与现代化，2012（3）：108-114.

［149］高丙中. 社会团体的合法性问题［J］. 中国社会科学，2000（2）：100-109.

［150］高丙中. 社团合作与中国公民社会的有机团结［J］. 中国社会科学，2006（3）：110-123.

［151］葛道顺. 中国社会组织发展：从社会主体到国家意识——公民社会组织发展及其对意识形态构建的影响［J］. 江苏社会科学，2011（3）：19-28.

［152］安东尼奥·葛兰西. 狱中札记［M］. 北京：中国社会科学出版社，2002.

［153］龚咏梅. 社团与政府的关系［M］. 北京：社会科学文献出版社，2007.

［154］顾丽梅. 公共服务提供中的NGO及其与政府关系之研究［J］. 中国行政管理，2012（1）：34-38.

［155］顾昕，王旭. 从国家主义到法团主义：中国市场转型过程国家与专业团体关系的演变［J］. 社会学研究，2005（2）：155-175.

［156］管兵. 城市政府结构与社会组织发育［J］. 社会学研究，2013（3）：129-153.

[157] 管兵. 竞争性与反向嵌入性：政府购买服务与社会组织发展 [J]. 公共管理学报，2015 (3)：83-92.

[158] 郭琳琳，段钢. 项目制：一种新的公共治理逻辑 [J]. 学海，2014 (5)：40-44.

[159] 尤尔根·哈贝马斯. 公共领域的结构转型 [M]. 曹卫东，等，译，上海：学林出版社，1999.

[160] 和经纬，黄培茹，黄慧. 在资源与制度之间：农民工草根 NGO 的生存策略——以珠三角农民工维权 NGO 为例 [J]. 社会，2009 (6)：1-21.

[161] 皮特·何，安德蒙. 嵌入式行动主义在中国 [M]. 李婵娟译，北京：社会科学文献出版社，2012.

[162] 何显明. 市场化进程中的地方政府行为逻辑 [M]. 北京：人民出版社，2008.

[163] 何欣峰. 社区社会组织有效参与基层社会治理的途径分析 [J]. 中国行政管理，2014 (12)：68-70.

[164] 何艳玲，周晓峰，张鹏举. 边缘草根组织的行动策略及其解释 [J]. 公共管理学报，2009 (1)：48-54.

[165] 何增科. 公民社会与第三部门 [M]. 北京：社会科学文献出版社，2000.

[166] 何增科. 中国公民社会制度环境要素分析 [M]. 北京：北京大学出版社，2006.

[167] 里贾纳·赫兹琳杰等. 非营利组织管理 [M]. 北京：中国人民大学出版社，2000.

[168] 胡薇. 政府购买社会组织服务的理论逻辑与制度现实 [J]. 经济社会体制比较，2012 (6)：129-136.

[169] 黄建新. 略论社会组织的政治意蕴 [J]. 浙江社会科学，2009 (4)：62-66.

[170] 黄荣贵，桂勇. 为什么跨小区的业主组织联盟存在差异——一项基于治理结构与政治机会（威胁）的城市比较分析 [J]. 社会，2013 (5)：

88-117.

[171] 黄荣贵，桂勇，孙小逸. 微博空间组织间网络结构及其形成机制——以环保NGO为例 [J]. 社会，2014 (3)：37-60.

[172] 黄晓春. 当代中国社会组织的制度环境与发展 [J]. 中国社会科学，2015 (9)：146-164.

[173] 黄晓春. 中国社会组织成长条件的再思考——一个总体性理论视角 [J]. 社会学研究，2017 (1)：101-124.

[174] 黄晓春. 政府购买社会组织服务的实践逻辑与制度效应 [J]. 国家行政学院学报，2017 (4)：61-66.

[175] 黄晓春，嵇欣. 非协同治理与策略性应对——社会组织自主性研究的一个理论框架 [J]. 社会学研究，2014 (6)：98-123.

[176] 黄晓春，稽欣. 技术治理的极限及其超越 [J]. 社会科学，2016 (11)：72-79.

[177] 黄晓春，周黎安. 政府治理机制转型与社会组织发展 [J]. 中国社会科学，2017 (11)：119-138.

[178] 黄晓春，张东苏. 十字路口的中国社会组织：政策选择与发展路径 [M]. 上海：上海人民出版社，2015.

[179] 黄晓星，杨杰. 社会服务组织的边界生产——基于Z市家庭综合服务中心的研究 [J]. 社会学研究，2015 (6)：99-121.

[180] 吉登斯. 社会的构成 [M]. 北京：生活·读书·新知三联书店，1998.

[181] 纪莺莺. 当代中国的社会组织：理论视角与经验研究 [J]. 社会学研究，2013 (5)：219-241.

[182] 纪莺莺. 转型国家与行业协会研究多元关系研究——一种组织分析的视角 [J]. 社会学研究，2016 (2)：149-169.

[183] 纪莺莺. 从“双向嵌入”到“双向赋权”：以N市社区社会组织为例——兼论当代中国国家与社会关系的重构 [J]. 浙江学刊，2017 (1)：49-56.

［184］江华，张建民，周莹. 利益契合：转型期中国国家与社会关系的一个分析框架——以行业组织政策参与为案例［J］. 社会学研究，2011（3）：136-152.

［185］晋军，何江穗. 碎片化中的底层表达——云南水电开发争论中的民间环保组织［J］. 学海，2008（4）：39-51.

［186］康保锐. 市场与国家之间的发展政策：公民社会组织的可能性与界限［M］. 北京：中国人民大学出版社，2009.

［187］康晓光，韩恒. 分类控制：当前中国大陆国家与社会关系研究［J］. 社会学研究，2005（6）：73-89.

［188］康晓光. 行政吸纳社会——当前中国大陆国家与社会关系再研究［J］. 中国社会科学，2007（2）：116-128.

［189］康晓强. 民间组织党建的双重发展路径［J］. 党政论坛，2008（4）：16-18.

［190］M. 克罗齐耶，E. 费埃德伯格. 行动者与系统——集体行动的政治学［M］. 张月，等，译，上海：上海人民出版社，2007.

［191］蓝煜昕. 社会组织管理体制：地方政府的创新实践［J］. 中国行政管理，2012（3）：48-51.

［192］冷向明，张津. 半嵌入性合作：社会组织发展策略的一种新诠释——以W市C社会组织为例［J］. 华中师范大学学报（人文社会科学版），2019（3）：20-28.

［193］李晨行，史普原. 科层与市场之间：政府购买服务项目中的复合治理——基于信息模糊视角的组织分析［J］. 公共管理学报，2019（1）：29-40.

［194］李春霞，巩在暖，吴长青. 体制嵌入、组织回应与公共服务的内卷化——对北京市政府购买社会组织服务的经验研究［J］. 贵州社会科学，2012（12）：130-132.

［195］李东泉. 社会资本影响社区社会组织成长绩效的研究——以成都市肖家河街道为例［J］. 上海城市规划，2017（2）：17-22.

[196] 李凤琴. 资源依赖视角下政府与NGO的合作——以南京市鼓楼区为例 [J]. 理论探索, 2011 (5): 117-120.

[197] 李景鹏. 地方政府创新与政府体制改革 [J]. 北京行政学院学报, 2007 (3): 1-4.

[198] 李路路, 宋臻. “有限理性”视角下的组织决策: 基于一个援助扶贫项目的个案研究 [J]. 社会, 2007 (5): 134-143.

[199] 李廷, 任凡兴, 李明. 农户社会资本结构的变化促使了农村资金互助组织的兴起吗? ——以江苏省为例 [J]. 农村经济, 2018 (7): 69-76.

[200] 李友梅. 组织社会学及其决策分析 [M]. 上海: 上海大学出版社, 2001.

[201] 李友梅. 民间组织与社会发育 [J]. 探索与争鸣, 2006 (4): 32-36.

[202] 李友梅, 等. 中国社会生活的变迁 [M]. 北京: 中国大百科全书出版社, 2008a.

[203] 李友梅, 等. 社会的生产: 1978年以来的中国社会变迁 [M]. 上海: 上海人民出版社, 2008b.

[204] 李友梅. 从“弥散”到“秩序”: “制度与生活”视野下的中国社会变迁 [M]. 北京: 中国大百科全书出版社, 2011.

[205] 李友梅. 中国社会管理新格局下遭遇的问题——一种基于中观机制分析的视角 [J]. 学术月刊, 2012 (7): 13-20.

[206] 李友梅, 肖瑛, 黄晓春. 当代中国社会建设的公共性困境及其超越 [J]. 中国社会科学, 2012 (4): 125-139.

[207] 李友梅, 等. 城市社会治理 [M]. 北京: 社会科学文献出版社, 2014.

[208] 李友梅, 等. 新时期加强社会组织建设研究 [M]. 北京: 经济科学出版社, 2016.

[209] 梁莹. 城市夹缝空间的绿色力量: 环保社区社会组织生长的社会政策逻辑 [J]. 人文杂志, 2013 (6): 112-119.

[210] 林兵，陈伟. 吸纳嵌入管理：社会组织管理模式的新路径——以浙江省 N 市 H 区社会组织服务中心为例 [J]. 江海学刊，2014 (1)：107-113.

[211] 林红. 我国非政府组织作为环境治理主体合法性的建构路径——以《环境保护法》修订过程为例 [J]. 社会发展研究，2015 (4)：77-97.

[212] 林尚立. 中国共产党执政方略 [M]. 上海：上海社会科学院出版社，2002.

[213] 林尚立. 轴心与外围：共产党的组织网络与中国社会整合 [M] //陈明明，何俊志主编. 中国民主的制度结构. 上海：上海人民出版社，2008.

[214] 刘传铭，乔东平，高克祥. 政府与社会组织的互动模式——基于北京市某区的实地调查 [J]. 经济社会体制比较，2012 (3)：174-180.

[215] 刘建军，陈超群. 执政的逻辑：政党、国家与社会 [M]. 上海：上海世纪出版集团，2005.

[216] 刘丽珑，张国清，陈菁. 非营利组织理事社会资本与组织绩效研究——来自中国基金会的经验证据 [J]. 中国经济问题，2020 (2)：76-90.

[217] 刘能. 怨恨解释、动员结构和理性选择：有关中国都市地区集体行动发生可能性的分析 [J]. 开放时代，2004 (4)：57-70.

[218] 刘鹏. 从分类控制走向嵌入型监管：地方政府社会组织管理政策创新 [J]. 中国人民大学学报，2011 (5)：91-99.

[219] 刘帅顺，张汝立. 嵌入式治理：社会组织参与社区治理的一个解释框架 [J]. 理论月刊，2020 (5)：122-131.

[220] 龙翠红. 政府向社会组织购买服务：嵌入性视角中的困境与超越 [J]. 南京社会科学，2018 (8)：90-95.

[221] 陆明远. 公益效率化：社会组织公信力建设路径研究 [J]. 社团管理研究，2008 (11)：38-41.

[222] 卢崴诩. 劳伦·泰弗诺的涉入理论——一种探讨人类行动能力的新社会学 [J]. 学术论坛，2013 (3)：163-168.

[223] 罗峰. 嵌入、整合与政党权威的重塑——对中国执政党、国家与社会关系的考察 [M]. 上海：上海人民出版社，2009.

[224] 罗家德，李智超. 乡村社区自组织治理的信任机制初探——以一个村民经济合作组织为例 [J]. 管理世界，2012 (10)：83-93.

[225] 罗家德，孙瑜，谢朝霞，和珊珊. 自组织运作过程中的能人现象 [J]. 中国社会科学，2013 (10)：86-101.

[226] 罗艳，刘杰. 政府主导型嵌入：政府与社会组织的互动关系转变研究——基于H市信息化居家养老服务项目的经验分析 [J]. 中国行政管理，2019 (7)：36-41.

[227] 马斌，徐越倩. 民间商会的治理结构与运作机制——以温州民间商会自主治理为个案的研究 [J]. 理论与改革，2006 (1)：153-157.

[228] 马西恒. 民间组织发展与执政党建设——对S市民间组织党建实践的思考 [J]. 政治学研究，2003 (1)：23-37.

[229] 毛丹. 赋权、互动与认同：角色视角中的城郊农民市民化问题 [J]. 社会学研究，2009 (4)：28-60.

[230] 道格拉斯·C. 诺思. 制度、制度变迁和经济绩效 [M]. 上海：格致出版社，2008.

[231] 帕特南. 使民主运转起来 [M]. 王列，赖海榕译，南昌：江西人民出版社，2001.

[232] 帕特南. 独自打保龄：美国社区的衰落与复兴 [M]. 刘波，等，译，北京：北京大学出版社，2011.

[233] 彭铭刚. 国家——社会理论视域的中国非政府组织及其发展 [J]. 求索，2012 (9)：208-210.

[234] 乔东平，高克祥. 政府与社会组织的合作：模式、机制和策略 [M]. 北京：华夏出版社，2015.

[235] 秦洪源，付建军. 法团主义视角下地方政府培育社会组织的逻辑、过程和影响——以成都市W街道社会组织培育实践为例 [J]. 社会主义研究，2013 (6)：65-69.

［236］渠敬东. 项目制：一种新的国家治理体制［J］. 中国社会科学，2012（5）：113-130.

［237］渠敬东，周飞舟，应星. 从总体支配到技术治理：基于中国30年改革经验的社会学分析［J］. 中国社会科学，2009（6）：104-127.

［238］荣敬本，高新军，何增科，杨雪冬. 县乡两级的政治体制改革：如何建立民主的合作新体制——新密市县乡两级人民代表大会制度运作机制的调查研究报告［J］. 经济社会体制比较，1997（4）：6-28.

［239］莱斯特·M. 萨拉蒙，等. 全球公民社会：非营利部门国际指数［M］. 陈一梅，等，译，北京：北京大学出版社，2002.

［240］莱斯特·M. 萨拉蒙. 公共服务中的伙伴——现代福利国家中政府与非营利组织的关系［M］. 北京：商务印书馆，2008.

［241］菲利浦·塞尔兹尼克. 田纳西河流域管理局与草根组织——一个正式组织的社会学研究［M］. 李学译，重庆：重庆大学出版社，2014.

［242］阿马蒂亚·森. 以自由看待发展［M］. 任赜，于真译，北京：中国人民大学出版社，2002.

［243］商文莉，郑少锋. 农村资金互助组织的生发基础思辨——基于社会资本视角［J］. 财经问题研究，2015（9）：100-104.

［244］沈原，孙五三. 制度的形同质异与社会团体的发展——以中国青基会及其对外交往活动为例［M］//沈原. 市场、阶级与社会：转型社学会的关键议题. 北京：社会科学文献出版社，2007：301-324.

［245］石国亮. 中国社会组织成长困境分析及启示——基于文化、资源与制度的视角［J］. 社会科学研究，2011（5）：64-69.

［246］史普原，李晨行. 派生型组织：对中国国家与社会关系形态的组织分析［J］. 社会学研究，2018（4）：56-83.

［247］理查德·斯科特，杰拉尔德·戴维斯. 组织理论——理性、自然与开放系统的视角［M］. 高俊山译，北京：中国人民大学出版社，2011.

［248］理查德·斯科特. 制度与组织——思想观念与物质利益（第三版）［M］. 姚伟，王黎芳译，北京：中国人民大学出版社，2012.

[249] 宋程成，蔡宁，王诗宗. 跨部门协同中非营利组织自主性的形成机制 [J]. 公共管理学报，2013 (4)：1-11.

[250] 宋雄伟. 社会组织参与城市社区治理的制度环境与行动策略 [J]. 江苏社会科学，2019 (2)：155-164.

[251] 孙炳耀. 中国社会团体官民二重性问题 [J]. 中国社会科学季刊，1994 (6)：17-23.

[252] 孙发锋. 依附换资源：我国社会组织的策略性生存方式 [J]. 河南社会科学，2019 (5)：18-24.

[253] 孙飞宇，储卉娟，张闫龙. 生产“社会”，还是社会的自我生产？以一个NGO的扶贫困境为例 [J]. 社会，2016 (1)：151-185.

[254] 孙佳伟，范明林. 理性选择视野下政府购买社会组织服务研究——以W街道购买养老服务为例 [J]. 中国社会工作研究，2013 (10)：96-129.

[255] 孙兰英，陈艺丹. 信任型社会资本对社会组织发展影响机制研究 [J]. 天津大学学报 (社会科学版)，2014 (4)：336-339.

[256] 孙兰英，张卫成. 当前我国社会组织的发展现状、问题及发展途径探索 [J]. 天津大学学报 (社会科学版)，2013 (6)：536-540.

[257] 塔罗. 运动中的力量：社会运动与斗争政治 [M]. 南京：译林出版社，2005.

[258] 陶传进. 控制与支持：国家与社会间的两种独立关系研究——中国农村社会里的情形 [J]. 管理世界，2008 (2)：57-65.

[259] 陶庆. 合法性的时空转换——以南方市福街草根民间商会为例 [J]. 社会，2008 (4)：107-125.

[260] 唐斌. 禁毒非营利组织及其运行机制研究 [D]. 上海大学博士学位论文，2006.

[261] 唐文玉. 行政吸纳服务——中国大陆国家与社会关系的一种新诠释 [J]. 公共管理学报，2011 (1)：13-19.

[262] 唐文玉. 国家介入与社会组织公共性生长——基于J街道的经验分析 [J]. 学习与实践，2011 (4)：106-113.

[263] 唐文玉，马西恒. 去政治的自主性：民办社会组织的生存策略——以恩派（NPI）公益组织发展中心为例［J］. 浙江社会科学，2011（10）：58-65.

[264] 唐文玉. 如何审视中国社会组织与政府的关系［J］. 公共行政评论，2012（4）：145-162.

[265] 田凯. 非协调约束与组织运作——一个研究中国慈善组织与政府关系的理论框架［J］. 中国行政管理，2004（5）：88-95.

[266] 田毅鹏. 后单位时期社会的原子化动向及其对基层协商的影响［J］. 南京社会科学，2015（6）：62-67.

[267] 童志锋. 动员结构与自然保育运动的发展——以怒江反坝运动为例［J］. 开放时代，2009（9）：116-132.

[268] 童志锋. 政治机会结构变迁与农村集体行动的生成：基于环境抗争的研究［J］. 理论月刊，2013（3）：161-165.

[269] 童志锋. 变动的环境组织模式与发展的环境运动网络——对福建省P县一起环境抗争运动的分析［J］. 南京工业大学学报（社会科学版），2014（1）：86-93.

[270] 万生新，李世平. 社会资本对非政府组织发展的影响研究——以农民用水户协会为例［J］. 理论探讨，2013（3）：165-167.

[271] 汪华. 合作何以可能：专业社会服务组织与基层社区行政力量的关系建构［J］. 社会科学，2015（3）：82-89.

[272] 汪杰贵. 突破农民自组织发展的绩效困境——基于乡村社会资本现代转型的视角［J］. 内蒙古社会科学（汉文版），2017（4）：167-171.

[273] 汪锦军. 政府购买公共服务与非营利组织的角色——基于北京、浙江两地的问卷调查数据分析［J］. 中共浙江省委党校学报，2012（3）：95-100.

[274] 汪锦军. 纵向政府权力结构与社会治理：中国“政府与社会”关系的一个分析路径［J］. 浙江社会科学，2014（9）：128-139.

[275] 王长江. 政党论［M］. 北京：人民出版社，2009.

[276] 王长江，祝灵君. 执政党如何应对民间组织发展 [J]. 学会，2006 (2)：53-54.

[277] 王达梅. 政府购买社会组织服务的影响因素与机制创新——一个三维分析框架 [J]. 兰州大学学报 (社会科学版)，2012 (6)：103-108.

[278] 王建军. 论政府与民间组织关系的重构 [J]. 中国行政管理，2007 (6)：54-57.

[279] 王名，刘秋实. 中国非政府组织发展的制度分析 [J]. 中国非营利评论，2007 (1)：92-145.

[280] 王名. 中国民间组织30年：走向公民社会 [M]. 北京：社会科学文献出版社，2008.

[281] 王名，等，著. 社会组织与社会治理 [M]. 北京：社会科学文献出版社，2014.

[282] 王名，张雪. 双向嵌入：社会组织参与社区治理自主性的一个分析框架 [J]. 南通大学学报 (社会科学版)，2019 (2)：49-57.

[283] 王清. 项目制与社会组织服务供给困境：对政府购买服务项目化运作的分析 [J]. 中国行政管理，2017 (4)：59-65.

[284] 王清. 项目撮合：项目制的新发展——以N区社会服务项目化运作为例 [J]. 华中师范大学学报 (人文社会科学版)，2019 (3)：13-19.

[285] 王清. 从行政控制、行政治理到政治引领：国家推动社会组织发展40年 [J]. 河南社会科学，2019 (5)：11-18.

[286] 王浦劬，萨拉蒙，等. 政府向社会组织购买公共服务研究：中国与全球经验分析 [M]. 北京：北京大学出版社，2010.

[287] 王诗宗，宋程成. 独立抑或自主：中国社会组织特征问题重思 [J]. 中国社会科学，2013 (5)：50-66.

[288] 王诗宗，宋程成，许鹿. 中国社会组织多重特征的机制性分析 [J]. 中国社会科学，2014 (12)：42-59.

[289] 王向民. 中国社会组织的项目制治理 [J]. 经济社会体制比较，2014 (5)：130-139.

[290] 王信贤. 争辩中的中国社会组织研究：国家与社会的视角 [M]. 台北：韦伯文化国际出版有限公司，2006.

[291] 王义. 构建社会组织与社区居委会的长效合作机制 [J]. 山东行政学院学报，2015 (3)：38-41.

[292] 王勇. 从“指标下压”到“利益协调”：大气治污的公共环境管理检讨与模式转换 [J]. 政治学研究，2014 (2)：104-115.

[293] 王臻荣，赵辉. 中国非政府组织外部环境缺失的成因分析 [J]. 经济社会体制比较，2008 (6)：162-167.

[294] 文军. 中国社会组织发展的角色困境及其出路 [J]. 江苏行政学院学报，2012 (11)：57-61.

[295] 吴斌才. 从分类控制到嵌入式治理：项目制运作背后的社会组织治理转型 [J]. 甘肃行政学院学报，2016 (3)：80-87.

[296] 吴建南，马亮，杨宇谦. 中国地方政府创新的动因、特征与绩效——基于“中国地方政府创新奖”的多案例文本分析 [J]. 管理世界，2007 (8)：43-51.

[297] 吴建平. 理解法团主义——兼论其在中国国家与社会关系研究中的适用性 [J]. 社会学研究，2012 (1)：174-198.

[298] 吴军民. 行业协会的组织运作：一种社会资本分析视角——以广东南海专业镇行业协会为例 [J]. 管理世界，2005 (5)：50-57.

[299] 吴新叶. 大都市社会管理中的 NGO 参与：制度化路径及其实现 [J]. 上海行政学院学报，2013 (5)：31-39.

[300] 吴阳熙. 我国环境抗争的发生逻辑——以政治机会结构为视角 [J]. 湖北社会科学，2015 (3)：30-35.

[301] 吴月. 治理取向、项目制与社会组织发展：一项经验研究 [J]. 人文杂志，2019 (5)：119-128.

[302] 奚从清. 角色论——个人与社会的互动 [M]. 杭州：浙江大学出版社，2010.

[303] 肖瑛. 回到“社会的”社会学 [J]. 社会，2006 (5)：1-56.

[304] 肖瑛. 法人团体：一种“总体的社会组织”的想象——涂尔干的社会团结思想研究 [J]. 社会，2008 (2)：39-76.

[305] 肖瑛. 从“国家与社会”到“制度与生活”：中国社会变迁研究的视角转换 [J]. 中国社会科学，2014 (9)：88-104.

[306] 肖瑛. 差序格局与中国社会的现代转型 [J]. 探索与争鸣，2014 (6)：48-54.

[307] 肖瑛. 在共同体取向与个人主义之间：“公共性”源流考 [J]. 河北学刊，2016 (6)：150-156.

[308] 向静林. 结构分化：当代中国社区治理中的社会组织 [J]. 浙江社会科学，2018 (7)：100-106.

[309] 谢静. 公益传播中的共意动员与联盟建构——民间组织的合作领域生产 [J]. 开放时代，2012 (12)：114-128.

[310] 徐家良，刘春帅. 资源依赖理论视域下我国社区基金会运行模式研究——基于上海和深圳个案 [J]. 浙江学刊，2016 (1)：216-224.

[311] 徐家良，万方. 中国民间环境保护组织活动阶段性特征分析 [J]. 经济社会体制比较，2008 (2)：164-169.

[312] 徐家良，武静. 政府购买社会组织服务的合法性探析——基于政策合法性视角 [J]. 华南师范大学学报（社会科学版），2017 (1)：113-118.

[313] 徐建牛，孙沛东. 行业协会：集群企业集体行动的组织基础——基于对温州烟具协会的案例分析 [J]. 浙江学刊，2009 (1)：100-105.

[314] 徐林，许鹿，薛圣凡. 殊途同归：异质资源禀赋下的社区社会组织发展路径 [J]. 公共管理学报，2015 (4)：122-130.

[315] 徐宇珊. 非对称性依赖：中国基金会与政府关系研究 [J]. 公共管理学报，2008 (1)：33-40.

[316] 徐盈艳. 浮动控制与分层嵌入——服务外包下的政社关系调整机制分析 [J]. 社会学研究，2018 (2)：115-139.

[317] 郇庆治. 环境非政府组织与政府的关系：以自然之友为例 [J]. 江海学刊，2008 (2)：130-136.

[318] 姚华. NGO与政府合作中的自主性何以可能?——以上海YMCA为个案 [J]. 社会学研究, 2013 (1): 21-42.

[319] 闫东. 中国共产党与民间组织功能的互补分析——政治动员的视角 [J]. 甘肃理论学刊, 2009 (2): 50-53.

[320] 颜克高, 任彬彬. 嵌入式吸纳: 体育社会组织项目制治理的逻辑 [J]. 山东体育学院学报, 2018 (4): 1-6.

[321] 杨宝. 嵌入结构、资源动员与项目执行效果——政府购买社会组织服务的案例比较研究 [J]. 公共管理学报, 2018 (3): 39-50.

[322] 杨国斌. 连接力: 中国网民在行动 [M]. 南宁: 广西师范大学出版社, 2013.

[323] 杨敏. 公民参与、群众参与与社区参与 [J]. 社会, 2005 (5): 78-95.

[324] 杨敏. 作为国家治理单元的社区——对城市社区建设运动过程中居民社区参与和社区认知的个案研究 [J]. 社会学研究, 2007 (4): 137-164.

[325] 尹阿雳. 双向嵌入: 社会组织与政府的互动逻辑——以深圳市"花果山模式"为例 [D]. 华东理工大学硕士毕业论文, 2014.

[326] 尹德慈. 民间组织党建工作问题研究: 以广州为例 [J]. 探求, 2007 (3): 32-39.

[327] 尹广文. 项目制运作: 社会组织参与城市基层社区治理的路径选择 [J]. 云南行政学院学报, 2017 (3): 127-133.

[328] 于家琦. 论社区社会组织在居委会舆情疏导机制中的功能定位 [J]. 理论月刊, 2010 (3): 33-35.

[329] 俞可平. 中国公民社会: 概念、分类与制度环境 [J]. 中国社会科学, 2006 (1): 109-122.

[330] 俞可平. 对中国公民社会若干问题的管见. 载于高丙中, 袁瑞军主编, 中国公民社会发展蓝皮书 [M]. 北京: 北京大学出版社, 2008.

[331] 余敏江. 区域生态环境协同治理的逻辑——基于社群主义视角的分析 [J]. 社会科学, 2015 (1): 82-90.

[332] 虞维华. 非政府组织与政府的关系——资源相互依赖理论的视角[J]. 公共管理学报, 2005 (2): 32-39.

[333] 郁建兴, 黄红华, 方立明, 等. 在政府与企业之间: 以温州商会为研究对象 [M]. 杭州: 浙江人民出版社, 2004.

[334] 郁建兴, 江华, 周俊著. 在参与中成长的中国公民社会: 基于浙江温州商会的研究 [M]. 杭州: 浙江大学出版社, 2008.

[335] 郁建兴, 任泽涛. 当代中国社会建设中的协同治理个案分析框架[J]. 学术月刊, 2012 (8): 23-31.

[336] 郁建兴, 沈永东. 调适性合作: 十八大以来中国政府与社会组织关系的策略性变革 [J]. 政治学研究, 2017 (3): 34-41.

[337] 岳经伦, 郭英慧. 社会服务购买中政府与 NGO 关系研究——福利多元主义视角 [J]. 东岳论丛, 2013 (7): 5-14.

[338] 岳经纶, 谢菲. 政府向社会组织购买社会服务研究 [J]. 广东社会科学, 2013 (6): 182-189.

[339] 袁方成, 邓涛. 从期待到实践: 社区社会组织的角色逻辑——一个"结构—过程"的情境分析框架 [J]. 河南大学学报 (社会科学版), 2018 (4): 15-23.

[340] 曾凡木. 耦合与脱耦的平衡: 社会组织进社区的实践策略 [J]. 中国行政管理, 2017 (6): 43-48.

[341] 曾繁旭. 环保 NGO 的议题建构与公共表达——以自然之友建构"保护藏羚羊"议题为个案 [J]. 国际新闻界, 2007 (10): 14-18.

[342] 张超, 吴春梅. 民间组织发展中的社会资本与治理网络——以浙江商会为研究对象 [J]. 中共浙江省委党校学报, 2011 (6): 35-40.

[343] 张春华. 农村民间组织参与乡村治理的解释路径与工具选择——社会资本理论分析视角 [J]. 理论与改革, 2016 (4): 100-104.

[344] 张海, 范斌. 政府购买社会组织公共服务方式的影响因素与优化路径 [J]. 探索, 2013 (5): 150-155.

[345] 张杰. 我国社会组织公信力不足的制度成因探析 [J]. 青海社会

科学，2014（2）：90-93.

［346］张紧跟. 从结构论争到行动分析：海外中国 NGO 研究述评［J］. 社会，2012（3）：198-223.

［347］张紧跟. 治理社会还是社会治理？——珠江三角洲地方政府发展社会组织的内在逻辑［J］. 天津行政学院学报，2015（2）：13-23.

［348］张紧跟，庄文嘉. 非正式政治：一个草根 NGO 的行动策略［J］. 社会学研究，2008（2）：133-150.

［349］张静. 法团主义［M］. 北京：中国社会科学出版社，2005.

［350］张静. 行政包干的组织基础［J］. 社会，2014（6）：85-97.

［351］张沁洁，王建平. 行业协会的组织自主性研究以广东省级行业协会为例［J］. 社会，2010（5）：75-95.

［352］张琼文，韦克难，陈家建. 项目化运作对社区社会组织发展的影响［J］. 城市问题，2015（11）：79-84.

［353］张汝立，刘帅顺，包娈. 社会组织参与政府购买公共服务的困境与优化——基于制度场域框架的分析［J］. 中国行政管理，2020（2）：94-101.

［354］张瑞玲. 新制度主义视角下的民间社团组织运作——以 S 市 SAMQ 为个案［D］. 上海大学博士学位论文，2010.

［355］张树沁，郭伟和. 去行政主导的草根 NGO 发展策略——基于三个草根 NGO 的社会资本实证研究［J］. 东南学术，2012（2）：215-222.

［356］张晓杰. 中国公众参与政府环境决策的政治机会结构研究［D］. 东北大学博士学位论文，2010.

［357］张文宏. 中国的社会资本书：概念、操作化测量和经验研究［J］. 江苏社会科学，2007（3）：142-149.

［358］张文宏. 中国社会网络与社会资本书 30 年（下）［J］. 江海学刊，2011（3）：96-106.

［359］张永宏主编. 组织社会学的新制度主义学派［M］. 上海：上海人民出版社，2007.

［360］张振洋. 公共服务项目化运作的后果是瓦解基层社会吗？——以

S市S镇“乐妈园”项目为例［J］. 中国行政管理，2018（9）：47-52.

［361］张钟汝，范明林，王拓涵. 国家法团主义视域下政府与非政府组织的互动关系研究［J］. 社会，2009（4）：167-194.

［362］赵根成. 中国经济体制转型中地方政府角色转换和中央地方关系的发展趋势，载王浦劬，徐湘林主编，经济体制转型中的政府作用［M］. 北京：新华出版社，2000.

［363］赵小平，王乐实. NGO的生态关系研究：以自我提升型价值观为视角［J］. 社会学研究，2013（1）：1-20.

［364］赵秀梅. 中国NGO对政府的策略：一个初步考察［J］. 开放时代，2004（6）：5-23.

［365］赵秀梅. 基层治理中的国家—社会关系——对一个参与社区公共服务的NGO的考察［J］. 开放时代，2008（4）：87-103.

［366］郑晓茹. 城市社区项目制治理的行动框架、逻辑与范畴研究［J］. 上海交通大学（哲学社会科学版），2018（5）：57-66.

［367］周俊. 政府如何选择购买方式和购买对象？——购买社会组织服务中的政府选择研究［J］. 中共浙江省委党校学报，2014（2）：48-55.

［368］周俊，郁建兴. 行业组织参与社会管理：基于温州商会的研究［J］. 中共宁波市委党校学报，2004（3）：37-45.

［369］周黎安. 晋升博弈中政府官员的激励与合作：兼论我国地方保护主义和重复建设长期存在的原因［J］. 经济研究，2004（6）：33-40.

［370］周黎安. 中国地方官员的晋升锦标赛模式研究［J］. 经济研究，2007（7）：36-50.

［371］周黎安. 转型中的地方政府：官员激励与治理［M］. 上海：上海人民出版社，2008.

［372］周雪光. 组织社会学十讲［M］. 北京：社会科学文献出版社，2003.

［373］周振超. 当代中国政府“条块关系”研究［M］. 天津：天津人民出版社，2009.

[374] 周志忍. 政府绩效评估中的公民参与：我国的实践历程与前景 [J]. 中国行政管理，2008 (1)：111-118.

[375] 朱健刚. 草根 NGO 与中国公民社会的成长 [J]. 开放时代，2004 (6)：36-47.

[376] 朱健刚. 社区组织化参与中的公民性养成——以上海一个社区为个案 [J]. 思想战线，2010 (2)：55-60.

[377] 朱健刚，陈安娜. 嵌 TY 中的专业社会工作与街区权力关系——对一个政府购买服务项目的个案分析 [J]. 社会学研究，2013 (1)：43-64.

[378] 朱健刚，赖伟军. "不完全合作"：NGO 联合行动策略——"5·12"汶川地震 NGO 联合救灾为例 [J]. 社会，2014 (4)：187-204.

[379] 朱莉·费希尔. NGO 与第三世界的政治发展 [M]. 邓国胜，赵秀梅译，北京：社会科学文献出版社，2002.

[380] 宗丽. 脆弱的合作：社区服务中心与基层行政力量的关系建构及其后果——基于深圳 T 社区服务中心的实证研究 [D]. 华东理工大学硕士毕业论文，2013.

[381] 邹东升，包倩宇. 环保 NGO 的政策倡议行为模式分析——以"我为祖国测空气"活动为例 [J]. 东北大学学报 (社会科学版)，2015 (1)：69-76.

附录一：访谈提纲

一、G 组织访谈提纲

1. 贵组织的基本情况

2. 贵组织与政府部门的联系情况：有无直接的联系沟通渠道？主要与哪些政府相关部门有联系？这些部门对组织的工作与发展提供了哪些帮助？

3. 贵组织与其他环保组织的联系情况。

4. 贵组织与其他社会单位（媒体、企业、高校、居委会）的联系情况。这些单位给予贵组织哪些帮助？

5. 贵组织的资源获取情况：目前主要承接的哪些项目？与以前相比，承接的项目增加了还是减少了？分别来自哪些部门？经费情况如何？

6. 贵组织环保项目运作的效果如何？

7. 贵组织在承接政府环保项目中遇到了哪些困难？

8. 贵组织如何动员或招募社会成员与志愿者？

9. 贵组织如何提取社会公众需求？环保公益活动开展的主要依据是什么？环保公益活动开展的情况如何？

10. 政府、企业、公众、居委会、媒体、高校等组织都会对贵组织有不同的期望，贵组织是如何认知这些不同的角色期待的？

11. 贵组织的环保专业技术能力如何？贵组织如何提升组织在环保领域的专业化能力？

12. 贵组织对政府决策的影响力怎么样？

13. 贵组织如何开展党建引领活动？

14. 贵组织在多大范围内可以决定组织自己的活动范围、活动领域以及组织运行与管理？

15. 贵组织在实际的组织运作过程中，碰到了哪些困难？贵组织是如何克服这些困难的？

二、街道访谈提纲

1. 贵部门为什么想要组建 G 组织？您觉得对贵部门的工作是否有帮助？

2. 您如何看待 G 组织的？您觉得组织的出现有什么作用？

3. 贵部门平常对 G 组织主要进行哪方面的管理？

4. 对于 G 组织，贵部门有什么鼓励和扶持的政策？

5. 贵部门每年投入组织的经费有多少？具体的分配额度是怎样的？

6. 贵部门每年用于购买组织服务项目有多少？项目经费的投入与使用情况怎样？项目是怎样提出来的？

7. 贵部门如何去监督和评估项目的实施和效果的？

8. 您觉得组织存在哪些方面的问题与不足？

三、居委会访谈提纲

1. 贵居委会的基本情况。

2. 贵居委会对组织的了解情况。

3. 贵居委会是如何看待组织的？您觉得组织的出现对居委会有什么作用？

4. 组织进来以后，贵居委会的工作方式有什么变化？

5. 贵居委会是如何与组织开展公益活动的？

6. 贵居委会是如何动员居民参与活动的？

7. 贵居委会在与组织合作的过程中，遇到了什么困难？

8. 您觉得组织存在哪些问题与不足？

四、居民访谈提纲

1. 您的年龄、收入、教育程度、婚姻状况、党员身份。

2. 您对G组织的了解情况。

3. 您觉得G组织的出现对您有什么作用?

4. 您参与G组织活动几年了?

5. 您为什么要参与G组织的活动?

6. 您对G组织的活动是否满意?

7. 您对G组织的信任程度。

8. 您今后是否还会继续参与G组织公益活动?

9. 您认为G组织作出的各种努力，是否满足您的需求？您还希望作出哪些方面的努力?

10. 目前您参与G组织活动遇到了什么困难?

五、基金会访谈提纲

1. 贵基金会为什么要做生态社区项目?

2. 贵基金会生态社区项目为什么选择与G组织合作?

3. 贵基金会跟G组织合作几年了?

4. 贵基金会跟G组织项目合作情况怎么样？第一期项目效果如何？第二期项目运行情况怎么样?

5. 贵基金会今后是否还继续跟G组织合作?

6. 生态社区项目是否有项目评估？怎么评估?

7. 生态社区项目是否有项目监管？如何监管?

8. 生态社区项目合作中，贵基金会给予G组织什么帮助与支持?

9. 生态社区项目合作中，G组织给予贵基金会什么帮助与支持?

10. 贵基金会与G组织的生态社区项目资金使用情况。

11. 贵基金会对G组织的角色期待是什么?

12. 贵基金会对 G 组织生态社区项目是否满意？

13. 贵基金会与 G 组织项目合作中遇到什么困难？

14. 贵基金会有哪些项目实施或项目管理规章制度？

附录二：G组织议事会章程

M社区G组织议事会章程

总　则

第一条　本组织名称：“M社区G组织议事会”。

第二条　本组织是由居住在S市X区L街道M社区的家庭主妇为主自愿结成的非营利性社会组织。

第三条　本组织的组织宗旨是：“服务一个居民，幸福一个家庭，和谐一个社区”。本组织提倡绿色、健康、低碳、环保的生活方式，组织M社区居民积极参加M社区的各项公益活动，发挥M社区居民自我服务、自我教育以及自我管理的重要作用，扩大M社区居民收益率，提高M社区居民的生活质量，促进M社区稳定与发展，为建设宜居、和谐的M社区而服务。

第四条　本组织遵守宪法、法律、法规及社会道德规范，主要接受M社区党总支领导以及M社区居委会的业务指导与监督管理。

第五条　本组织的地址：“S市X区L街道M社区44号”。

组织任务与工作范围

第一条　本组织的组织任务是：

一、充分发挥桥梁纽带作用，结合M社区居民问题的热点、难点开展调查研究，及时反馈处理，并将M社区居委会的自治管理网络与M社区居民自助、互助的服务体系进行有效衔接。

二、依靠M社区骨干与志愿者力量，组织发动M社区居民开展各项公益性与社会性的活动，实现M社区居民的自我教育、自我服务与自我管理。

三、整合M社区资源，以M社区居民自助与互助为主要形式，倡导与调动有能力的M社区居民为有需求的其他M社区居民提供服务援助的奉献精神，进而实现M社区的自我服务功能。

第二条　本组织的工作范围是：

一、组织协调、调查研究、教育培训、文体团队、服务管理、学习交流等；

二、在M社区居民中倡导绿色、健康、低碳、环保的文明生活观念和方式；

三、在M社区居民中开展垃圾减量、资源回收工作；

四、在M社区规划、建设、管理、服务等方面听取M社区居民的意见和建议，汇集反馈至M社区党总支、M社区居委会、业委会、物业公司等社区服务机构，并将相关机构的意见反馈给M社区居民，做到公开、公平与公正。

根据G组织资料整理而来

后　记

本书是在上海大学社会学院博士毕业论文“社区社会组织双向汲取行动路径分析——以S市G组织为例”研究成果基础上修改完善而成。本书的出版，既是对上海大学社会学院社会学专业四年博士学习的系统性总结，也是对近十年来从事社会组织研究在认识上的一次阶段性梳理。

自从2013年党的十八届三中全会明确提出要创新社会治理体制，改进社会治理方式，激发社会组织活力，重点培育和优先发展行业协会商会类、科技类、公益慈善类、城乡社区服务类社会组织以来，我国社会组织发展迎来了黄金时期。截至2018年底，我国共有社会组织81.7万个，是2013年的1.5倍，吸纳社会各类人员就业980.4万人。在国家政策的鼓励和地方政府的积极推动下，社会组织已经发展成为我国基层社会治理中不可忽视的重要力量。

2013年，我正好在上海大学从事博士研究生阶段的学习，在导师李友梅教授的指导下，我初步接触了社会组织这一研究领域。当时关于社会组织研究主要集中在运用国家-社会的分析框架来解释社会组织的发展现状与发展困境、社会组织与政府的关系、社会组织的行为策略研究。随着博士研究生阶段的深入，以及对S市社会组织的调研次数逐渐增多之后，我对社会组织典型案例的感性认识也逐步丰富，通过对已有文献的查阅和阅读，感性认识逐渐上升到理性思维或理论思维层面。于是我将研究兴趣聚焦在是什么原因导致社会组织发展出现了行政官僚化抑或草根边缘化的发展困境，是什么样的制度环境导致了社会组织采取了差异性的策略性行为，在社会组织普遍采用项目化运作的环境下社会组织与基层政府之间的关系又发生了什么样的微妙变化。

为了深入研究社会组织的真实生活实践，我最初将草根环保组织作为博士论文的研究对象，将草根环保组织的公共性及其再生产作为博士论文的写作方向。因为社会组织的草根性或者公益性才是社会组织的本质属性。因此，我主观地将官办社会组织排斥在外。在与上海社科院社会学所雷开春教授谈论的时候，她给我推荐了G组织的Y老师。正是通过Y老师，我于2016年6月顺利进入到S市X区L街道M社区的G组织进行调研。在为期几个月的社会组织调研中发现，G组织并不是完全意义上的环保组织，而是以环保为抓手，更多从事的是社区服务类的生态社区建设项目。在国家政策鼓励城市生态社区建设的背景下，G组织也一直在做生态文明社区建设项目，而且G组织作为一个S市X区L街道M社区自身孵化出来的社会组织，与M社区居委会和L街道之间具有非常紧密的强关系。正是由于G组织的双重身份，使得G组织没有完全深陷到“行政官僚化”的发展困境，也没有走向“草根边缘化”的发展困境，而是采用“脚踏两只船”的组织行为策略，自由游走于行政资源与社会资源之间，不仅顺利完成了生态社区建设的行政性任务，也彰显了G组织的社会公益性任务。结合对社会组织领域的理论层面的研究与思考，G组织的生活实践让人有了一种耳目一新、豁然开朗的感觉。在G组织的调研中发现了与经典社会组织研究不一致的地方，那就是社会组织没有陷入行政化或边缘化的发展困境，而是走了一条兼具行政性和社会性的发展道路。因此，在G组织的调研中，我最终确定将微观制度约束下的社会组织的行动路径作为论文的主要研究内容，重点考察“碎片化”的微观制度环境对社会组织行为、组织运作与组织发展的制约与激励作用，以及社会组织在“项目化”技术治理环境约束下的组织多元化行动路径。我从“结构约束—策略行动”的分析框架出发，将行动目标和行动任务加入分析框架中，并提出了“双向汲取”的概念来解释社会组织在微观制度环境制约下的组织多元化的行为路径，为我国的社会组织研究领域提出一个新的研究视角。

博士研究生毕业之后，我顺利进入到山西农业大学公共管理学院劳动与社会保障系工作，幸运的是得到了山西农业大学公共管理学院和山西农业大学乡村振兴战略研究中心的大力支持，能够继续从事我喜欢的社会组织研究。由于工作性质的差异，我正在将研究对象从城市社会组织研究转向农民专业合作社组织研究。走上工作岗位之后，我有幸多次参与农村的相关课题研究。农村的课题研究都离不开农民专业合作社这一重要的农业生产经营主体，而且与不同农民专业合作社的实地调研和深度访谈，为我从农业、农村的不同方面和视角了解农民专业合作社组织的功能发挥、运作机制、发展方向以及政策支持等问题，提供了丰富和全面的一手资料。而且更为重要的是，农民专业合作社组织与G组织处于不同微观制度环境，城乡社会治理结构的差异容易导致社会组织的组织运行与组织行为策略的差异，农民专业合作社组织的研究资料能够为G组织的研究提供有力的参照，能够促使我不断反思G组织的相关研究结论。微观制度环境约束下的社会组织生活实践的复杂性和多样性正是我今后继续从事社会组织研究的动力。近几年发表的一些相关论文，以及该书稿的出版都是我对现阶段社会组织研究的经验总结，同时也是后续农民专业合作社组织研究的新起点。

在博士论文写作以及本书书稿出版的过程中，得到了很多人的关心、帮助和支持。感谢我的博士生导师李友梅教授在我博士学习期间，在学习、生活、思想上给予我无微不至的关心与帮助。感谢李老师教会我思考如何做好一个规范而有学术价值的组织社会学研究。感谢我的硕士生导师张文宏教授对我博士论文的悉心指导与建设性意见。感谢张老师在我博士学习期间，在学习、思想、生活上给予我一如既往的关心、支持、鼓励与帮助。

感谢上海大学社会学院刘玉照教授、肖瑛教授、孙秀林教授、黄晓春教授，南昌大学公共管理学院梁波教授对我博士论文开题给予的非常重要的研究构想与研究思路。感谢上海大学社会学院张文宏教授、张海东教授、仇立平教授、陆晓聪教授、翁定军教授对我博士论文预答辩给予的非常重要的指导、帮助与建议。感谢复旦大学桂勇教授、复旦大学李煜教授、上海交通大学徐家良教授、华东师范大学文军教授、华东理工大学张昱教授、华东理工大学何雪松教授、上海大学张文宏教授、上海大学张海东教授等作为我博士论文的同行评阅人或论文答辩老师对本论文给予的非常重要的建设性意见与指导。

感谢上海大学社会学院刘玉照教授读书会上的同学们对本论文提出的具有建设性与启发性的指导与建议。感谢上海大学社会学院的严峻副教授、上海社科院社会学所王元腾博士在我博士论文写作过程中给予的非常热心与耐心的学术交流与帮助。

感谢上海社会科学院社会学所雷开春教授对本论文调研所给予的重要帮助与支持。感谢S市X区L街道的领导和工作人员，他们的热心帮助和配合使得我的博士论文调研能够顺利完成。还要感谢S市X区L街道M社区G组织的各位老师给予我论文写作很多灵感与启发。

衷心地感谢国家留学基金委对我赴美国阿肯色大学联合培养访学的重要资助。感谢上海“千人学者”、美国阿肯色大学社会学与司法公正系杨松教授及其夫人邓玉桃女士对我在美国阿肯色大学联合培养访学期间，在学习上与生活上给予的非常热心与无私的帮助与支持。感谢美国阿肯色大学政治学系 Margaret F. Reid 教授对我在美国阿肯色大学联合培养访学期间，在学习与生活上给予的非常周到与细心的关心与帮助。同时还要感谢美国阿肯色大学政治学系、社会学与司法公正系在我在美国联合培养访学期间，给予我的重要学术交流平台与学习机会。感谢苏州大学政治与公共管理学院施淙美教授、中国地质大学政法学院李晓玉副教授、西南交通大学马克思主义学院李春梅教授、渤海大学文理学院邢育松老师在美国阿肯色大学政治学系一同访学期间给予我学术上与生活上的鼓励、指导与交流。感谢南京农业大学胡伟博士、西安交通大学张朝阳博士、吉林大学杨柳博士等好友在美国阿肯色大学一同联合培养期间给予我的关怀与帮助，与他们在一起的美好留学时光对我来说是一种非常珍贵的财富，使得美国联合培养访学生活充满无限的快乐。

读博期间，感谢上海大学“特大城市社会治理协同创新中心”、上海大学“高校 E-研究院”、上海大学“基层治理创新研究中心”、上海大学“中国社会转型与社会组织研究中心”、上海大学“新时期加强社会组织建设研究”项目、上海大学“社会分层与流动的和谐互动研究”项目、上海大学“都市新移民研究创新团队建设”项目、上海大学“千人学者”项目对我的博士论文写作的重要资助。感谢上海大学社会学院樊杰老师、陈小红老师、卢小芳老师、杨治老师、应可为老师、顾跃英老师、徐芬芳老师在我博士求学期间给予的重要帮助。

工作期间，感谢山西农业大学“乡村振兴战略研究中心”，山西农业大学“农村社会组织发展与乡村社会治理转型”项目（编号：2017ZZSK01）、山西农业大学“山西农村合作社组织的制度环境与支持体系建设研究”项目（编号SXYBKY201740）对该书稿出版的重要资助。感谢山西农业大学公共管理学院劳动与社会保障系各位老师在工作期间给予的重要帮助。本书的部分章节内容已经在《求实》2020年03期首次发表，非常感谢《求实》期刊杂志社编辑在论文发表过程中给予的重要帮助。感谢中国社会出版社对本书出版中给予的重要帮助。

除了感恩之外，还有更多的是珍惜与留恋。留恋的是博士师门兄弟姐妹们的友善与团结。感谢张虎祥、黄晓春、梁波、汪丹、杨艳文、董庚、白子仙、张志红、虞锦美等博士师门兄弟姐妹们在我博士求学期间，学业上给我的指导与建议以及在生活上的关心与帮助。同样留恋的是硕士师门兄弟姐妹们的亲密与融洽。感谢雷开春、张义祯、刘琳、韩钰、栾博、蔡思斯、韦淑珍等在学业上给予我的指导与建议以及在生活上给予我的关心与帮助。感谢上海大学刘玉照教授与严峻副教授师门的各位兄弟姐妹们，陈伟、金文龙、王元腾、王海英、罗敏闻、林伟挚等在我博士求学期间，给予我学术上与生活上的帮助与关心。感谢上海大学社会学院张行、吴永金、吴明岳等好友在我上海博士求学期间给予的学术与生活上的照顾和关心。感谢上海大学2013级博士班同学在我博士求学期间给予的学术与生活上的帮助与关心。感谢山西省国新能源发展集团有限公司工作6年的“精英骑士团”的各位兄弟们，兄弟们的鼓励和支持是我能够顺利完成博士学习的重要精神激励。感谢山西农业大学公共管理学院“耦合之邦”的各位“帮主”在工作和生活上给予我的帮助。特别感谢山西农业大学公共管理学院李小红副教授、牛世鹏老师、赵盛举主任在工作期间给予我的生活和工作上的重要帮助。你们的鼓励和支持是我今后不断从事社会组织研究的宝贵财富。

感谢我的父母、妻子、儿子、岳父、岳母、妻兄、妻嫂等亲人给予我的精神支持与物质支持。由衷地感谢我的父母。焉得谖草，言树之背，养育之恩，无以回报。你们二老的健康快乐是我最大的心愿。由衷地感谢我的妻子赵静。读博期间，她不仅分担了本该由两个人共同承担的家务，还承担了对我已经退休父母的照顾与儿子段思成的养育与教育。读博的道路虽然艰辛却又幸福。妻子与儿子带给我更多的是欣喜与快乐以及对生命、家庭的责任感。有妻子与儿子的陪伴，使我的博士求学经历充满了无限的幸福与喜悦。

由于作者的理论水平、知识结构和认识能力有限，本书一定程度上还存有很多的缺陷和不足，还请各位专家、学者和读者们谅解。

社会组织还在发展与壮大，社会组织的研究还在深入，在本书即将出版之际，衷心祝愿我国的社会组织事业发展越来越好。

段雪辉

2020 年 7 月 16 日于太原